Multidimensionale Betrachtungsweisen zu Ethnic Entrepreneurship

Petra Aigner

Multidimensionale Betrachtungsweisen zu Ethnic Entrepreneurship

PETER LANG

Bibliografische Information der Deutschen Nationalbibliothek
Die Deutsche Nationalbibliothek verzeichnet diese Publikation
in der Deutschen Nationalbibliografie; detaillierte bibliografische
Daten sind im Internet über http://dnb.d-nb.de abrufbar.

ISBN 978-3-631-67900-5 (Print) · E-ISBN 978-3-653-07064-4 (E-PDF)
E-ISBN 978-3-631-70789-0 (EPUB) · E-ISBN 978-3-631-70790-6 (MOBI)
DOI 10.3726/978-3-653-07064-4

Diese Publikation wurde begutachtet.

www.peterlang.com

Inhaltsverzeichnis

1. Einleitung...11

2. Ethnische Ökonomien – Daten und Fakten.................................21

2.1 Migrationsdynamiken in Österreich und Oberösterreich..................21

2.2 Migrationsregime und Arbeitsmarkt...25

2.3 Erwerbstätigen- und Arbeitslosenquote (EU und Österreich)
    von Personen mit und ohne Migrationshintergrund.........................27

  2.3.1 Europäische Union... 27

  2.3.2 Erwerbstätigen- und Arbeitslosenquote: Österreich 27

2.4 Selbstständige Erwerbstätigkeit 28

  2.4.1 Europäische Union... 28

  2.4.2 Österreich 28

  2.4.3 Selbstständige in Österreich nach Staatsangehörigkeit............. 30

  2.4.4 Selbstständige Erwerbstätige mit und ohne
        Migrationshintergrund, differenziert nach
        soziodemografischen Faktoren 2008 versus 2017 34

  2.4.5 Selbstständige Erwerbstätige, differenziert
        nach Branchenverteilung... 37

3. Ethnische Ökonomien – Theorien..39

3.1 Definitionen zum Begriff der ethnischen Ökonomien
    im internationalen Vergleich 39

3.2 Grundlegende Modelle zu Ethnic Entrepreneurship......................41

3.3 Forschungsstand zu ethnischen Ökonomien nach
    thematischen Gruppen...43

**4. Wirtschaftssoziologische Aspekte zu
Ethnic Entrepreneurship** 49

4.1 Max Weber 49

4.2 Adam Smith, David Ricardo, John Stuart Mill 51

4.3 Alfred Marshall 51

4.4 Frank Knight, Ludwig von Mises (De Mises) 51

4.5 Israel Kirzner, Friedrich von Hayek, Mark Casson 52

4.6 Joseph Schumpeter 53

4.7 Harrison White 54

4.8 Mark Granovetter 55

4.9 Dieter Bögenhold 55

**5. Die soziokulturelle Komponente – migrationssoziologische
Aspekte zu Ethnic Entrepreneurs** 57

5.1 Klassische Sichtweisen zum Händler 57

5.2 Assimilationstheoretische Perspektiven und
Ethnic Entrepreneurship 59

5.3 Pluralistische Gesellschaftsstrukturen und
Ethnic Entrepreneurship 63

5.4 Global Cities, der duale Arbeitsmarkt und
Ethnic Entrepreneurship 63

5.5 Migrationsnetzwerke und ethnische UnternehmerInnen 64

5.6 Integrationsdynamiken und Ethnic Entrepreneurship –
ein theoretisches Modell 65

5.7 Resümee der Theorien 80

6. Methodischer Zugang 83

6.1 Konzeption der Studie 83

6.2   Forschungsebene 2: qualitative Studie 83

6.3   Strukturierte Inhaltsanalyse nach Phillip Mayring 84

6.4   Validität, Reliabilität, Objektivität: die Rolle
      des/der Forschers/-in – Research Ethics 86

6.5   Semistrukturierte Interviews...86

6.6   Sampling...87

6.7   Forschungsebene 1: statistische Erhebung 92

7.   Darstellung der empirischen Ergebnisse.....................................95

7.1   Migrationsbiografien 95

7.2   Motive für die Unternehmensgründung 97

7.3   Branche, Produkte, Betriebsgröße, Angestellten-
      und Kundensegment 101

      7.3.1   Angestelltentypologie 102

      7.3.2   Angestelltenverhältnisse nach
              soziodemografischen Faktoren.. 106

      7.3.3   Branchen und Produkte 107

      7.3.4   Produktorientierung nach
              soziodemografischen Faktoren.. 108

      7.3.5   Kundensegment.. 109

      7.3.6   Kundensegment nach soziodemografischen Faktoren............ 111

7.4   Soziokulturelle und sozioökonomische
      Integrationsfunktionen 112

      7.4.1   Soziokulturelle Integration – Integrationsfunktion
              nach außen 115

      7.4.2   Integrationsfunktion nach innen 118

      7.4.3   Sozioökonomische Integration... 120

7.5   Finanzieller und sozialer Status – sozioökonomische
      und soziale Mobilität 121

7.6   Die zweite Generation – Betriebserweiterungen...................... 123

7.7 Wertschätzung/Diskriminierung.. 127

7.8 Transnationale Entrepreneurship und
Refugee Entrepreneurship 128

8. Conclusio 131

Literaturverzeichnis.. 161

Tabellenverzeichnis

Tabelle 1: Bevölkerung mit Migrationshintergrund in
            Österreich seit 2008 21

Tabelle 2: Bevölkerung in Österreich, differenziert nach
            Staatsangehörigkeit im Vergleich 2001 und 2017,
            Stand 01.01.2017 22

Tabelle 3: Bevölkerung in Österreich, differenziert nach
            Staatsangehörigkeit zu den EU-14- und EU-13-Staaten
            im Vergleich 2001 und 2016, Stand 01.01.2017 23

Tabelle 4: Bevölkerung mit Migrationshintergrund nach
            Bundesländern (Jahresdurchschnitt 2016) in Tausend 24

Tabelle 5: Selbstständige Erwerbstätige nach beruflicher
            Stellung seit 1995 29

Tabelle 6: Selbstständige Erwerbstätige nach Staatsangehörigkeit
            in 2016 (in %) 31

Tabelle 7: Erwerbstätige Personen mit und ohne
            Migrationshintergrund nach Altersgruppen in 2017 (in %) 34

Tabelle 8: Erwerbstätige Personen mit und ohne
            Migrationshintergrund nach Gender in 2008 und 2017 (in %) 35

Tabelle 9: Selbstständige Erwerbstätige mit und ohne
            Migrationshintergrund in 2008 und 2017
            nach Bildungsstruktur (in %) 36

Tabelle 10: Definitionen der Begrifflichkeiten 40

Tabelle 11: Typen der (Sozial-)Integration nach Esser 66

Tabelle 12: Modell migrantischer Integration nach John Berry 67

Tabelle 13: Integrationsgrundlagen ethnischen Unternehmertums 71

Tabelle 14: Gesamtmodell – Integrationsfunktionen/
            EE-Entstehungs- und Aktivitätsmodelle 77

Tabelle 15: Integrationsrelevante Funktionen von EE unter
            unterschiedlichen Systembedingungen (auch adaptiert
            nach Aigner 2012: 405) 79

Tabelle 16: Sample 89

1. Einleitung

Als Folge globaler Migrationsdynamiken und nationaler Immigrationsprozesse auf Gesamt-EU-Ebene[1] lebten laut des statistischen Amtes der Europäischen Union (vgl. Eurostat 2017) am 01.01.2017 knapp 512 Millionen Personen in der EU (28 Staaten). 20,7 Millionen der 2016 in einem EU-Mitgliedsstaat ansässigen Menschen waren in einem Drittstaat geboren worden (4,1 % der Bevölkerung der EU-28) (ibid.). Weitere 16 Millionen, die aus einem der EU-Mitgliedsstaaten stammten, lebten in einem EU-Mitgliedsstaat, dessen Staatsbürgerschaft sie allerdings nicht besaßen (ibid.). 2015 waren laut Eurostat (2017) 4,7 Millionen Menschen in die EU-28 eingewandert (ibid.). 2,4 Millionen derer stammten dabei aus Drittstaaten, 1,4 Millionen aus einem anderen Mitgliedsstaat (ibid.). 860.000 Menschen waren RückkehrmigrantInnen, welche wieder in den EU-Staat zurückkehrten, dessen Staatsbürgerschaft sie besaßen (ibid.).

In Österreich waren zum 01.01.2002 730.261 Personen ohne österreichische Staatsbürgerschaft gemeldet; zu Beginn des Jahres 2010 waren es bereits 883.579 und mit dem 01.01.2018 1.396.356 ZuwandererInnen (15,3 % der Gesamtbevölkerung) (vgl. Statistik Austria 2018). 694.002 derer stammten aus EU-27-Staaten[2], 692.923 aus Drittstaaten (vgl. Statistik Austria 2018). Die MigrantInnenpopulationen aus EU-13-Staaten bzw. EU-Neu-Staaten setzen sich am stärksten aus RumänInnen (102.242 Personen), UngarInnen (77.174 Personen), KroatInnen (76.690 Personen) und PolInnen (62.187 Personen) zusammen (ibid.). Die aus den EU-15-Staaten am häufigsten vertretene MigrantInnenpopulation stammte

---

1 Die EU-15 setzt sich aus den (alten) Mitgliedsstaaten der Europäischen Union vor der sogenannten Osterweiterung im Jahr 2004 zusammen (= EU-Alt). Die EU-13 sind die 13 neuen Mitgliedsstaaten der EU nach 2004 (zusammengesetzt aus den zehn Beitrittsstaaten der EU-Osterweiterung 2004, den 2007 beigetretenen Staaten Bulgarien und Rumänien sowie aus Kroatien, das 2013 der EU beitrat) (= EU-Neu). In dem sog. Brexit-Referendum in Großbritannien entschied sich das United Kingdom am 23.06.2016 gegen einen Verbleib in der Europäischen Union (Aigner 2017a/b). Die Austrittsverhandlungen werden gegenwärtig durchgeführt. Großbritannien wird bis zum Abschluss der Austrittsverhandlungen weiterhin Mitglied der Europäischen Union sein und im Verlauf dieses Werkes wird aus diesem Grund weiterhin von den EU-28 (inkl. Großbritannien) gesprochen.

2 Mit EU-27-Staaten sind die EU-28-Staaten ohne Österreich gemeint.

aus Deutschland (186.891); die Drittstaatenpopulationen[3] kamen prädominant aus der Türkei (117.277), aus Bosnien und Herzegowina (95.221) sowie aus Asien, wie zum Beispiel aus Afghanistan (45.720) und Syrien (48.116) – diesbezüglich vor allem verursacht durch die Fluchtbewegungen aus dem Mittleren Osten in den vergangenen Jahren (vgl. Statistik Austria 2018). Die Immigrationen der letzten Jahre hatten zur Folge, dass im Jahresdurchschnitt 2016 etwa 22 % der Gesamtbevölkerung Österreichs 2016 Menschen mit Migrationshintergrund[4] waren (1,4 Millionen MigrantInnen der ersten Generation und 483.100 der zweiten Generation; vgl. ibid; vgl. Aigner 2017b).

Aus sozial- und wirtschaftswissenschaftlicher Sicht wird Migration und MigrantInnen am Arbeitsmarkt vor allem der sozioökonomische Nutzen in den Aufnahmegesellschaften und Entsendegesellschaftsgefügen debattiert, aber auch Diskussionen in der Politik oder den Wissenschaften zu Integrationsdynamiken und wechselseitigem, soziokulturellem Nutzen sind mehr denn je an der Tagesordnung – unter anderem angeregt durch die Flüchtlingsdiskussion der letzten Jahre. Für die MigrantInnen hingegen liegt oftmals der Fokus auf Herausforderungen, die auf soziokultureller und sozioökonomischer Ebene im Alltagsbereich auftreten.

Auf EU-Ebene und in Österreich lässt sich, bedingt durch die Zunahme der Immigration aus der EU und aus Drittstaaten, eine verstärkte ethnischkulturelle Diversität auch der erwerbstätigen Bevölkerung und infolge eine Zunahme ethnischer Ökonomien bzw. der Ethnic Entrepreneurship, d. h. eine vermehrte selbstständige Erwerbstätigkeit von Menschen mit Migrationshintergrund, feststellen (vgl. Aigner 2012, 2017b). Von den Personen ohne österreichische

---

3　Drittstaatenangehörige sind Personen, deren Herkunft nicht in der EU bzw. außerhalb der Europäischen Union liegt, wie z. B. Personen aus Asien, Afrika, Lateinamerika, Australien oder Nordamerika, bzw. aus den europäischen Drittstaaten, wie der Türkei oder Bosnien und Herzegowina (Aigner 2017b).

4　„Als Personen mit Migrationshintergrund werden in Österreich Personen bezeichnet, deren Eltern im Ausland geboren wurden. Diese Gruppe lässt sich in Personen *der ersten Generation* (Personen, die selbst im Ausland geboren wurden) und in Zuwanderer/-innen *der zweiten Generation* untergliedern (dies sind Kinder zugewanderter Personen; beide Elternteile wurden im Ausland geboren; während sie selbst im Inland zur Welt kamen" (Statistik Austria 2017; Aigner 2017b: 7). Die Definition, die von der Statistik Austria verwendet wird, folgt der internationalen Definition der United Nations Economic Commission for Europe (UNECE) (UNECE 2015: 136 in Statistik Austria 2017).

Staatsbürgerschaft waren im Jahr 2005 5,6 %, 2010 7,5 % und 2017 bereits 10 % selbstständig erwerbstätig – bezogen auf die Gesamtheit aller selbstständigen Erwerbstätigen (vgl. Statistik Austria 2018). Im Vergleich dazu war die selbstständige Erwerbstätigkeit der autochthonen Bevölkerung (der Bevölkerung mit österreichischer Staatsbürgerschaft) rückläufig[5]: von 94,4°% im Jahr 2005 auf 92,5 % im Jahr 2010 und 90 % im Jahr 2017 (ibid.). Ethnic Entrepreneurship nimmt daher eine zunehmend inhaltsreichere Rolle und Funktion im Kontext des österreichischen Gesellschaftssystems ein (vgl. Aigner 2012, 2017b).

Besonders der Bereich der selbstständigen Erwerbstätigen mit Migrationshintergrund scheint bis dato in Österreich nur partiell Beachtung erfahren zu haben – speziell der Wissensstand zu ethnischem Unternehmertum in Österreich und dessen Rolle und Funktion in der Gesellschaft und den Gesellschaftssystemen scheint nur teilweise erforscht –, während auf internationaler Ebene – beginnend in den USA mit den 1950er- und 1960er-Jahren und in der Folge in Europa, vor allem in Großbritannien seit den 1980er-Jahren – die Ethnic-Entrepreneurship-Forschung boomte; erst mit den 1990er-Jahren folgten derartige Bestrebungen in Österreich und Deutschland (vgl. Haberfellner et al. 2000; Haberfellner 2012; Meier 2008).

Im angloamerikanischen Bereich der Ethnic-Entrepreneurship-Forschung stehen soziokulturelle Wirkungsweisen der Ethnic Entrepreneurship sowie migrantische Netzwerke (Communitys) partiell im Vordergrund, neuerdings auch das *transnationale* und das *Refugee Entrepreneurship*. Amerikanische und britische WissenschaftlerInnen beschäftigen sich mit *urbanen Ökonomien* oder/ und *Ethnic Enclave Economies*, mit den Interdependenzen mit lokalen Arbeitsmärkten oder mit den Schnittstellen von Gender, Schicht, Kapital und sozialer Mobilität in Bezug zu Ethnic Entrepreneurship (z. B. Ward/Jenkins 1984/2009; Light 1987; Aldrich/Waldinger 1990; Goldberg 1996; Oc/Tiesdell 1999; Sassen 1998; Kloosterman/Leun/Rath 1998; Zhou 2004; Portes/Jensen (1989, 1992), Abrahamson (1996), Light (1984, 2003), Light/Gold (2000/2007) und Yoo (2014); Ram/Jones (2008a/b), Ram et al. (2012) in Aigner 2012. Bonacich (1973, 1993) und Portes (1995) diskutieren den *Middleman-Minority-Ansatz (Mittelsmänner/-frauen)* (vgl Aigner 2012, 2017b). Die internationale sozialwissenschaftliche Forschung zu Ethnic Entrepreneurship fokussiert u. a. spezifisch auf Aspekte der sozialen Netzwerke (*Networks of Trust*; *Economies of Trust*[6])

---

5   In Bezug auf die Gesamtheit aller selbstständigen Erwerbstätigen.

6   „Networks of Trust werden als soziale Netzwerke, die auf Vertrauensbasis der Kontakte innerhalb einer Zuwanderungsgruppe aufgebaut sind, bezeichnet. Die Vertrauensnetzwerke können auch Angehörige anderer MigrantInnengruppen betreffen

(z. B. Light 1984, 2003; Light/Gold 2007; Wahlbeck 2007; Valdez 2008; Portes 1995, 2010; auch vgl. Aigner 2012).

Mit Bezug zu Deutschland beschäftigt sich Pichler (1992, 2011) mit unterschiedlichen Unternehmenstypen von Personen mit Migrationshintergrund, hier besonders mit der italienischen Community in Deutschland. Stock (2013) wie auch Hillman (2011a/b), GeografInnen, widmen sich stadtgeografischen Analysen zu Ethnic EntrepreneurInnen. Floeting et al. (2004) behandeln in der Folge die Potenziale und die Integrationsfunktion ethnischer Unternehmen.

Im letzten und vorletzten Jahrzehnt beschäftigte sich die internationale Sozial- und Wirtschaftswissenschaft vermehrt mit *Refugee Entrepreneurship* und *transnationaler Entrepreneurship*. Transnationale Entrepreneurship[7] wurde von Landolt (2000, 2001), Landolt et al. (1999), Portes et al. (1999), Portes et al. (2002), Drori et al. (2006), Miera (2008), Drori et al. (2009), Chen/Tan (2009), Honig et al. (2010), Bagwell (2008, 2015), Zhou/Liu (2015) oder Ratten (2017) federführend erforscht; *Refugee Entrepreneurship*[8] wurde von Gold (1992), Fuller-Love et al. (2006), Wauters/Lambrecht (2006, 2008), mit Bezug zu Belgien, oder am Rande auch von Aubry et al. (2015) betrachtet.

Während auf internationaler Ebene (vor allem in den USA und Großbritannien) sozioökonomische und soziokulturelle Aspekte und Wirkungsweisen

---

bzw. mit einbeziehen. Für die Aufrechterhaltung von Ethnic Entrepreneurships wird also auf Mitglieder der eigenen Migrationsgruppe oder anderer Migrationsgruppen zurückgegriffen. Die Mitglieder der Mehrheitsgesellschaft sind im Allgemeinen von diesen Netzwerken ausgeschlossen. Wahlbeck (2007) argumentiert, dass in ethnischen Ökonomien Mitglieder der eigenen Migrationsgruppe an ein Unternehmen gebunden werden, und diese Netzwerke die MigrantInnen mit sozialem Kapital ausstatten." (Aigner 2012: 394). Cook/Hardin (2001) betiteln die Networks of Trust als Win-Win-Situation, die sich zum Vorteil der MigrantInnen und zum Vorteil der Unternehmen auswirken.

7   Yeung (2004) oder Honig et al. (2010) definieren, dass transnationale UnternehmerInnen Personen sind, welche in unternehmerische und wirtschaftliche Aktivitäten in ihrem Herkunfts- und Aufnahmeland eingebettet sind. Transnationale Entrepreneure sind daher in den politisch-ökonmischen Strukturen und ebenso den kulturellen Praktiken sowohl der Ursprungs- als auch Aufnahmegesellschaften eingebettet (Yeung 2004).

8   Refugee Entrepreneurship beschreibt selbstständige Erwerbstätigkeit bzw. unternehmerische Tätigkeit von Flüchtlingen mit Arbeitsbewilligung bzw. ehemaligen Flüchtlingen.

der ethnischen Ökonomien[9] – bevorzugt unter Anwendung theoretischer Modelle – schon seit einigen Jahrzehnten diskutiert werden, begann eine intensivere Phase der Ethnic-Entrepreneurship-Forschung in Österreich erst in den späten 1990er-Jahren, welche aber in ihrer Intensität vergleichsweise nicht an das Interesse der internationalen sozialwissenschaftlichen Ethnic-Entrepreneurship-Forschung anschließen konnte. Zeitgenössisch ist ein neuer Aufschwung an Forschungsaktivitäten und Publikationstätigkeiten zu Ethnic Entrepreneurship[10] auf nationaler Ebene zu beobachten. Gegenwärtig scheinen dennoch Fragestellungen zu den spezifischen Integrationswirkungen – zu soziokulturellen, aber auch sozioökonomischen Funktionen von ethnischen Ökonomien – im nationalen Kontext auf theoretischer und empirischer Ebene zwar punktuell, aber nicht umfangreich erforscht (vgl. Aigner 2017b). Steinmayr (2006), Enzenhofer et al. (2007), Schmid et al. (2006), Haberfellner (2011) oder Alteneder/Pinter (2013) veröffentlichten deskriptiv-statistisch orientierte Studien, während am *Zentrum für soziale Innovation* (ZSI) theoriezentrierte Projekte durchgeführt und Werke veröffentlicht wurden (z. B. von Haberfellner et al. 2000; Böse et al. 2005 in Aigner 2012). Kohlbacher/Fassmann (2011) geben im Rahmen einer Fallstudie einen Einblick in die Situation der ethnischen UnternehmerInnen in Wien, wobei auf Markt und Rahmenbedingungen besonders eingegangen wird. Schmatz und Wetzel (2014) fokussieren auf migrantische Ökonomien in Wien. Sardadvar et al. (2013) beschäftigen sich mit Grenzbereichen von Selbstständigkeit bzw. Scheinselbstständigkeit im Baugewerbe, ebenso Riesenfelder und Wetzel (2013). Enzenhofer et al. (2006) beschäftigen sich mit neuen Formen der Selbstständigkeit, also neuen Selbstständigen. Auch Biffl (2000, 2009, 2011, 2014, 2016) fokussiert auf die Eingliederung von selbstständigen Erwerbstätigen mit Migrationshintergrund in den österreichischen Arbeitsmarkt, bezieht sich aber auch zentral in ihren Werken auf unselbstständige Erwerbstätige mit Migrationshintergrund. Insgesamt scheinen die qualitativ orientierten Studien der

---

9   Hier werden die Definitionen *Ethnic Entrepreneurship, ethnisches Unternehmertum* und *ethnische Ökonomien* (vgl. Definitionen Kapitel 3) analog angewandt. Diese beschreiben die selbstständige Erwerbstätigkeit von Personen mit Migrationshintergrund im weiteren Sinne. Kohlbacher/Fassmann (2011) argumentieren beispielsweise, dass ethnische UnternehmerInnen in Österreich mehrheitlich als Selbstständige mit Migrationshintergrund betitelt würden und sowohl erste als auch zweite Generation mit Migrationshintergrund betreffen.

10 Es gilt grundsätzlich für das gesamte Werk, dass, selbst wenn – in Einzelfällen – nur die männliche Form erwähnt wird, immer beide Geschlechter gemeint sind (z. B. EntrepreneurIn).

Ethnic-Entrepreneurship-Forschung in Österreich mehrheitlich auf den Raum Wien sowie auf spezifische Migrationsgruppen (z. B. türkischstämmige oder ehem. jugoslawischstämmige UnternehmerInnen) beschränkt. Ethnic Entrepreneurship in Oberösterreich scheint relativ gering erforscht.

Aufgrund des bisherigen Forschungsstandes, vor allem in Bezug auf Österreich, ist das Ziel dieser Monographie klar definiert: einen Beitrag zur wissenschaftlichen Diskussion zu Ethnic Entrepreneurship zu leisten, und gleichzeitig den derzeit stattfindenden Aufschwung der Ethnic-Entrepreneurship-Forschung bzw. das Interesse an der Ethnic Entrepreneurship in Österreich zu beleben. Insbesondere die soziokulturellen und sozioökonomischen Funktionen der ethnischen UnternehmerInnen sollen demnach – auch auf regionaler Ebene – beleuchtet werden. Besonderes Augenmerk wird hierbei auf ein Mapping, die Erstellung einer statistischen Landkarte, und auf die Erforschung von sozioökonomischen sowie soziokulturellen Dimensionen und Wirkungsweisen von ethnischen Ökonomien in Österreich mit besonderem Fokus auf Oberösterreich gelegt. Diese Dimensionen werden anhand einer qualitativen Studie analysiert.

In Kapitel 2 wird das Mapping der ethnischen Ökonomien in Österreich vorgenommen. Hierbei gilt es, zunächst allgemein die Arbeitsmarktmigration und Erwerbstätigkeit von MigrantInnen in der EU und im Falle Österreichs zu betrachten. In diesem Kapitel erfolgt demnach eine Beleuchtung der migrantischen Bevölkerung und MigrantInnenstruktur in Österreich, hier mit Fokus auf die selbstständige Erwerbstätigkeit migrantischer Personen. Zuletzt werden Daten zu der Branchenverteilung der Selbstständigen der autochthonen und migrantischen Bevölkerung verglichen (ibid.).

Die Kapitel 3, 4 und 5 stellen anschließend den aktuellen Stand der Ethnic-Entrepreneurship-Forschung dar und gehen auf die der migrantischen Selbstständigkeit zugrunde liegenden wirtschaftssoziologischen und migrationssoziologischen Theorien ein.

Kapitel 3 betrachtet vor allem die Entstehung der Ethnic-Entrepreneurship-Forschung und die teilweise kontroverse Definition des Begriffs *ethnische Ökonomien*. Ebenso werden die unterschiedlichen nationalen und internationalen Ansätze der Ethnic-Entrepreneurship-Forschung u. a. auch historisch illustriert und diskutiert, wobei auf die Schnittstellen von Gender, Netzwerken und Ethnic Entrepreneurship besonders eingegangen wird.

Vor allem das *Reaktionsmodell* (z. B. Bögenhold/Staber 1994; Bögenhold 1999; Floeting et al. 2004, Waldinger et al. 2006/1990; vgl. Aigner 2012 und 2017b), das *Nischenmodell* (z. B. Barth 1969; Blaschke/Ersöz 1987; vgl. Aigner 2012 und 2017b), das *Kulturmodell* (z. B. Weber 1978; Floeting et al. 2004; Waldinger et al.

2006/1990; vgl. Aigner 2012 und 2017b) und das *Interaktionsmodell* (z. B. Uzzi 1996; White 2002; Granovetter 2005; Waldinger et al. 2006/1990; Enzenhofer et al. 2007; vgl. Aigner 2012 und 2017b) können hierbei im Kontext von in Österreich ansässigen ethnischen Ökonomien und zur Interpretation der empirischen Daten von Bedeutung sein und werden daher in Kapitel 3 eingehend erläutert.

Zeitgenössische Trends bzw. neue Formen des migrantischen Unternehmertums, wie *transnationales Unternehmertum* oder *Refugee Entrepreneurship*, werden ebenso vorgestellt. Erwähnt sei diesbezüglich, dass sich die internationalen Sozial- und Wirtschaftswissenschaften im letzten und vorletzten Jahrzehnt vermehrt mit *Refugee Entrepreneurship* und *transnationalem Entrepreneurship* beschäftigt haben (z. B. Gold 1992; Landolt 2000, 2001; Landolt et al. 1999; Portes et al. 1999; Portes et al. 2002; Drori et al. 2006; Fuller et al. 2006; Wauters/Lambrecht 2008; Miera 2008; Drori et al. 2009; Chen/Tan 2009; Carmichael et al. 2010; Bagwell 2015; Zhou/Liu 2015; Ratten 2017).

Kapitel 4 betrachtet Ethnic Entrepreneurship als Bestandteil unterschiedlicher Facetten von Unternehmertum im Rahmen wirtschaftssoziologischer Erkenntnisse und fokusiert auf die Schnittstellen von Wirtschaft und Gesellschaft, sozialem und wirtschaftlichem Handeln und den sozioökonomischen Beitragsleistungen von Ethnic Entrepreneurs. Hier werden besonders klassische Ansätze, beispielsweise von Cantillon (1755/1931), Smith (1776/1981), Ricardo (1821/1912), Mill (1848/1965), Marshall (1890/1989), Weber (1921a, 1921b, 1978/2001, 1988, 1991, 2001), Knight (1921), De Mises (1949/1998), Schumpeter (1926/1911 2008, 2017), Hayek (1945/1972), Casson (1983, 1985, 1990) oder Kirzner (1973, 1978/ 1979, 2008), sowie jene Ansätze zeitgenössischer Theoretiker, wie Granovetter (1973, 1985, 1995, 2005), White (1992, 1993, 2002, 2008), Uzzi (1996) oder Bögenhold (1985, 1987, 1989, 1994, 1999a, 1999b, Bögenhold/Bonnet 2016), ins Blickfeld gerückt.

Max Weber (1921a, 1921b, 1978/2001, 2001) beispielsweise, wie auch andere, erkannte den Zusammenhang zwischen kulturellen Gruppencharakteristiken und wirtschaftlichem Handeln (ibid.). Seine Thesen können in Zusammenhang mit dem *Kulturmodell* zu Ethnic Entrepreneurship gebracht werden (ibid.; vgl. Aigner 2017b). Thesen zu Netzwerken, wie von Granovetter (1973, 1985, 1995, 2005), White (1992, 1993, 2002, 2008) und Uzzi (1996) etabliert, können mit dem *Ethnic-Entrepreneurship-Interaktionsmodell* in Bezug gesetzt werden (ibid). Das Reaktionsmodell wiederum könne mit Bögenhold/Staber (vgl. 1990) und Bögenhold (vgl. 1985) Thesen der Ökonomie der Not und/oder Selbstverwirklichung in Zusammenhang gebracht werden. Im weiteren Sinne zählt Aubry (2015) hier den Push-Ansatz als *Refugee Effect* sowie den *Schumpeter Effect* als Pull-Ansatz hinzu.

Kapitel 5 geht auf die migrationssoziologischen Klassiker und deren Schnittstellen zu ethnischen UnternehmerInnen und infolge auf die soziokulturelle Bedeutung von Ethnic Entrepreneurship ein. Dies erfolgt unter Anwendung klassischer und zeitgenössischer Theorien, beispielsweise von Park (1928, 1950) Park et al. (1921/1969, 1922/1971, 1969), Simmel (1908/1992), Schütz (1944, 1972), Eisenstadt (1951, 1952, 1953, 1954a, 1954b, 1954/1975), Glazer/Moynihan (1970/1963), Gordon (1961, 1964, 1978), Esser (1980, 2001, 2002, 2006, 2010/1986), Berry (1980, 2004/1997) oder Heckmann (1992, 1998, 2005, 2010). Ethnische UnternehmerInnen werden auch im Rahmen der Netzwerktheorien (z. B. Sassen 1984, 1991a/b, 1999, 2000, Massey 1990; Massey et al. 1987a/b, 1993, 1998; Granovetter 1973, 1985, 1995, 2005; Haug 2000b, 2007, 2010) situiert. Ethnische Ökonomien können Bedeutung für beiderseitige Integrationsprozesse erlangen und möglicherweise gesellschaftlich segregierend wirken sowie Parallelgesellschaften fördern, aber auch Brückenkopffunktionen ausüben. Anhand eines eigens entwickelten Modells unter Einbeziehung einer theoretischen Weiterentwicklung unterschiedlicher Integrationstheorien (z. B. Esser 1980, 2001, 2002, 2006, 2010/1986; Gordon 1961, 1964, 1978; Berry/Sam 2004/1997), aber auch wirtschaftssoziologischer und auch systemtheoretischer Ansätze (Buckley 1968, 1978, 1998) werden im Folgenden die unterschiedlichen Innen- und Außenfunktionen von Ethnic Entrepreneurship unter verschiedenen Rahmenbedingungen theoretisch situiert und verortet.

Kapitel 6 erläutert im Detail die methodische Vorgehensweise. Um die zentralen Forschungsfragen, wie sozioökonomische und soziokulturelle Wechselwirkungen von Ethnic Entrepreneurship in Österreich und speziell Oberösterreich, erforschen und beleuchten zu können, wurde das Projekt folgendermaßen konzipiert: Untersuchungsgegenstand ist demnach die Ethnic Entrepreneurship, die auf unterschiedlichen Ebenen analysiert wird. Forschungsebene 1 nahm ein Mapping (eine detaillierte Skizze) der Ethnic Entrepreneurships in Österreich u. a. mit Fokus auf Oberösterreich vor (über die Auswertung der Volkszählungsdaten 2011, der Mikrozensusdaten seit 1995, Eurostat-Daten seit 1995 sowie der Erhebungen durch die Wirtschaftskammer Oberösterreichs (WKOÖ) in den Jahren 2003 und 2016). Auf Forschungsebene 2 wurde eine qualitative Studie mit 50 leitfadengestützten semistrukturierten Interviews mit ethnischen UnternehmerInnen in Oberösterreich unterschiedlicher Herkunft (z. B. Asien, Afrika, Mittel-/Südamerika, europäische Drittstaaten, EU-13- und EU-14-Staaten) implementiert, komplementiert mit einem Fragebogen. Das Projekt wurde unter Durchführung qualitativer Methodologie auf Basis der *qualitativen Inhaltsanalyse nach Mayring* (1990/2016, Kuckartz 2016) utilisiert. Die Auswahl erfolgte über Snowball Sampling und Convenience Sampling, aber auch Opportunity Sampling sowie unter Einsatz von *Gatekeepern* und mit dem Ziel, eine entsprechende soziodemografische, ethnischkulturelle und Gender Balance herzustellen. Die Interviews wurden mit computergestützter, qualitativer Software (NVivo) codiert.

Kapitel 7 stellt anschließend die empirischen Ergebnisse der qualitativen Studie vor. Soziokulturelle und sozioökonomische Beitragsleistungen und Wirkungsweisen werden erörtert. Zudem werden Integrationsmechanismen, welche durch die Rolle und Funktion der ethnischen UnternehmerInnen verursacht werden, dargestellt. Innerbetriebliche Strukturen, vor allem die Produktorientierung, und die Angestelltenverhältnisse, aber auch das Kundensegment werden beleuchtet. Biografische Details sowie die individuellen Migrationsgeschichten der ethnischen UnternehmerInnen und letztlich auch die Motivationsfaktoren für Gründungsaktivitäten werden ins Blickfeld gerückt. Netzwerke, Netzwerkaktivitäten und gruppenkohäsives Verhalten sowie die Interaktionen der ethnischen UnternehmerInnen mit der Mehrheitsgesellschaft werden erläutert. Ebenso wird auf das Wertschätzungsverhalten und etwaige Diskriminierungen seitens der Mehrheitsgesellschaft eingegangen.

Besonderes Augenmerk liegt zudem auf den Themen sozioökonomische Mobilität, Arbeitsplatzschaffung, Angestelltenstrukturen und wechselseitige Integrationsfunktionen der ethnischen UnternehmerInnen. In diesem Zusammenhang werden das Nischenmodell, Kulturmodell, Reaktionsmodell und Interaktionsmodell sowie Konzepte der Ökonomie der Not und Ökonomie der Selbstverwirklichung miteinander verknüpft und das in den Kapiteln 3 bis 5 entwickelte Modell angewandt. Zuletzt werden Zusammenhänge zwischen sozio-strukturellen Merkmalen der ethnischen UnternehmerInnen (wie Migrationshintergrund, Alter oder Geschlecht, regionaler Kontext) und dem/den Produktvertrieb/ Dienstleistungen, den Gründungsmotivationen oder auch Angestelltenverhältnissen erläutert.

Kapitel 8 fasst alle Untersuchungsergebnisse zusammen. Anhand der vorgestellten wirtschaftssoziologischen und migrationssoziologischen Theorien und des eigens entwickelten theoretischen Modells, aber auch des Mappings zur Ethnic Entrepreneurship in Österreich und Oberösterreich wird die empirische Studie interpretiert.

2. Ethnische Ökonomien – Daten und Fakten

2.1 Migrationsdynamiken in Österreich und Oberösterreich

Migrationshintergrund

Der Anteil an Personen mit Migrationshintergrund stieg somit seit 2008 kontinuierlich an: Hatten im Jahr 2008 17,4 % der Bevölkerung Migrationshintergrund, so waren es 2016 bereits 22,1 %, wohingegen das Verhältnis zwischen erster und zweiter Generation mit Migrationshintergrund stabil blieb (etwa 74,5 % erste Generation, 25,5 % zweite Generation). Tabelle 1 zeigt die Bevölkerung in Österreich nach Migrationshintergrund seit 2008.

Tabelle 1: Bevölkerung mit Migrationshintergrund in Österreich seit 2008

Merkmale	2008	2010	2016
	in 1.000		
Bevölkerung in Privathaushalten	8.210,7	8.245,5	8.599,2
kein Migrationshintergrund	6.784,3	6.717,3	6.701,1
Migrationshintergrund	1.426,4	1.528,2	1.898,0
Zuwanderer der 1. Generation	1.063,1	1.123,9	1.414,9
Zuwanderer der 2. Generation	363,3	404,4	483,1
	in %		
Bevölkerung in Privathaushalten	100,0	100,0	100,0
kein Migrationshintergrund	82,6	81,5	77,9
Migrationshintergrund	17,4	18,5	22,1
Zuwanderer der 1. Generation	74,5	73,5	74,5
Zuwanderer der 2. Generation	25,5	26,5	25,5

Quelle: Statistik Austria 2017

MigrantInnen nach Staatsangehörigkeit

In Österreich waren im Jahr 2001 730.000 Menschen ohne österreichische Staatsbürgerschaft ansässig, 9 % der damaligen Gesamtbevölkerung. 2017 lebten bereits 1,34 Millionen Personen ohne österreichische Staatsbürgerschaft, 15,3 % der Gesamtbevölkerung, in Österreich. Die Tabelle 2 veranschaulicht die Entwicklung der Bevölkerungszahlen von 2001 zu 2016.

Tabelle 2: Bevölkerung in Österreich, differenziert nach Staatsangehörigkeit im Vergleich 2001 und 2017, Stand 01.01.2017

Staatsangehörigkeit	2001	2017
insgesamt	8.063.640	8.773.686
Österreich	7.333.379	7.430.928
Nicht-Österreich	730.261	1.342.758
EU-Staaten, EWR, Schweiz	257.855	664.958
EU-27	250.544	655.751
EU-14/Alt-EU	110.861	262.894
EU-13/Neu-EU	139.683	392.857
Drittstaatsangehörige	472.406	677.800
Europa (inkl. Türkei)	379.697	425.958
Afrika	15.127	35.589
Amerika	12.700	20.974
Asien	36.889	180.577
Ozeanien	1.076	1.483
staatenlos/unbekannt/ungeklärt	26.917	13.219

Quelle: Statistik Austria 2018

Die Tabelle 2 zeigt, dass mit Jahresbeginn 2017 insgesamt 655.751 (7,5 %) Personen aus den EU-27-Staaten (EU-28 ohne Österreich) in Österreich ansässig waren. Im Vergleich dazu stammten zum Jahresende 2001 lediglich 250.544 (3,1 %) aus der EU-27. Zum 01.01.2017 kamen 677.800 (7,7%) Personen aus Drittstaaten, 2001 waren es noch 472.406 (5,8 %). Von 2001 auf Jahresende 2016 hat sich die Population der Drittstaatenangehörigen aus Europa von 53 % auf 32 % dezimiert, wohingegen die Population der EU-13- bzw. Neu-EU-Staaten von 19 % auf 29 % und jene der Alt-EU-Staaten von 15 % auf 20 % anstieg.

Aufgrund der EU-Osterweiterungen haben sich die Populationen zwischen 2001 und 2016 vor allem aus den EU-13-Staaten stark erhöht: von 139.683 Personen (1,7 % im Jahr 2001) auf 392.857 Personen (4,5 % im Jahr 2016). Dies trug zweifelsohne dazu bei, dass 2016 nahezu gleichviele EU-MigrantInnen in Österreich ansässig waren wie DrittstaatenstaatsbürgerInnen, wohingegen im Jahr 2001 noch doppelt so viele Drittstaatsangehörige wie EU-BürgerInnen in Österreich ansässig waren.

Die MigrantInnenpopulationen aus den EU-13-Staaten, wie in Tabelle 3 ersichtlich, waren 2016 am stärksten durch RumänInnen (92.000 Personen oder 1 % Bevölkerung) vertreten; im Vergleich dazu machten sie im Jahr 2001 folgenden Anteil aus: lediglich 17.750 Personen bzw. 0,22 % der Bevölkerung.

73.000 oder 0,8 % KroatInnen waren im Jahr 2016 in Österreich ansässig, wohingegen 61.422 (0,67 %) KroatInnen 2001 in Österreich lebten. UngarInnen gab es 70.676 (0,8 %) im Jahr 2016, während es 2001 noch 13.069 (0,16 %) waren. Die viertgrößte Gruppe aus den Neu-EU-Staaten stammte 2016 aus Polen (ca. 60.000), 2001 noch 21.000 PolInnen. Mit Ausnahme der in Österreich ansässigen KroatInnen vervielfachte sich durch den EU-Beitritt Österreichs die Anzahl der Personen aus den EU-13-Staaten zwischen 2001 und 2016. Die aus den EU-14- oder Alt-EU-Staaten am häufigsten vertretene Migrationspopulation stammte aus Deutschland (181.660 Personen oder 2 % im Jahr 2016 – im Vergleich: 75.262 Personen im Jahr 2001 oder 0,9 % der Bevölkerung). Auch ItalienerInnen, BritInnen und HolländerInnen waren in Österreich vertreten.

Tabelle 3: Bevölkerung in Österreich, differenziert nach Staatsangehörigkeit zu den EU-14- und EU-13-Staaten im Vergleich 2001 und 2016, Stand 01.01.2017

Staatsangehörigkeit	2001	2016	Staatsangehörigkeit	2001	2016
EU-14/Alt-EU	110.861	262.894	EU-13/Neu-EU	139.683	392.857
Deutschland	75.262	181.660	Rumänien	17.750	92.095
Italien	10.656	27.305	Kroatien	61.422	73.328
Großbritannien	5.744	10.378	Ungarn	13.069	70.676
Niederlande	4.099	8.806	Polen	21.433	60.065
Frankreich	4.333	8.096	Slowakei	7.508	38.099
Spanien	1.580	6.887	Bulgarien	4.690	24.942
Griechenland	2.088	5.887	Slowenien	7.036	17.323
Portugal	880	3.414	Tschech. Rep.	6.231	12.645
Belgien	995	2.329	Lettland	173	1.439
Schweden	2.463	2.949	Litauen	208	1.444
Finnland	992	1.573	Estland	58	518
Dänemark	850	1.211	Malta	39	80
Irland	533	1.468	Zypern	66	203
Luxemburg	386	931			

Quelle: Statistik Austria 2017

Die am stärksten verbreiteten Migrationspopulationen stammten 2016 aus den europäischen Drittstaaten, wie zum Beispiel aus der Türkei, Bosnien/Herzegowina, und aus dem asiatischen Raum, wie beispielsweise aus Afghanistan und Syrien, als Folge der Fluchtbewegungen nach Europa. Wobei die Population aus Asien seit 2001 in Österreich von 5 % auf 2016 13 % anteilig der Gesamtbevölkerung am stärksten angestiegen ist (Statistik Austria 2017).

Die Population der aus Bosnien/Herzegowina (107.248 Menschen 2001 vs. 94.621 Menschen 2016) und der Türkei (127.147 Menschen 2001 vs. 116.879 Menschen 2016) stammenden Personen in Österreich hat von 2001 auf 2016 abgenommen. Anzunehmen ist, dass dies als Folge von Einbürgerungen zu werten ist, dennoch machen sie einen beträchtlichen Anteil der europäischen und gesamten Drittstaatenpopulation in Österreich aus. Die Türkei und Serbien stellten 17 % der Drittstaatenbevölkerung 2016, Bosnien 13,9 %. Aus Nord- und Südamerika stammend, kamen die meisten MigrantInnen aus den USA (7.908 Personen, 1,1 %), aus Brasilien (3.095 Personen, 0,5 %) und der Dominikanischen Republik (1.739 Personen, 0,25 %). Auch die Population der Menschen mit Herkunft aus Asien stieg von 36.889 Personen im Jahr 2001 auf 180.577 Personen 2016 an. Die größten Gruppen bildeten 2016 AfghanInnen (45.284 Personen, 6,7 %) und SyrerInnen (41.637 Personen, 6,14 %), gefolgt von IrakerInnen (14.793 Personen, 2,18 %), IranerInnen (13.903 Personen, 2 %) und ChinesInnen (12.711 Personen, 1,9 %). Aus Ägypten (5.923 Personen, 0,9 %), Somalia (60.000 Personen, 0,9 %) und Nigeria (8.127 Personen, 1,2 %) stammten die meisten VertreterInnen der afrikanischen Bevölkerungsgruppe.

Migration in den Bundesländern Österreichs mit Fokus Oberösterreich

2016 lebten 255.600 Menschen mit Migrationshintergrund in Oberösterreich, wovon 182.800 ZuwandererInnen der ersten Generation und 72.800 der zweiten Generation zugehörig waren; das entsprach 17,8 % der Gesamtbevölkerung Oberösterreichs und lag damit unter dem nationalen Durchschnitt (22,1 %). Vorarlberg und Wien lagen mit 24,5 % und 42,8 % über dem nationalen Durchschnitt (vgl. Tabelle 4).

Tabelle 4: Bevölkerung mit Migrationshintergrund nach Bundesländern (Jahresdurchschnitt 2016) in Tausend

Bundesland	Bevölkerung in Privathaushalten	Migrationshintergrund			
		zusammen	1. Generation	2. Generation	zusammen in %
	in 1.000				
Österreich	8.599,2	1.898,0	1.414,9	483,1	22,1
Burgenland	287,7	33,3	26,2	7,0	11,6
Kärnten	552,8	68,4	54,9	13,5	12,4
Niederösterreich	1.639,1	245,0	172,1	72,8	14,9
Oberösterreich	1.436,9	255,6	182,8	72,8	17,8
Salzburg	538,2	114,6	85,0	29,6	21,3

Bundesland	Bevölkerung in Privat- haushalten	Migrationshintergrund			
		zusammen	1. Generation	2. Generation	zusammen in %
		in 1.000			
Steiermark	1.215,9	162,5	121,4	41,0	13,4
Tirol	730,3	148,3	115,3	32,9	20,3
Vorarlberg	381,6	93,6	66,3	27,3	24,5
Wien	1.816,7	776,8	590,7	186,0	42,8

Quelle: Statistik Austria 2017

In Oberösterreich (OÖ) sah die MigrantInnenpopulation, unterteilt nach Staats-bürgerschaft, am 01.01.2017 ähnlich der nationalen Verteilung der MigrantInnen aus: Insgesamt lebten 172.672 Personen anderer Staatsangehörigkeiten in Ober-österreich. Die meisten der MigrantInnen stammten aus Drittstaaten (90.940), 81.083 aus den EU-27-Staaten. Demzufolge verhielt sich die Relation zwischen Drittstaatenangehörigen (6,2 %) und EU-27-Angehörigen (5,5 %) in Oberöster-reich ähnlich der Verteilung in Gesamtösterreich.

Ende 2016 gehörten 36 % (61.535 Personen) der in Oberösterreich leben-den MigrantInnen ohne österreichische Staatsbürgerschaft europäischen Drittstaaten an, 31 % (52.424 Personen) stammten aus den Neu-EU-Staaten, 17 % (28.659 Personen) aus den Alt-EU-Staaten und 13 % (22.070 Personen) aus Asien sowie lediglich 2 % aus Afrika. Auch hier, wie in Gesamtösterreich, sind mehrheitlich Deutsche (22.808) und ItalienerInnen (1.700) aus den EU-14-Staaten ansässig. Aus den EU-13-Staaten sind mehrheitlich RumänInnen (15.634), KroatInnen (12.268), UngarInnen (10.174) und PolInnen (4.000) in Oberösterreich vertreten.

Die Angehörigen von Drittstaaten in Oberösterreich stammten 2016 mehr-heitlich aus Europa, beispielsweise aus Bosnien/Herzegowina (20.680), der Türkei (14.985), aus Serbien (9.856), aber auch aus Asien, wie zum Beispiel Af-ghanistan (7.196), Syrien (4.943), dem Iran (1.467) und Irak (2.188), weniger aus Afrika, wie aus Ägypten (498), Nigeria (866) oder Somalia (678), und Südameri-ka, beispielsweise aus der Dominikanischen Republik (505) oder Brasilien (348). Dies entsprach anteilig auch dem Bild der Bevölkerung in Gesamtösterreich zum Ende des Jahres 2016.

2.2 Migrationsregime und Arbeitsmarkt

Historisch betrachtet, begann die Arbeitsmigration nach Deutschland, Ös-terreich und in die Schweiz mit der Gastarbeitermigration Mitte der 1950er-Jahre, als wirtschaftlicher Aufschwung nach dem Zweiten Weltkrieg jene Länder prägte; ausländische Arbeitskräfte wurden – bezogen auf Österreich – aus Südeuropa (vor allem aus der Türkei, aus Italien, Spanien und Griechenland, aber auch Portugal) angeworben (vgl. Fassmann/Münz 1984). Zu einem Anwerbestopp kam es erst aufgrund der Ölkrise 1973 (ibid.). Über Jahrzehnte bildeten sich in der Folge Migrationssysteme am Arbeitsmarkt heraus, woran sich Kettenmigrationen, wie die Migration des Familiennachzugs, anschlossen. Gleichzeitig fand ein Paradigmenwechsel unter Abänderung der Fremden-, Asyl- und Aufenthaltsgesetze Anfang der 1990er-Jahre statt, welche eine dauerhafte Niederlassung erleichterten bzw. ermöglichten (vgl. Perchinig 2013). Des Weiteren beeinflusste der EU-Beitritt Österreichs im Jahr 1995 die Entwicklungen der Arbeitsmigration nach Österreich – beginnend mit der Einwanderung aus den alten EU-14-Ländern, vor allem aus Deutschland, und erweitert um die Einwanderung aus den neuen EU-Staaten. (vgl. Aigner 2013a). Über die Einbettung Österreichs in die Europäische Union war die Niederlassungsmöglichkeit der Unionsbürger gewährleistet. Drittstaatenbürger konnten sich seit 2011 für eine Rot-Weiß-Rot-Karte bewerben, Arbeitsmigration wurde diesbezüglich über befristete Niederlassungsbewilligungen und über Bedarf am Arbeitsmarkt geregelt (vgl. Perchinig 2013).

Der Umgang mit Immigration, unabhängig der Beweggründe dafür, hängt eng mit den Migrationsregimen der jeweiligen Destination zusammen. Das temporäre Arbeitsmarktmigrationsmodell war – historisch gesehen – in Deutschland, Österreich und der Schweiz vorherrschend. Es bezog sich auf Arbeitsmarktmigration mit der Erwartung seitens der Mehrheitsgesellschaft einer temporären Ansässigkeit (vgl. Castles/Miller 2009; Aigner 2008; Ataç 2012; Aigner 2017a: 93 ff.; 2013a). Darüber hinaus fanden sich hier restriktive Migrations- und Staatsbürgerschaftspolitiken in Kombination mit dem Staatsbürgerschaftsrecht *Ius Sanguinis*, welches im Zusammenhang mit dem konservativen Wohlfahrtstaatsmodell steht, auch multikulturelle Praktiken wurden tendenziell abgelehnt und eine sogenannte Assimilierungsintegration wurde und wird weiterhin erwartet (ibid.). Über einen Paradigmenwechsel seit Anfang der 1990er-Jahre, aufgrund von Gesetztesabänderungen, aber auch der EU-Mitgliedschaft Österreichs verursacht, wird die Niederlassung von MigrantInnen erleichtert. Diese Herangehensweise steht jedoch immer noch im Gegensatz zu Modellen und Migrationsregimen in traditionellen Einwanderungsländern, wie den USA, Australien und Kanada (ibid.). Dort wird Integration über möglichst schnell erfolgende Staatsbürgerschaftsverleihung (*Ius Solis*) definiert, während Multikulturalismus avanciert wird (vgl. Aigner 2008, 2013a, 2017a: 93 ff.; Ataç 2012). Migrationsmodelle ehemaliger Kolonialmächte, wie Großbritannien, Frankreich und der

Niederlande, können mit einer mäßig offenen Einwanderungs- und Staats-bürgerschaftspolitik (*Ius Domicilii*) im Kontext eines sozialdemokratischen Wohlfahrtsstaatsmodells gekennzeichnet werden, wobei Ansätze von Multikul-turalismus erkennbar sind (vgl. ibid.). Jedoch kann argumentiert werden, dass sich die Migrationsregime auf globaler Ebene in einem Transitionsstadium befinden.

2.3 Erwerbstätigen- und Arbeitslosenquote (EU und Österreich) von Personen mit und ohne Migrationshintergrund

2.3.1 Europäische Union

Aus den Daten der Eurostat (2016) geht hervor, dass die Erwerbstätigenquote der Personen mit Migrationshintergrund in Europa 2016 tendenziell geringer als die der Personen ohne Migrationshintergrund war, wobei die EU-MigrantInnen eine höhere Erwerbstätigenquote, teilweise höher als die der autochthonen Be-völkerung, und die Drittstaatenangehörigen eine geringere Erwerbstätigenquote vorwiesen (vgl. Eurostat 2016). So lag die Quote aller DrittstaatenmigrantInnen in der EU bei 53,9 % im zweiten Quartal 2016, die der EU-28-MigrantInnen bei 71,3 % und die der autochthonen Bevölkerung bei 67,1 % (ibid.). Die Zahlen variierten jedoch je nach EU-Mitgliedsstaat. In Deutschland lag die Erwerbs-tätigenquote der EU-28-MigrantInnen bei 75,0 %, die der autochthonen Be-völkerung knapp darüber bei 76,0 % und die der Drittstaatenangehörigen bei 51,9 % (ibid.). Im Vergleich dazu sah es in Österreich wie folgt aus: Die Quote der Drittstaatenangehörigen lag bei 52,2 %, die der Autochthonen bei 73,1 % und die der EU-28-MigrantInnen bei 73,8 %, also knapp über der der autochthonen Bevölkerung. Ersichtlich wird, dass vor allem Drittstaatenangehörige von nied-rigeren Erwerbstätigenquoten betroffen waren (ibid.). Die Arbeitslosenquote, andererseits, der 15- bis 64-Jährigen der EU-28-MigrantInnen lag im Jahr 2015 insgesamt bei 9,6 %, die der Drittstaatenangehörigen bei 19,2 % und die der EU-28-MigrantInnen ohne Meldeland (ML) bei 10,4 % (ibid.).

2.3.2 Erwerbstätigen- und Arbeitslosenquote: Österreich

Im Dezember 2017 lag, nach Angaben des Arbeitsmarktservice Österreich (AMS 2018), die Gesamtarbeitslosenquote in Österreich bei 9,4 % (wenn die nationale Definition zugrunde gelegt wird). Gemäß Eurostat-Definition (2018) belief sich die Quote auf 5 %. Die Arbeitslosenquote ausländischer Staatsangehöriger lag 2016 bei 11 % und war somit höher als die der österreichischen Staatsangehöri-gen mit 5 % (ibid.). Vor allem TürkInnen (16 %) und Personen aus Drittstaaten

(17 %) waren arbeitslos (Statistik Austria 2018). Die Arbeitslosenquote innerhalb der EU-14-MigrantInnengruppe entsprach etwa der der autochthonen Bevölkerung (6 %) (ibid.). Die Arbeitslosenquote der aus den EU-13-Staaten stammenden Personen lag bei 9 % (ibid.). MigrantInnen aus dem ehemaligen Jugoslawien wiesen eine Arbeitslosenquote von 11 % auf (vgl. Statistik Austria 2018). Vor allem SerberInnen, BosnierInnen, PolInnen, UngarInnen, SlowakInnen und RumänInnen waren von steigender Arbeitslosigkeit betroffen (AMS 2018; ibid.).

Personen mit Migrationshintergrund waren demzufolge, statistisch gesehen, häufiger von Arbeitslosigkeit betroffen als Personen ohne Migrationshintergrund (vgl. ILO 2016; vgl. Aigner 2017a/b). Dies ist u. a. Dequalifizierungsdynamiken am Arbeitsmarkt geschuldet (vgl. Huber 2011; Biffl 2007; Stadler 2011). Am häufigsten sind Frauen aus den EU-12-Staaten davon betroffen, nicht ihrer Qualifikation entsprechend eingesetzt zu werden. (ibid.)

Selbstständige Erwerbstätigkeit von MigrantInnen wird daher als Fluchtverhalten vor den Benachteiligungen in den lokalen Arbeitsmärkten verstanden. In weiteren Kapiteln wird dies unter der Thematik Reaktionsmodell oder Ökonomie der Not erläutert (vgl. Bögenhold/Staber 1994; Bögenhold 1999; Floeting et al. 2004; Waldinger et al. 2006/1990).

2.4 Selbstständige Erwerbstätigkeit

2.4.1 Europäische Union

In den EU-28-Staaten gab es 2015 insgesamt 32,9 Millionen selbstständige Erwerbstätige (inkl. Bereich Landwirtschaft) (vgl. Eurostat 2016/ OECD 2016/ WKÖ 2016). In Großbritannien gab es 4.552.500 Selbstständige; die Selbstständigenquote ohne Landwirtschaft betrug dort 14,2 % (ibid.). Im Vergleich dazu waren in Deutschland 4.164.100 selbstständig, was einer Quote von 10 % ohne Landwirtschaft entsprach (ibid.). Die höchsten Quoten an Selbstständigen, ohne den Bereich der Landwirtschaft einzurechnen, wiesen Griechenland (24,1 %), Italien (22,3 %), Spanien (15,9 %) und Tschechien (16,5 %) auf (ibid.). Die geringsten Quoten innerhalb der EU-28-Staaten gab es in Litauen (7,8 %), Dänemark (7,7 %) und Rumänien (7,1 %) (ibid.). Österreich lag somit im Durchschnitt.

2.4.2 Österreich

2017 waren in Österreich insgesamt 527.300 Menschen selbstständig erwerbstätig inklusive des Bereichs der Land- und Forstwirtschaft sowie deren Mithelfende (vgl. Statistik Austria 2018). (vgl. Tabelle 5)

Der Aufwärtstrend bei Selbstständigkeit geriet in den letzten fünf Jahren ins Stagnieren. 2010 und 2017 waren die Zahlen verhältnismäßig gleich: 468.200 vs. 465.000 Selbstständige (inkl. Landwirtschaft) bzw. eine Selbstständigenquote von 11,6 % vs. 10,9 % (vgl. Statistik Austria 2018).

Tabelle 5: *Selbstständige Erwerbstätige nach beruflicher Stellung seit 1995*

Jahr	Erwerbs- tätige ins- gesamt	Selbstständi- ge insgesamt (inkl. Mit- helfende)	Selbstständige insgesamt mit Land- und Forstwirtschaft	Selbstständige ohne Land- und Forstwirt- schaft	Selbstständige in der Land- und Forstwirt- schaft
1995	3.669.600	531.900	401.500	243.000	158.500
2000	3.685.700	487.200	390.800	261.300	129.500
2010	4.016.800	554.800	468.200	359.600	108.600
2017	4.260.500	527.300	465.000	376.500	88.500

Quelle: Statistik Austria 2018

An dieser Stelle sei erwähnt, dass die Definition der Selbstständigkeit bzw. zur selbstständigen Erwerbsarbeit ein komplexes Thema darstellt. Die Bezeichnung der *klassischen Selbstständigen* bezieht sich vor allem auf Personen, die einen Gewerbeschein bzw. eine Gewerbeberechtigung besitzen (vgl. WKO 2016c). Dazu kommen neue Selbstständige und Scheinselbstständige.

Es wird argumentiert, dass Scheinselbstständige eine Gewerbanmeldung haben und daher unter die Kategorie der klassischen Selbstständigen fallen, dies aber in Wirklichkeit nicht sind (vgl. Sardadvar 2013). Vielmehr stellen sie abhängige Selbstständige, also Personen mit (oder auch ohne) Gewerbanmeldung dar, die als *selbstständig* geführt werden, allerdings unter Arbeitnehmerbedingungen tätig sind (vgl. Sardadvar et al. 2013: 18) und daher als Scheinselbstständige betitelt werden. Hametner (vgl. 2007: 6 in Sardadvar 2013: 44) konstatiert, dass Selbstständige ohne Gewerbeschein in die Kategorie *neue Selbstständige* fallen. Auch Kohlbacher und Fassmann (2011) weisen darauf hin, dass viele der neuen Selbstständigen ohne Gewerbeschein oft u. a. im Journalismus-, Versicherungs- oder Bankensektor aufzufinden sind, aber nicht als klassische Selbstständige angesehen werden können. Sardadvar et al. (vgl. 2013: 44) argumentieren weiterführend, dass die Wirtschaftskammer indes Scheinselbstständige auch mit Gewerbescheinen nicht vertritt, weil diese die Charakteristik von ArbeitnehmerInnen tragen. Riesenfelder und Wetzel (vgl. 2013 in Sardadvar 2013: 19) äußern diesbezüglich, dass es durch die Arbeitsmarktöffnung 2011 zwar zu einem Rückgang an Scheinselbstständigen gekommen sei – vor allem von Personen aus

Ungarn, Polen, der Tschechischen Republik, Slowakei, aus Slowenien, Estland, Lettland oder Litauen –, die Scheinselbstständigkeit aber zum Beispiel besonders im Baugewerbe weiterhin weit verbreitet sei.

Bundesländervergleich

Zwischen 2003 und 2016 fiel in Wien der Anteil (33 %) an ethnischen Ökonomien auf 24 % ab (vgl. WKO 2017). Die ethnischen Ökonomien siedelten sich vermehrt in den östlichen Bundesländern wie Niederösterreich an, wohingegen die westlichen Bundesländer (z. B. Tirol) von 2003 auf 2016 weniger Anteile aufweisen konnten. Oberösterreich zeigte gleichbleibende Anteile. (vgl. WKO 2017[11])

2.4.3 Selbstständige in Österreich nach Staatsangehörigkeit

Im Jahr 2016 wurde die größte selbstständige Gruppe ohne österreichische Staatsbürgerschaft von MigrantInnen der EU-13-Staaten gestellt: 39 % (18.427 Personen) (vgl. WKO 2017). Aus den EU-15-Staaten kamen 30 % (14.453 Personen) der Selbstständigen mit Migrationshintergrund und ein etwa gleichbleibender Anteil aus den europäischen Drittstaaten (ibid.). Selbstständige aus Asien machten 8 % aus, afrikanische Selbstständigkeit lagen bei 2 % (791 Personen) (vgl. Tabelle 6). Als mögliche Erklärung der Versechsfachung (von 2003[12] auf 2016) der Anzahl der Personen aus den EU-13-Staaten im Vergleich zu einer Verdoppelung der Anzahl der Selbstständigen aus den EU-15-Staaten können u. a. die verstärkten Migrationsströme aus den EU-13-Staaten nach Österreich als Resultat der EU-Osterweiterung[13] angesehen werden.

---

11 Die WKO stellte für dieses Projekt Datensätze zu Unternehmertum nach Staatsangehörigkeit und nach Branchenangehörigkeit in Gesamtösterreich und in den einzelnen Bundesländern zur Verfügung. Diese Daten wurden nach eigenen Berechnungen ausgewertet. Alle WKO-Daten nehmen Bezug auf die *Kammermitgliedschaften*, d. h. auf registrierte selbstständige UnternehmerInnen mit und ohne österreichische Staatsbürgerschaft. Alle Daten schließen nur selbstständige Tätige außerhalb der Land- und Forstwirtschaft sowie grundsätzlich alle Kammermitgliedschaften ein. Auswertungen zu 2003 und 2015 auch in Aigner 2017b

12 Berechnungen des Jahres 2003 (und auch 2015) in Aigner 2017b.

13 Die vollständige ArbeitnehmerInnenfreizügigkeit trat in Österreich für Personen aus den EU-10-Staaten im Mai 2011, für Personen aus den EU-2-Staaten im Januar 2014 ein. Die vollständige Arbeitnehmerfreizügigkeit für Personen aus Kroatien wird noch nicht gewährt.

Tabelle 6[14]: Selbstständige Erwerbstätige nach Staatsangehörigkeit in 2016[15] (in %)

Herkunft	Selbstständige nach Staatsangehörigkeitsgruppen 2016
EU-14-/Alt-EU-Staaten	31
EU-13-/Neu-EU-Staaten	39
Drittstaaten Europas	18
Asien	8
Afrika	2
Lateinamerika	1
Nordamerika	1
Ozeanien	≤ 1
ungeklärt	1
insgesamt	100
	n = 47.124

Quelle: WKO 2017, eigene Auswertungen

Selbstständige nach Staatsangehörigkeit in Oberösterreich

In Oberösterreich war die Verteilung der Selbstständigen 2003 und 2016 ähnlich. 2003 stellten die EU-14-Staaten die größte Gruppe (46 %) an selbstständigen Erwerbstätigen, aber gleich dem nationalen Trend stellten die EU-14-Staaten auch 2016 die größte Gruppe der nicht-österreichischen Selbstständigen (33 %) (vgl. WKO 2017). Im Gegensatz zu Gesamtösterreich nahm die Gruppe der EU-Drittstaaten zu (um 2 % von 22 % auf 24 %), ebenso dem nationalen Trend folgend die asiatische Gruppe (4% auf 9%), während die afrikanische Gruppe konstant blieb und die Selbstständigen aus den EU-13-Staaten um 9 % von 20 % auf 29 % zunahm (exklusive der Pflegekräfte) (ibid.).

EU-14-/EU-Alt-Staaten und EU-13-/Neu-EU-Staaten: EU-28-Staaten

Insgesamt stammten selbstständige Erwerbstätige aus den EU-14-Staaten in Österreich 2016 vor allem aus Deutschland (67 %, 10.039 Personen), 13 % (1.870 Personen) aus Italien und 5 % (718 Personen) aus dem Vereinigten Königreich

---

14 Von Pflegekräften und Scheinselbstständigkeit bereinigt.
15 Die Einteilung der Nationalstaaten richtet sich nach den Kategorisierungen der Statistik Austria.

(ibid.). Die Anzahl entsprach einer Verdoppelung zwischen 2003 und 2016, die prozentuale Verteilung der Selbstständigen aus den Alt-EU-Staaten in Österreich blieb jedoch nahezu gleich. 2016 kam die Mehrheit der Selbstständigen in Oberösterreich aus Deutschland, nämlich 81 % (ibid.). Auch in OÖ, wie auf nationaler Ebene, stellte Italien mit 6 % die zweitgrößte Gruppe und Großbritannien und die Niederlande die drittstärkste mit 3 % (ibid.).

Innerhalb der EU-13-Staaten beeinflusste die EU-Osterweierung die selbstständige Tätigkeit der Staatsbürger zwischen 2003 und 2016. Während der Anteil von selbstständigen PolInnen sank (von 33 % auf 18 %), erhöhte sich der Anteil der rumänischen (von 14 % auf 24 %) und ungarischen Selbstständigen (von 11 % auf 22 %) (ibid.).[16] Der größte Personenzuwachs war 2016 bei den RumänInnen zu verzeichnen: 4.337 Personen waren rumänischstämmige Selbstständige, was knapp einer Verzehnfachung der ethnischen Ökonomien von RumänInnen im Zeitraum von 2003 bis 2016 gleichkommt (ibid.). Die Zahl der ungarischen EntrepreneurInnen verneunfachte sich auf 4.132 (vgl. WKO 2017). Somit waren 2016 4,7 % der in Österreich ansässigen EU-13-StaatsbürgerInnen selbstständig erwerbstätig (vgl. Statistik Austria 2018).

In Oberösterreich blieben die Verhältnisse der aus den EU-13-Staaten-Stammenden zwischen 2003 und 2016 in etwa gleich. Rumänien stellte in beiden Jahren 36 % der Selbstständigen aus den EU-13-Staaten (ibid.). Nur Ungarn verzeichnete einen Anstieg von 9 % auf 17 %, wohingegen Polen vergleichsweise weniger Selbstständige stellte (ibid.).

Drittstaaten

Europa

2016 bildeten die TürkInnen die stärkste Gruppe (34 %, 3.006 Personen) der selbstständig Tätigen mit Migrationshintergrund, gefolgt von MigrantInnen aus Bosnien und Herzegowina (22 %) und aus Serbien (16 %). Insgesamt wird von 8.756 Personen aus den europäischen Drittstaaten gesprochen, die 2016 selbstständig erwerbstätig waren (vgl. WKO 2017), was 2 % der EU-Drittstaatenangehörigen Österreichs ausmachte (vgl. Statistik Austria 2018). Betrachtet man Oberösterreich, so weicht es nur minimal von der nationalen Statistik ab. Die türkische Selbstständigkeit nahm von im Jahr 2003 38 % auf im Jahr 2016 36 % ab. Der Anteil bosnischer Selbstständigkeit blieb dagegen mehr oder weniger gleich.

---

16 Berechnungen für 2003 (und 2015) auch in Aigner 2017b.

Asien

2016 waren in Österreich vor allem InderInnen (24 %), Pakistanis (14 %), ChinesInnen (14 %), IranerInnen (6 %) und ThailänderInnen (6 %) selbstständig erwerbstätig (vgl. WKO 2017). Diese Werte beziehen sich auf insgesamt 3.586 asiatischstämmige Ökonomien 2016, was einem prozentualen Anteil der asiatischen, selbstständigen erwerbstätigen Bevölkerung Österreichs von 1,19 % entspricht (vgl. ibid.; Statistik Austria 2018). Überraschend wenige afghanische oder syrische Selbstständige existieren trotz der hohen Einwanderungsrate durch Fluchtmigration in den letzten Jahren. Dies erklärt sich durch die noch nicht erteilten Arbeitsbewilligungen.

In Oberösterreich sah die Verteilung anders aus: Hier waren 2016 weniger InderInnen als im nationalen Durchschnitt (nur 11 %) selbstständig erwerbstätig, etwa gleich viele IranerInnen (7 %), aber auch ChinesInnen (13 %), dafür weniger Pakistanis (8 %), mehr ThailänderInnen (9 %), GeorgierInnen (8%), weitaus mehr IrakerInnen (7 %) und vor allem mehr SyrerInnen (7 %), AfghanInnen (6 %) und ArmenierInnen (4 %) (vgl. WKO 2017).

Afrika

Selbstständige in Österreich mit afrikanischen Staatsbürgerschaften stammten 2016 vorwiegend aus Ägypten (36 %), Nigeria (27 %) und in geringerem Ausmaß aus Tunesien (6 %), Marokko (5 %) und Südafrika (3 %). Insgesamt gab es 791 ethnische Ökonomien afrikanischer StaatsbürgerInnen (vgl. WKO 2017). Nur ein geringer Teil, nämlich 2,2 %, der AfrikanerInnen Österreichs waren selbstständig erwerbstätig (vgl. Statistik Austria 2018).

In Oberösterreich gab es 2016 eine geringere Anzahl an nigerianischen Selbstständigen als in Gesamtösterreich (15 %), dafür aber etwas mehr ÄgypterInnen (42 %). Entgegen dem nationalen Trend gab es eine Population von KamerunerInnen (4 %) und Personen aus dem Niger (6 %), die stärker in der Selbstständigkeit vertreten waren als in Gesamtösterreich. (vgl. WKO 2017)

Nordamerika und Lateinamerika

2016 gab es 346 selbstständige US-AmerikanerInnen und 75 KanadierInnen in Österreich. In Oberösterreich waren es 21 US-AmerikanerInnen und 5 KanadierInnen. (vgl. WKO 2017). Nur 356 Personen waren 2016 in Österreich ethnische UnternehmerInnen lateinamerikanischer Herkunft, dies entsprach lediglich 3 % der lateinamerikanischen Bevölkerung Österreichs (vgl. WKO 2017; Statistik Austria 2018). Vor allem die BrasilianerInnen (25 %), KolumbianerInnen (10 %), MexikanerInnen (12 %), PeruanerInnen (10 %) und ArgentinierInnen (8 %)

befanden sich in selbstständiger Tätigkeit (vgl. WKO 2017). In Oberösterreich stammten je 18 % aus Mexiko und Brasilien, 11 % aus Kuba. (ibid.)

Australien und Ozeanien

Aus Australien (54 Personen) und Ozeanien (24 Personen) waren insgesamt 78 Personen im Jahr 2016 selbstständig in Österreich tätig. (vgl. WKO 2017).

2.4.4 Selbstständige Erwerbstätige mit und ohne Migrationshintergrund, differenziert nach soziodemografischen Faktoren 2008 versus 2017

Differenziert nach Altersstruktur

In Tabelle 7 wird die Altersstruktur der selbstständigen und unselbstständigen Erwerbstätigen mit Migrationshintergrund im Jahr 2017 dargelegt (vgl. Statistik Austria 2018). 79 % der selbstständigen Erwerbstätigen mit Migrationshintergrund waren über 35 Jahre, nur 21 % unter 35 Jahre alt (ibid.). Im Verhältnis dazu waren 37 % der autochthonen Selbstständigen 45 bis 54 Jahre alt. Somit waren 88 % der selbstständigen Tätigen ohne Migrationshintergrund über 35 Jahre alt, während lediglich 12 % jünger waren. Eine erhöhte Konzentration an Selbstständigen (im Vergleich zu Unselbstständigen) ließ sich bei den älteren Personen (55 bis 64 Jahre) feststellen, unabhängig des Migrationshintergrundes. (ibid).

Tabelle 7: Erwerbstätige Personen mit und ohne Migrationshintergrund nach Altersgruppen in 2017 (in %)

2017	Personen mit Migrationshintergrund		Personen ohne Migrationshintergrund	
	Selbstständige	Unselbstständige	Selbstständige	Unselbstständige
15–24 Jahre	2	11	1	13
25–34 Jahre	19	29	11	23
35–44 Jahre	31	28	23	22
45–54 Jahre	30	23	37	28
55–64 Jahre	15	9	22	13
65 und älter	3	0	6	1
insgesamt	100	100	100	100
	n = 76.800	n = 866.500	n = 388.300	n = 2.866.700

Quelle: Statistik Austria 2018, eigene Berechnungen/STATcube 2018[17]

---

17 Berechnungen für 2010 und 2015 auch in Aigner 2017b.

Differenziert nach Gender

Das Genderverhältnis im Jahr 2017 wird in Tabelle 8 veranschaulicht: Unter der Gruppe der Selbstständigen mit Migrationshintergrund waren 62 % Männer und 38 % Frauen. Auch das Genderverhältnis von selbstständig Erwerbstätigen ohne Migrationshintergrund war nahezu vergleichbar: 65 % männlich und 35 % weiblich. Im unselbstständigen Bereich waren dagegen die Genderverhältnisse weitaus ausgeglichener: bei den Autochthonen waren es 51 % Männer und 49 % Frauen, bei Personen mit Migrationshintergrund 52 % Männer sowie 48 % Frauen (vgl. Statistik Austria 2018).

Betrachtet man anstelle des Migrationshintergrundes die Staatsbürgerschaftszugehörigkeit, so zeigt sich für 2017, dass die Genderverhältnisse der Selbstständigen zwischen EU-Staaten und EU-Drittstaaten sehr unterschiedlich ausfielen: Unter den EU-14- und den EU-13-Staaten-Angehörigen (gemeinsam) lag der Anteil an männlichen Unternehmern bei 56 % und der von Unternehmerinnen bei 44 %. Dagegen wiesen unter EU-Drittstaatenangehörigen allgemein, aber vor allem bei den TürkInnen, 73 % Männer und nur 27 % Frauen selbstständige Erwerbstätigkeit auf. (vgl. Statistik Austria 2018).

Kohlbacher und Fassmann (2011) argumentieren, dass in Drittstaatengruppen vor allem mit islamischem Hintergrund eine Karriere als UnternehmerIn traditionell mit Männern, aber nicht mit Frauen assoziiert werde. Auch Biffl (2010) hält fest, dass türkische Frauen in Österreich eine Erwerbsquote von 39 %, Österreicherinnen ohne Migrationshintergrund dagegen eine Quote von 66 % vorweisen. Allerdings argumentiert Biffl im Gegensatz zu Kohlhaber und Fassmann, dass Religion wenig Einfluss auf die Entscheidung der Frauen, zu Hause bleiben zu wollen, habe. Vordergründig seien Traditionen, Lebensmuster und Rollenbilder Einflussfaktoren für solche Entscheidungen (ibid.). Während türkische Frauen wegen starker familiärer Bindung und Absicherung seltener erwerbstätig seien, integrierten sich beispielsweise die muslimischen Bosnierinnen wegen der kommunistischen Geschichte stark am Arbeitsmarkt (ibid.).

Tabelle 8: Erwerbstätige Personen mit und ohne Migrationshintergrund nach Gender in 2008 und 2017 (in %)

2008	Personen mit Migrationshintergrund		Personen ohne Migrationshintergrund	
	Selbstständige	Unselbstständige	Selbstständige	Unselbstständige
Männer	68	53	65	53
Frauen	32	47	35	47
insgesamt	100	100	100	100
	n = 53.600	n = 605.200	n = 395.000	n = 2.848.000

2017	Personen mit Migrationshintergrund		Personen ohne Migrationshintergrund	
	Selbstständige	Unselbstständige	Selbstständige	Unselbstständige
Männer	62	52	65	51
Frauen	38	48	35	49
insgesamt	100	100	100	100
	n = 76.800	n = 866.500	n = 388.300	n = 2.866.700

Quelle: Statistik Austria 2018, eigene Berechnungen/STATcube 2018[18]

Differenziert nach Bildungsstruktur

In Bezug auf die Bildungsstruktur zeigt sich, dass 52 % der selbstständigen Erwerbstätigen mit Migrationshintergrund im Jahr 2017 einen hohen Bildungsgrad besaßen (vgl. Tabelle 9). So kamen 18 % von einer höheren Schule und 34 % von einer Universität oder Fachhochschule (FH); 24 % besaßen einen Lehrabschluss, 15 % eine Pflichtschulausbildung, 9 % hatten einen Abschluss einer berufsbildenden bzw. Mittleren Schule (vgl. Statistik Austria 2018). Auffällig ist, dass Selbstständige ohne Migrationshintergrund sowohl 2008 als auch 2017 einen geringeren Bildungstand aufwiesen als die selbstständig tätigen Personen mit Migrationshintergrund. So besaßen 2017 39 % der autochthonen Selbstständigen einen hohen Bildungsabschluss (Höhere Schule oder Universität), wohingegen 52 % der ethnischen UnternehmerInnen einen solchen vorweisen konnten.

Tabelle 9: Selbstständige Erwerbstätige mit und ohne Migrationshintergrund in 2008 und 2017 nach Bildungsstruktur (in %)

	Selbstständige mit Migrationshintergrund		Selbstständige ohne Migratinshintergurnd	
Bildungsabschluss	**2008**	**2017**	**2008**	**2017**
Pflichtschule	16	15	10	6
Lehrabschluss (Berufsschule)	27	24	38	36
berufsbildende/Mittlere Schule (ohne Berufsschule)	7	9	19	19
Höhere Schule	22	18	15	16
Universität/FH/ hochschulverwandte Lehranstalt	28	34	18	23

---

18 Berechnungen für 2010 und 2015 in Aigner 2017b.

	Selbstständige mit Migrationshintergrund		Selbstständige ohne Migratinshintergurnd	
Bildungsabschluss	2008	2017	2008	2017
insgesamt	100	100	100	100
	n = 53.600	n = 76.800	n = 395.000	n = 388.300

Quelle: Statistik Austria 2018, eigene Berechnungen/STATcube 2018[19]

2.4.5 Selbstständige Erwerbstätige, differenziert nach Branchenverteilung

Besonders frequentiert für Selbstständige mit Migrationshintergrund sind die Branchen Gewerbe und Handwerk, gefolgt vom Handel, Information/Consulting, dem Tourismus bzw. der Freizeitwirtschaft und zuletzt Transport und Verkehr (vgl. WKO 2016 in Aigner 2017b). Anteilsmäßig sind 40 % der Selbstständigen ohne österreichische Staatsbürgerschaft im Gewerbe sowie Handwerk tätig, 23 % im Handel und lediglich 15 % in den Bereichen Information und Consulting sowie 13 % in Tourismus und Freizeitwirtschaft (ibid.). Österreichische Selbstständige bevorzugen die Branche Handel (29 %) und Information/Consulting (19 %), wogegen mehr Selbstständige mit Migrationshintergrund im Bereich Gewerbe und Handwerk angesiedelt sind. (ibid.)

Oberösterreich

In Oberösterreich sieht die Branchenverteilung 2015 ähnlich aus, wobei im Vergleich zur nationalen Verteilung nicht-österreichische Selbstständige um 3 % mehr im Bereich Transport und Verkehr (12 %), dafür aber auch um 3 % weniger im Gewerbe tätig waren (37 % statt 40 %) (vgl. WKO 2016a). Im Handel waren 5 % mehr tätig (28 % statt 23 %), im Bereich Information und Consulting hingegen 6 % weniger als der nationale Schnitt, nämlich statt 15 % nur 9 % (ibid.).

Pflegekräfte

Biffl (2008: 59) argumentiert, dass im Bereich der Pflegekräfte schon 2006 40.000 irreguläre ausländische Pflegekräfte gezählt wurden, vornehmlich aus der Slowakei stammend. 2007 wurde in einer Gesetzesreform darauf abgezielt, dass diese irregulären Arbeitskräfte legalisiert werden, folglich gab es 2008 20.000 Legalisierungen (ibid.). Viele dieser Pflegekräfte lebten aber häufig in ihren

---

19 Berechnungen für 2010 und 2015 in Aigner 2017b.

Heimatländern oder fallen in den Bereich der Cross-Border-Dienstleistungen, also der grenzüberschreitenden Dienstleistungen (ibid.).

Im Jahr 2016 waren allen voran Personen aus den EU-13-Staaten (z. B. RumänInnen und SlowakInnen, aber auch KroatInnen oder PolInnen) im Pflegesektor selbstständig erwerbstätig (vgl. WKO 2017). So stammten 99 % der ausländischen Pflegekräfte in Österreich aus den EU-13-Staaten. Anders formuliert: Von 82.721 ausländischen Pflegegewerben stammten 82.064 aus den EU-13-Staaten, wovon RumänInnen und SlowakInnen mit 45 % (37.149; RumänInnen) und 39 % (32.036; SlowakInnen) am stärksten vertreten waren (ibid.).

Für Oberösterreich gilt dies ebenfalls, wobei hier überwiegend SlowakInnen (58 %) tätig waren, gefolgt von RumänInnen (35 %) (ibid.).

3. Ethnische Ökonomien – Theorien

In diesem Kapitel wird auf die Definitionen des Begriffs *ethnische Ökonomien* sowie auf den bisherigen nationalen und internationalen Forschungsstand und -kontext zu Ethnic Entrepreneurships eingegangen.

Historisch betrachtet, argumentiert Kloosterman (2010), dass schon in vorindustriellen Zeiten ethnische UnternehmerInnen eine wichtige Rolle im Handel und in Handelsnetzwerken spielten. Vor allem die Diaspora der ArmenierInnen oder der ChinesInnen beeinflussten diese Handelsnetzwerke (ibid.). So etablierten sich *Global Linkages* um das Mittelmeer herum, aber auch in Nordwesteuropa, Südostasien und anderen Teilen der Welt (vgl. ibid.). In den USA existieren seit etwa 1880 aufgrund der Einwanderungswellen viele kleine und mittlere ethnische Unternehmen (vgl. Barrett et al. 1996 in Kalan 2016), während Europa zu dieser Zeit noch Auswanderungswellen erlebte. Beispiele hierfür stellen die irische Emigrationswelle von 2 Millionen IrInnen in die USA in den Jahren von 1845 bis 1852 aufgrund des *Irish Famine*[20] oder die italienische Diaspora zwischen 1876 und 1915, als Italien aus wirtschaftlichen Gründen von einer massiven Auswanderungswelle (teilweise in die USA) betroffen war (vgl. Stuchtey 2012). Auch aus der kaiserlichen und königlichen Habsburgermonarchie emigrierten zwischen 1899 und 1914 3,5 bis 4 Millionen Menschen, die meisten von ihnen gingen in die USA, aber auch nach Südamerika (vgl. Wandruzka/Urbanitsch 1980; Prutsch 2012).

3.1 Definitionen zum Begriff der ethnischen Ökonomien[21] im internationalen Vergleich

Vor allem tragen die unterschiedlich verwendeten Begriffe, wie *Ethnic Economy, Ethnic Entrepreneurship, Immigrant Business, Ethnic Enclave Economy, Middleman Minorities* und *Minority Business* oder im Deutschen *ethnische Ökonomie, ethnisches Unternehmertum, Immigrantenökonomien* u. a., zur Verwirrung bei. Die Definitionen sind in der folgenden Tabelle 10 in Kurzform ersichtlich:

---

20 *Irish Famine* bezeichnet die Periode zwischen 1845 und 1952 in Irland. Hungersnot, ausgelöst durch die Kartoffelfäule, zwang zahlreiche IrInnen, woanders ihr Glück zu versuchen.

21 Hier werden ethnische UnternehmerInnen als UnternehmerInnen mit Migrationshintergrund verstanden bzw. als selbstständig Erwerbstätige mit Migrationshintergrund; bezeichnet als Ethnic Entrepreneurships und/oder ethnische Ökonomien. Generell sind in diesem Werk alle Selbstständigen mit Migrationshintergrund inkludiert.

Tabelle 10: Definitionen der Begrifflichkeiten

englischer Begriff	deutscher Begriff	Kurzdefinition/Charakteristiken	Definitionsmerkmal
Ethnic Business, Ethnic Economy, Ethnic Entrepreneurship	*ethnisches Unternehmertum, ethnische Ökonomien*	Ursprünglich sind wirtschaftliche Tätigkeit, Produkte und Kundenkontakte auf die eigenen Migrantencommunitys ausgerichtet, aber nach längerem Bestehen der Unternehmen werden auch KundInnen der Mehrheitsgesellschaften angesprochen. (vgl. Waldinger 1990) Diese Definition inkludiert Selbstständige mit Migrationshintergrund insgesamt.	Produkttyp und KundInnen
Ethnic Enclave Economy	*Enklavenökonomie*	Ethnic Enclave Economies treten in Räumen mit hoher ethnischer Konzentration auf, die sich kulturell stark von der vorherrschenden Gesellschaft unterscheiden. Es gibt diesbezüglich ökonomische Abhängigkeitsverhältnisse mit der Community; Co-Ethnics sind im Betrieb prioritär angestellt. (vgl. Abrahamson 1996: 781 f.; Haberfellner et al. 2000: 13; Haberfellner 2011)	geografische Räume, räumliche Konzentration
Immigrant Business	*Migrantenökonomien*	„Immigrant Business beschreiben die ökonomischen Aktivitäten von Personen, die in einem anderen Land geboren wurden und in das jeweilige Zielland eingewandert sind." (Ma Mung 1999 in Haberfellner et al. 2000: 14)	Migrationstyp erste Generation
Ethnic Niche Economy	*Nischenökonomien*	Ethnische Nischenökonomien bieten Produkte oder Dienstleistungen an, welche von den einheimischen Unternehmen nicht angeboten werden (vgl. Heckmann 1998). Als Ergänzungsökonomien ergänzen sie die lokalen Wirtschaftsgefüge, ohne zu konkurrieren. (vgl. Blaschke/Ersöz 1987: 64 in Aigner 2012: 394)	Produkttyp, KundInnen, geografische Räume; räumliche Konzentration

englischer Begriff	deutscher Begriff	Kurzdefinition/Charakteristiken	Definitions- merkmal
Minority Entrepreneurship	*Minderheiten- unternehmen*	Minority-UnternehmerInnen müssen nicht unbedingt ImmigrantInnen sein und daher nicht zwingend Merkmale einer ethnischen Minderheit teilen bzw. eine Gruppenzugehörigkeit aufweisen (vgl. Gokce 2013 in Kalan: 2016). Per Definition trifft dieser Typus nur in den USA oder Großbritannien zu, wo ethnische Minderheiten eigens definiert werden.	Minderheits- gruppen, Ethnic Group
Middleman Minorities	*Mittelsmän- ner/-frauen*	Bonacich (1973: 583) definiert: „Middleman Minorities als zwischen Mehr- und Minderheit eingebettete UnternehmerInnen, die einerseits von den Co Ethnics entfremdet sind, aber andererseits, zu Sündenböcken der Aufnahmegesellschaft werden."	geografische Räume, räumliche Konzentration

Neue Typen und Definitionen der Ethnic Entrepreneurships

Kloosterman (2010) sieht es als erforderlich, den Begriff *Ethnic Entrepreneurship* heute neu zu definieren und neue Formen von ethnischem Unternehmertum festzulegen. Traditionell waren die migrantischen UnternehmerInnen mit nied-rigem sozialen, finanziellem Ansehen und Bildungsstatus ausgestattet (vgl. ibid.). Unternehmen wurden häufig in sozial schwächeren Vierteln gegründet. Zeitge-nössisch kann jedoch ein neues Phänomen beobachtet werden, nämlich dass der hochgebildeten MigrantInnen, welche zum Beispiel im Software Development, im Fashion Design oder in anderen aufstrebenden Branchenbereichen gründen. Dazu zählen auch die infolge diskutierten Themen von transnationalem und Refugee Entreperneurship.

3.2 Grundlegende Modelle zu Ethnic Entrepreneurship

In der internationalen Migrationsforschung werden idealtypische Modelle zur Erklärung der Entstehung und Existenz von Ethnic Entrepreneurship verwendet (vgl. Floeting et al. 2004). Hierzu zählen das *Nischenmodell*, das *Kulturmodell*, das *Reaktionsmodell* oder der *Interaktionsansatz* bzw. das *Interaktionsmodell* (vgl. Waldinger et al. 1990/2006; Aigner 2012, 2017b). Beim Nischenmodell wird vor allem die Versorgung der eigenen Co-Ethnics mit ethnischen Produkten oder auch Dienstleistungen in den Vordergrund gestellt (Heckmann 1998: 34; Floeting et al. 2004: 17). Nischenökonomien können – in ihrer ursprünglichen Form – als nicht konkurrierende Ergänzung zur Wirtschaft des Aufnahmelandes verstanden werden (vgl. Blaschke/Ersöz 1987: 64 in Aigner 2012: 394).

In einer Erweiterung dieses Modells könnten Ergänzungsökonomien als Ergänzungen der Wirtschaft des Ziellandes als Resultat von Arbeitskräftemangel verstanden werden (vgl. Aigner 2017b). So wäre denkbar, Sassens (1991a/b) These zu Global Cities und auch Piores (1979) Theorien zum dualen Arbeitsmarkt in vereinfachter Form anzuwenden (vgl. Aigner 2017b). Einheimische Arbeitskräfte würden in der Folge vom primären Sektor (höheren Lohngruppen, Arbeitsplatzsicherheit, sozialem Status, gesteigerten Aufstiegschancen) angezogen: So entsteht im sekundären Arbeitsmarkt (schlechte Arbeitsbedingungen, Niedriglöhne, Unsicherheiten bezüglich des Arbeitsplatzes) ein Arbeitskräftemangel und damit eine dauerhafte Nachfrage nach migrantischen Arbeitskräften (vgl. Piore 1979[22]). Wobei sich nach Harris und Todaro (1970 in Aigner 2017b) besonders die Branchen Pflege, Reinigung oder Transport damit auch für selbstständig Erwerbstätige öffnen (vgl. Aigner 2017b). Anderson und Ruhs (2010) argumentieren allerdings, dass die Notwendigkeit der Rekrutierung von migrantischen Arbeitskräften (hier vor allem bezogen auf Angestellte) für unterschiedliche Professionen unter Bezugnahme von hohen und niedrigen Konjunkturzyklen nicht nur debattiert werde, sondern auch konstruiert schienen.

Das Kulturmodell beschreibt im Gegensatz dazu, dass manche ethnisch-kulturellen Gruppen aufgrund kultureller Prägung durch das Herkunftsland eher dazu neigen, unternehmerische Aktivitäten auszuüben als andere (vgl. Floeting et al. 2004; Light 1987; Haberfellner et al. 2000 in Aigner 2012).

Das Reaktionsmodell wiederum wird mit einer Reaktion auf mangelhafte Integration und Diskriminierungen am Arbeitsmarkt der MigrantInnen assoziiert, welche in der Folge zu Fluchtverhalten vor Arbeitslosigkeit führt (vgl. Floeting et al. 2004 in Aigner 2012, 2017b), was ebenfalls mit der Ökonomie der Not/Ökonomie der Armut (vgl. Bögenhold/Staber 1990; Bögenhold 1985) assoziiert wird. Im Gegensatz dazu wird als Pull-Faktor von Unternehmesgründungen der Wunsch nach Selbstverwirklichung (Ökonomie der Selbstverwirklichung/Ökonomie des Wohlstandes), geprägt von Bögenhold und Staber (1990), verstanden (vgl. Wins 2004: 44; Corsten 2002: 11 ff.; Aigner 2017b). Aubry et al. (2015)

---

22 Piores (1979) Ansatz wird hier simplifiziert dargestellt.

analysieren im Kontext von unterschiedlichen französischen Provinzen den Schumpeter- und den Refugee-Effekt (vergleichbar mit der Ökonomie des Wohlstandes versus der Ökonomie der Not). Mit dem Schumpeter-Effekt werden Arbeitsmarkt-Pull-Faktoren assoziiert, die sich auf eine Ökonomie der Selbstverwirklichung beziehen, wohingegen sich mit dem Refugee-Effekt eine Arbeitsmarkt-Push-Situation ergibt, die mit Ökonomie der Not assoziiert wird (vgl. auch Kapitel 4).

Das Interaktionsmodell bezieht sich auf Einbettungsfaktoren von Ethnic Entrepreneurship und situiert dieses eingebettet und zugleich abhängig von unterschiedlichen Rahmenbedingungen (vgl. Waldinger et al. 1990/2006; Haberfellner et al. 2000; in Aigner 2012: 395). Das Interaktionsmodell bezieht sich somit ebenfalls auf die sog. Netzwerktheorien, welche besagen, dass Wirtschaftsaktivität und somit auch Unternehmensgründungen ein Resultat der spezifischen Einbindung in ein soziales Umfeld und dessen Netzwerke sind (vgl. Granovetter 1973, 1985, 1995, 2005; White 1992, 1993, 2002, 2008; Uzzi 1996; auch in Aigner 2012; 2017b vgl. Kapitel 4 und 5).

Die hier präsentierten Modelle werden auch im Kontext wirtschafts- und migrationssoziologischer Theorien nachverfolgt (vgl. Kapitel 4 und 5).

3.3 Forschungsstand zu ethnischen Ökonomien nach thematischen Gruppen

Schicht, soziales Kapital, Co-Ethnics und Mobilität

Besonders im angloamerikanischen Raum beschäftigen sich WissenschaftlerInnen mit der Bedeutung von sozialem Kapital, Schicht und sozialer Mobilität in Zusammenhang mit Ethnic Entrepreneurship.

Portes (2010) sowie auch Light/Gold (2008) betonen die überdimensionalen Einflussfaktoren von *Co-Ethnic Ressources* und Netzwerken im Gesamtkontext von Ethnic Entrepreneurship sowie spezifisch im Rahmen sozialer Mobilität. In Bezug auf die soziale Mobilität argumentiert Portes (2010), dass die Signifikanz von ethnischem Unternehmertum darin liege, eine Art *Avenue of sucess*, eine Straße für wirtschaftliche Mobilität zu schaffen, die für andere Gruppen nicht erreichbar ist.

Bonacich (1973) sieht die Überschneidung von Schicht, sozialem Aufstieg und Ethnizität in Bezug zu Middleman Minorities, indem eine Strategie verfolgt wird, um die soziale Positionen einer Gruppe zu verändern, und indem *Co-Ethnic*-Gruppenkapital verwendet wird. *Middleman Minority Entrepreneurs* versuchen, so Bonacich, die Kontrolle der Aufnahmegesellschaft, die

Unterdrückung in Richtung Niedriglohnsegmente zu umgehen, indem sie sich verselbstständigen und damit eine bessere bzw. effektivere Möglichkeit haben, eine Aufwärtsmobilität – eine *Social Upward Mobility* – zu erreichen.

Haug/Pointner (2007) und Haug (2010) argumentieren, dass Sozialkapital und im weiteren Sinne soziale Netzwerke und deren Wirkungsweisen auch ein zweischneidiges Schwert für Personen mit Migrationshintergrund darstellen, und dementsprechend zwischen einem aufnahmeland- und einem herkunfts- landspezifischen sozialen Kapital unterschieden werden muss (vgl. Haug/Point- ner 2007). Starke Co-Ethnic-Netzwerke können demnach auch dazu führen, dass die Kontakte und Interaktionen mit den Mitgliedern der Aufnahmegesell- schaften minimalisiert werden (ibid.). Unter anderem hänge der Grad der Ein- bettung im Arbeitsmarkt von den unterschiedlichen Graden und Ausrichtungen der sozialen Netzwerke ab (ibid.). Eine Interaktion mit der Mehrheitsgesellschaft und damit Netzwerke außerhalb der eigenen Community bedeuten, laut Haug (2007), auch, dass sich dadurch die Möglichkeiten, in den ethischen Ökonomien der eigenen Community Aufnahme zu finden, verringern, wohingegen soziale Netzwerke und Kontakte mit der Aufnahmegesellschaft, also aufnahmeland- spezifisches Kapital, die Chancen auf eine Einbettung in den im Aufnahmeland spezifischen Arbeitsmarkt erhöhen (ibid.).

Soziodemografische Faktoren und Ethnic Entrepreneurship: Gender und Schicht

Light (2007) argumentiert anhand von statistischen Daten zu Frauen mit Mi- grationshintergrund und entsprechenden Unternehmensgründungen, dass Frauen weiterhin seltener Unternehmen gründen als Männer und dass – wie auch im Angestelltenverhältnis – kein Gleichgewicht des Einkommens zwischen Männern und Frauen gegeben sei; Juhász, in Bührmann et al. (2010: 111 ff.), hält fest, dass in der Schweiz in den jüngeren Altersklassen, insbesondere unter Angehörigen der zweiten Migrationsgeneration, der Anteil an selbstständig er- werbstätigen Frauen zunimmt (ibid.). Hier kann man von einer Selbstständigkeit aus der Not (Ökonomie der Not) ausgehen (ibid.). Ihre unternehmerische Tätig- keit liege demnach in den *Co-Ethnic*-Netzwerken begründet. Viele der Frauen würden ihre Unternehmen gerne verkaufen bzw. wieder verlassen, sofern sie die Möglichkeit dazu hätten (ibid.).

Fuller-Love et al. (2006) – wie auch Juhasz (2010) – halten in einer nennens- werten Studie zu Geschlechterdifferenzen in diesem Subfachgebiet der Ethnic- Entrepreneurship-Forschung und Refugee-Entrepreneurship-Forschung fest, dass weiterhin eine *Gender Pay Gap* im Bereich der Selbstständigen existiere.

Im Kontext Österreichs forschen Dannecker und Cakir (2016) zu Gender und Ethnic Entrepreneurship.

Netzwerke und soziale Mobilität – deren Rolle in der Ethnic-Entrepreneurship-Forschung

Zhou (2004) sieht bei den Co-Ethnics und den Netzwerken mit Co-Ethnics einen *Competitive Advantage*, einen Wettbewerbsfaktor, weil die Co-Ethnics die eigenen Familienmitglieder oder Mitglieder der ethnischen Community günstiger einstellen können als Mitglieder der Mehrheitsgesellschaft. Wahlbeck (2007, 2010) greift ebenfalls die sozialintegrativen Elemente auf. Beispielsweise analysiert er die *Networks/Economies of Trust* der Arbeitsstrukturen und -prozesse u. a. am Beispiel Finnlands (2007) (vgl. Aigner 2012, 2017b). Innerbetriebliche Strukturen, welche traditionell auf sogenannte *Networks of Trust* (u. a. Cook/Hardin 2001; Wahlbeck 2007) aufgebaut sind, forcieren die Integrationsmechanismen, indem durch die Entstehung von Co-Ethnic-Netzwerken soziales Kapital gestärkt wird (vgl. Light 2003 in Aigner 2012).

Ethnic Entrepreneurship und die zweite Generation

Gold et al. (2006) argumentieren, dass in einer Vergleichsstudie in den USA, zwischen Los Angeles und New York, im Gegensatz zur ersten Generation EinwandererInnen der zweiten Generation gebildeter seien (vgl. Fairley/Alba 2002; Gans 1992) und sich seltener für selbstständige Erwerbsarbeit entscheiden. Im Kontext des klassischen Modells (*Classical Model*) (1) hätten viele der zweiten Generation, die Kinder der Selbstständigen der ersten Generation, Universitätsabschlüsse erworben, seien sprachlich assimiliert und besser an die amerikanische Gesellschaft angepasst; sie verlieren aber aufgrund ihrer Assimilation an die amerikanische Gesellschaft Netzwerke zu Co-Ethnics und in der Folge ethnisches Kapital (vgl. ibid.). Ausnahme bildeten das *Second-Generation-Starters*-Modell (2), wobei die Kinder von MigrantInnen die Selbstständigkeit anstrebten, aber diese nicht erreichen könnten und in der Folge die Motivation zu innovativem Ethnic Entrepreneurship besäßen und sich höhere Selbstständigenraten als in der ersten Generation herauskristallisierten (vgl. ibid.). Im dritten Modell (3), dem *Middleman-Minority*-Modell, wolle die zweite Generation die Co-Ethnic-Netzwerke nicht aufgeben und eine starke Gruppenkohäsion beibehalten; in diesem Fall wiese die zweite Generation ähnliche Selbstständigkeitsraten wie die erste Generation auf (ibid.). Das *Second-Generation Decline Model* (4) beschreibt, dass in der sogenannten *Niche Shrinkage* (Nischenschrumpfung) aufgrund des Wettbewerbs der anderen Ethnic Entrepreneurships oder des

Nachlassens an Nachfrage für spezifische Nischenprodukte sowie *Ethnic Goods and Services* die Selbstständigenraten der zweiten Generation rückläufig seien. Im *transnationalen Modell* (5) entwickele die zweite Generation durch Innovationsgeist transnationale Modelle der Selbstständigkeit und vergrößere das Unternehmen zwischen dem Herkunfts- und Aufnahmeland der Eltern. Levitt und Waters (2002) wie auch Levitt et al. (2003) bestätigen den Einsatz der zweiten Generation MigrantInnen in transnationalen Entrepreneurships. Ein wichtiger Punkt bildet zudem das Phänomen der RückkehrmigrantInnen, die sich in den Herkunftsländern der Eltern selbstständig machen.

Ethnic Entrepreneurship und Integration: Fokus Deutschland

Neben wenigen Studien zu Ethnic Entrepreneurships in Deutschland (z. B. Fischer-Krapohl/Waltz 2005; Schmiz 2011) analysiert vor allem Floeting et al. (2004) verschiedene Ökonomien – die türkische, die italienische und die russische. Sie beschäftigen sich mit der Frage und der Analyse der Integration von Einwanderern im Zusammenhang mit ethnischen Ökonomien, was für die vorliegende Studie zu Österreich sehr bedeutsam ist. Floeting et al. (2004: 14) nehmen an, dass die Integrationsfunktion bzw. -dynamik von ethnischen Ökonomien sowohl die ökonomische als auch die soziale Teilhabe beträfe.

Stock (2012, 2013), analysiert arabische Imbisse in Berlin, aber auch arabische UnternehmerInnen und urbane Aufwertungsprozesse in Berlin. Pichler (1992, 2011) befasst sich vor allem mit italienischen MigrantInnen in Deutschland, vornehmlich konzentriert sie sich auf Berlin und entwirft eine Typologie dieser. Haug (2010) oder auch Haug und Pointner (2007) unterteilen soziales Kapital in aufnahmeland- und herkunftslandspezifisch und beschäftigen sich mit den unterschiedlichen Auswirkungen dieses Kapitals u. a. bezüglich der Einbettung von MigrantInnen im lokalen Arbeitsmarkt.

Transnationales Entrepreneurship

Einer der neueren Trends der Ethnic-Entrepreneurship-Forschung liegt im Betrachten und Erforschen transnationaler Ethnic Entrepreneurships. Die Dokumentation transnationaler Entrepreneurships existiert auf empirischer Ebene für die USA und für Westeuropa. Federführend sind hier u. a. Landolt (2000, 2001) und Landolt et al. (1999), die sich auf SalvadorianerInnen und deren transnationale ökonomische Aktivitäten zwischen den USA und El Salvador im Bereich der Selbstständigkeit konzentrieren. Landolt et al. (*1999 in Portes/Haller/ Guarnizo 2002)* argumentieren, dass es vier Typen von transnationalen UnternehmerInnen gibt, und zwar (1) die zirkulären Firmen (vgl. Landolt 2000: 230);

(2) das Cultural Enterprise (Landolt/Autler/Baires 1999 in Portes/Haller/ Guarnizo 2002: 279); (3) die Ethnic Enterprises sowie (4) die Return Migrant Micro Enterprises. Besonders das Baugewerbe ist transnational geworden, weil es global sehr von den ImmigrantInnen abhängt. Construction- und Real-Estate-Firmen werben vor allem MigrantInnen an (vgl. ibid.).Portes (2010: 210; Ebner/Wösten 2014: 757) definiert transnationale UnternehmerInnen wie folgt: „Our self-employed immigrants whose business activities require frequent travel abroad and who depend for the success of the firms on their contacts and associates in another country, primarily their country of origin." Aktuell beschäftigt sich Ratten (2017) mit transnationalem Entrepreneurship.

Drori et al. (2009) vergleichen transnationales Entrepreneurship mit anderen Formen von Ethnic Entrepreneurship, vor allem unter Bezugnahme des sozialen Kapitels und der Netzwerke. Sie befinden, wie auch Baker et al. (2005), McDougall/Oviatt (2000), Yeung (2002), Young et al. (2003), Zahra/George (2002), dass die zeitgenössische theoretische Basis transnationaler Entrepreneurship unzureichend sei und in zukünftige Forschung zu sozialen Strukturen und Prozessen investiert werden müsse. Zuletzt existieren auch Studien zu Returnee Entrepreneurships (RückkehrmigrantInnen-Unternehmertum, Cross-Country Entrepreneurship; beispielsweise Wright et al. 2008).

Refugee Entrepreneurship

Refugee Entrepreneurship wurde in den letzten Jahrzehnten zu einem neuen Schlagwort in der Ethnic-Entrepreneurship-Forschung. Es behandelt die Dynamik und Interdependenz von Flucht und Ethnic Entrepreneurship, konkret die Ethnic Entrepreneurship, die entstehen, wenn ehemalige Flüchtlinge Unternehmen in den jeweiligen Aufnahmeländern gründen. Wauters und Lambrecht (2008) beleuchten in einer Fallstudie in Belgien, wie die Möglichkeit von Selbstständigkeit und Ethnic Entrepreneurship der Flüchtlinge zu einer erfolgreichen Integration beitragen kann. Fuller-Love et al. (2006) beschäftigen sich vor allem mit Unternehmensgründungen durch Frauen und spezifisch im Kontext von weiblichen Flüchtlingen.

Eine der ersten Studien zu Refugee Entrepreneurship stammt von Gold (1992). Er befindet, dass ein Zusammenhang zwischen Flucht und Unternehmensaktivität vor allem im Bereich der wirtschaftlichen Ausrichtung besteht. Netzwerke mit Co-Ethnics haben, so Gold, einen wesentlichen Anteil am Erfolg der Refugee Entrepreneurship.

4. Wirtschaftssoziologische Aspekte zu Ethnic Entrepreneurship

Ein grundlegender Bestandteil des Mappings von Ethnic Entrepreneurship besteht in der Analyse der sozioökonomischen Bedeutung der ethnischen UnternehmerInnen, deren Rolle in der Interdependenz von Wirtschaft und Gesellschaft sowie (in Kapitel 5) die Bedeutung der Migration für soziales und wirtschaftliches Handeln, auch in Verbindung mit Integrationsmechanismen und -dynamiken. Kapitel 4 wird die wirtschaftssoziologischen, theoretischen Hintergründe zu Unternehmertum darlegen und in diesem Sinne die sozioökonomische Komponente und Beitragsleistung von Unternehmertum analysieren. Ebenso werden diese Aspekte in den Kontext zu Ethnic Entrepreneurship gestellt und mit diesbezüglichen theoretischen Hintergründen vernetzt. So argumentieren Ziegler/Hintz (1992) einerseits, dass Personen zwangsweise eigendynamisch Entscheidungen zur selbstständigen Erwerbstätigkeit treffen. Strukturelle Bedingungen, wie das Mikro- und Makroumfeld, beeinflussen jedoch diese Entscheidungsfindung (ibid.). Die Typen *innovative/r ZerstörerIn*, angelehnt an Schumpeter (vgl. Bonacich 1973, 1976, 1993; Bonacich/Modell 1980), *Risk Taker*, konzipiert von Kirzner (1973, 1978, 1979, 1988/1979, 2008), der/die *ProduktinnovatorIn* basierend auf Marshall (1890/1989) oder der/die *NetzwerkerIn* von Granovetter (1973, 1985, 1995, 2005) handeln aus unterschiedlichen Motiven und Motivationsfaktoren heraus und in der Folge mit unterschiedlichen Funktionen und Wirkungsweisen als UnternehmerInnen. Deren spezifische Funktion üben somit unterschiedliche Dynamiken und Einflüsse auf die lokalen Volkswirtschaften bzw. Wirtschaftssysteme und auch auf die gesamtgesellschaftlichen Strukturen aus.

4.1 Max Weber

Weber kann mit dem im vorhergehenden Kapitel beschriebenen, allerdings auch kontrovers diskutierten Kulturmodell zu Ethnic Entrepreneurship in Verbindung gebracht werden, vor allem, weil er als klassischer Theoretiker eine Beziehung zwischen Kultur, Religion und wirtschaftlichem Handel herstellt.

Swedberg (2009b: 239) hält Webers Perspektive für bedeutend, in der es heiße, dass es für ein umfassendes Verständnis wirtschaftlicher Phänomene nicht nur notwendig sei, politische und rechtliche Dimensionen, sondern auch die Rolle der Kultur zu berücksichtigen. Weber leiste, so Swedberg, somit einen entsprechenden Beitrag zu Entrepreneurship, indem er u. a. sagt, dass die charismatische Figur andere zu einer Gefolgschaft auffordere (durch ihre besondere, extravagante, extraordinäre Persönlichkeit). Charisma und die charismatische Figur spiele insgesamt eine wesentliche Rolle im Gründertum, aber auch bei der Führung eines Entrepreneurships bzw. eines Betriebs (vgl. Swedberg 2009b, 1998; Weber 2001; Breuer 1994; Anter 1993; Mommsen 1989, 1974). Konkret Bezug nehmend auf Unternehmertum und Kultur (und auch Religion) verbindet Weber beispielsweise Sektentum mit unterschiedlichen Wirtschaftsethiken (vgl. Weber 1921a/b, 1988, 1991; Swedberg 2009b: 252). Weber verbindet also Wirtschaftsethik, Handelsaktivitäten und den Umgang mit Wirtschaft eng mit den großen Religionsgruppen (vgl. Weber 1921a; Swedberg 2009b). Ebenso betrachtet Weber (1921b in Swedberg 2009b: 253) Hinduismus und Buddhismus: Im Hinduismus spreche nach Weber, so Swedberg (2009b), das Kastensystem gegen jede Art wirtschaftlicher Veränderung oder Neuerung. So gehöre jeder Mensch einer Kaste an und ein Wechsel des Berufs oder nur der Arbeitsgeräte könne Unheil für die Seelenwanderung bedeuten (ibid.). Diese Ansichten, so Weber, verhinderten Innovationen und wirkten sich auf die gesamte Wirtschaft und respektive auf die Beschäftigungsstruktur aus (ibid.).

Webers Theorie zu Entrepreneurship kann aber auch mit seiner Studie zu *The Protestant Ethic and the Spirit of Capitalism* (1904/1988, 1978, 2001) in Verbindung gebracht werden. Weber begutachtet hier historische Veränderung bezüglich Entrepreneurship, verursacht durch die Reformation. Er analysiert Entrepreneurship in Bezug zum Protestantismus, der dabei geholfen habe, eine positive Einstellung gegenüber dem Profit zu generieren (vgl. Swedberg 2009a/b). Und das wiederum habe eine generelle Veränderung in der Art und Weise, wie Entrepreneurship aufgefasst wird, mit sich gebracht. Besonders fokussiert Weber u. a. darauf, dass der/die EntrepreneurIn als Gegensatz zum/r BürokratIn stehe. Dies wiederum ist stark auf Webers Dreiteilung bürokratisch-rational, charismatisch und traditionell zurückzuführen (vgl. Weber 2001; Breuer 1994; Anter 1993; Mommsen 1989, 1974; Aigner 2008; Swedberg 2009b). In seiner Dreiteilung schreibt Weber den/die EntrepreneurIn eindeutig Charisma zu; er bezeichnet diese/n als charismatische Persönlichkeit. (ibid.) Der/die EntrepreneurIn sei die einzige Person in einem Wirtschaftssystem, welche die Bürokratie unter Kontrolle halten kann (ibid.). Der/die EntrepreneurIn könne also seine/ihre eigenen Entscheidungen treffen und müsse für die Organisation, die er/sie leitet, Verantwortung übernehmen, und zwar im Gegensatz zum/r BürokratIn, der/die Gesetzen unterliegt und demnach keine eigenen Entscheidungen treffen kann, sondern selbst kontrolliert werde (ibid.). Im Gegensatz dazu werde der/die EntrepreneurIn nicht kontrolliert (ibid.). Daher habe auch er/sie einen weitaus besseren Zugang zu einer Firma und zum Arbeitsbereich als der/die BürokratIn. (vgl. Swedberg 2009b, 1998; Weber 2001; Breuer 1994; Anter 1993; Mommsen 1989, 1974)

4.2 Adam Smith, David Ricardo, John Stuart Mill

Mill sehe den/die EntrepreneurIn mit speziellen (*not ordinary skills*) Fähigkeiten ausgestattet, um Erfolg zu haben (Swedberg 2009b; Smelser/Swedberg 1994, 2005). Smith (1776/1981, 1776/1974; vgl. auch Swedberg 2009b; Smelser/ Swedberg 1994, 2005) argumentiert, dass ein/e UnternehmerIn grundsätzlich egoistisch nach Profit strebe. Der Egoismus treibe den/die UnternehmerIn, das Interesse am eigenen Vorteil bediene damit auch das Interesse der KundInnen.

4.3 Alfred Marshall

Marshall erörterte 1890 das erste Mal die Notwendigkeit bzw. die wichtige Funktion der *EntrepreneurInnen* für die Produktion. Er argumentiert in *Principles of Economics*, dass es vier Faktoren der Produktion gebe: (1) Land, (2) Arbeit, (3) Kapital und (4) Produktion (vgl. Marshall 1890/1989 in Sahay/Sharma 2008). Organisation sei der koordinierende Faktor, der alle anderen Faktoren zusammenbringt (ibid.). Marshall vertritt hier die Ansicht, dass Entrepreneurship das Hauptelement hinter der Organisation oder Organisationsentstehung ist (ibid.). Mit kreativer Organisation kreierten *EntrepreneurInnen* seiner Meinung nach neue Waren (Commodities) oder verbesserten den Produktionsplan alter Waren (vgl. ibid.; Swedberg 2009b). Wie auch Weber glaube Marshall, dass der Erfolg des/der EntrepreneurIn damit in Zusammenhang stehe, dass natürliches Leadership (oder bei Weber: Charisma) vorhanden sein muss, um erfolgreich zu sein, wie Swedberg (2009b) ausführt. Hinzu kommt, dass Marshall der Auffassung ist, dass ein/e EntrepreneurIn ein gutes Verständnis von der Industrie haben und gewisse Fähigkeiten mitbringen muss: „must have the ability to foresee changes in supply and demand and be willing to act on such risky forecasts in the absence of complete information" (Marshall/Marshall 1994 in Sahay/Sharma 2008: 4).

4.4 Frank Knight, Ludwig von Mises (De Mises)

Diese wichtige Schule zu Entrepreneurship besagt, dass die Rolle des/der EntrepreneurIn die eines/r RisikoträgerIn sei. Swoboda (1983) argumentiert, dass Knight (1921, 1921/1985, 1933/1967) der Ansicht sei, der/die EntrepreneurIn akzeptiere dieses Risiko, solange Profit erreicht werden könne bzw. es eine Chance auf Profit gebe. Die Theorie erläutert jedoch nicht, warum sich nur manche für Unternehmertumaktivitäten entscheiden und andere nicht. Zimmermann (2013: 36) argumentiert, dass

> „Knight heute vor allem in der strategischen Unternehmensplanung übliche Unterscheidung von Risiko und Unsicherheit trägt und, dass wahre unternehmerische Tätigkeit darin bestehe, sich mit dem Problem der Ungewissheit auseinanderzusetzen und in unsicheren Entscheidungssituationen die Konsequenzen der Entscheidungen zu tragen".

Damit werde der/die UnternehmerIn TrägerIn des Risikos, der sogenannte *Risk Bearer* (vgl. ibid.; auch Swoboda 1983).

Ähnlich argumentiert De Mises (1949/1998) in seiner Theorie zu Entrepreneurship: Wenn die Wirtschaft in einem stabilen und sich immer wiederkehrenden Equilibriumzyklus befindet, so gebe es da keinen Platz für Entrepreneurship (vgl. Swedberg 2009b). So hält Swoboda (1983: 22) fest, dass

> „[f]or Mises, every person is an entrepreneur if he bears the risk of losses (capital, Owner, Manager, worker etc.) […] in any real and living economy every actor is always an entrepreneur" (Mises 1949/1988: 253 in Swoboda 1983: 22).

De Mises argumentiert außerdem, dass Entrepreneurship Erwartungshaltungen in Bezug auf unbekannte Dinge und Situationen habe, aber nicht zu Innovationen (vgl. De Mises 1963: 293 in Swedberg 2009b). Der/die EntrepreneurIn sei hauptsächlich aufgrund des Interesses an Geld motiviert und lukriere Profite, indem er/sie herausfindet, was ein/e KonsumentIn möchte (ibid.).

4.5 Israel Kirzner, Friedrich von Hayek, Mark Casson

Weitere Entrepreneur-Forscher besagen, dass die Rolle des/der EntrepreneurIn die des/der InnovatorIn sei, wobei *Innovation* unterschiedlich definiert wird. Diese Grundargumentation begründet eine ganze Reihe an Theorien, wie beispielsweise jene von Kirzner (1973, 1978, 1979, 1988/1979, 2008), der formuliert, dass der Prozess der Innovation eigentlich spontanes, ungeplantes Lernen sei: „The process of innovation is actually that of spontaneous ‚undeliberate learning'" (Kirzner 1985: 10). Der/die EntrepreneurIn müsse daher vor allem Gelegenheiten erkennen (ibid.).

Kirzners Theorien seien stark an De Mises und Hayek orientiert, so Schaller 2001, Blum/Leibbrand 2001, Swedberg 2009b oder auch Smelser/Swedberg 1994, 2005. Kirzners (1997/1973) Position zu Entrepreneurship drücke aus, so Schaller (2001: 12), dass diese eine gewisse Achtsamkeit oder Wachsamkeit in Bezug auf

Möglichkeiten des Profits bedeutet. Der/die EntrepreneurIn versuche also, Profitmöglichkeiten zu finden, und helfe damit, ein Equilibrium am Markt zu generieren, indem er/sie die Möglichkeiten, die sich ihm/ihr auftun, nutzt (ibid.). Das steht im Gegensatz zu Schumpeter (1926/1911, 1939, 1950/1942, 2008, 2017), der den/die EntrepreneurIn als eine Person versteht, der/die das Equilibrium durch Innovation eigentlich bricht oder zerstört (ibid.). Hayek (1945/1972) beschäftigt sich mit Wissen und Entrepreneurship und ist der Ansicht, dass der/die EntrepreneurIn, wie es Hayek formuliert, praktisch in einem Entdeckungsprozess sei (vgl. Swedberg 2009b; Smelser/Swedberg 1994, 2005).

Casson (1983, 1985, 1990) gilt, nach Schaller (2001: 12), unter den genannten UnternehmensforscherInnen als *der profilierteste seiner Zeit*, der nicht nur den/die EntrepreneurIn in den Mittelpunkt seines Denkens und seiner Arbeit stellt (vgl. ibid.). Casson (1983, 1985, 1990) weise dem/der UnternehmerIn die Rolle des/der KoordinatorIn zu (ibid.). Der/die UnternehmerIn bei Casson (1983, 1985, 1990) nutze in der Folge die Marktunvollkommenheit durch Vertragsabschlüsse und versuche, die durch seine/ihre Tätigkeit verursachten Kosten, beispielsweise Informations- und Transaktionskosten, zu minimieren (vgl. Schaller 2001: 12). Dies tue er/sie mit dem Ziel der Gewinnmaximierung als rationale Handlungsgrundlage (vgl. ibid.: 13).

4.6 Joseph Schumpeter

Zeitgenössische Interpretationen und Analysen von Entrepreneurship sind wesentlich durch die Arbeiten des Ökonomen Schumpeter geprägt. Ein zentrales Unterscheidungsmerkmal, welches Schumpeter etabliert, ist die Trennung der Begrifflichkeiten von dem/der EntrepreneurIn und von dem/der ManagerIn (vgl. Smelser/Swedberg 1994, 2005; Schaller 2001 in Blum/Leibbrand 2001). Die *Theorie der wirtschaftlichen Entwicklung*, sein wichtigstes Werk zum Unternehmertum, bindet den/die dynamische/n UnternehmerIn als schöpferische/n ZerstörerIn ein (vgl. Schumpeter 1911/1926). Diese/r setzt immer aufs Neue Innovationen durch (ibid.). Schumpeter grenzt ihm/ihr gegenüber den/die Manager/In ab, der/die er aber als Unternehmensvorstand versteht, welche/r aber als Vorstand eines Unternehmes den Kategorien des/r schöpferischen Zerstörers/In nicht gerecht werden kann und demnach als Bürokrat/In nach Max Weber agiert (vgl. Swedberg 2009a; Schaller 2001).

Es sei der/die EntrepreneurIn, der/die als *InnovatorIn* neue Ideen aufgreife, etabliere und letztlich umsetze, so Schumpeter (vgl. Braun et al. 2006; Picot et al. 2001). Der/die EntrepreneurIn zerstöre durch diesen Innovationsprozess zuerst alles bereits Existierende bzw. traditionelle, bestehende Strukturen (ibid.). Darauf aufbauend würden neue und bessere Strukturen geschaffen werden können (ibid.). An der Entwicklung dieser sei er/sie auch maßgeblich beteiligt (ibid.). Er/sie sei die Ursache für Veränderungen, welche weg vom alten Gleichgewicht führen (Casson 1987 in Picot et al. 2001: 37). Er/sie sei nicht nur ErfinderIn, sondern InnovatorIn (ibid.). Ideen würden umgesetzt und so bereits existierende Strukturen verdrängt oder zerstört; in Folge würden durch Innovationen neue Strukturen geschaffen – dieser Prozess werde immer weiter fortgesetzt (vgl. Swedberg 2009a; Braun et al. 2006; Blum/Leibbrand 2001; Schaller 2001 in Blum/Leibbrand 2001; Picot et al. 2001). Diese *kreative Zerstörung* alter Strukturen befeuere langfristiges Wirtschaftswachstum und wirtschaftliche Dynamik (vgl. Schumpeter 1911/1926, in Schaller 2001). Oder anders formuliert: Der/die UnternehmerIn sei die maßgebliche Kraft der wirtschaftlichen Entwicklung (ibid.). Schumpeter (Original 1911/ 1926) beschäftigt sich mit einer 5er-Typologie zum Verhalten von UnternehmerInnen oder EntrepreneurInnen (vgl. Swedberg 2009a).

Dazu zählen

(1) „the introduction of a new good, the introduction of a new method of production,
(2) the opening of a new market,
(3) the conquest of a new source of supply of raw material,
(4) the creation of a new organization of an industry." (Swedberg 2009a: 15)

Die zweite wichtige Typologie, die Schumpeter entwirft, sind die drei Hauptkategorien der Motivationsfaktoren (Schumpeter 1934/ 1961: 93; Schumpeter 2017: 24):

(1) „the dream and the will to found a private kingdom,
(2) the will to conquer,
(3) the joy of creating." (ibid.)

4.7 Harrison White

White als wichtiger Vertreter der strukturalen Soziologie (*Structural Sociology*) trägt in seinen Werken seit den späten 1960er-Jahren, die von vielen seiner StudentInnen in Harvard weitergeführt wurden – darunter Granovetter . a. –, auch zur Entrepreneurship-Forschung bei. In seinem theoretischen Hauptwerk *Identiy and Control: A Structural Theory of Social Action* (1992) beginnt White seine Analyse mit dem Hinweis auf die materielle Abhängigkeit der Menschen von ihrer Umgebung, aber weist auch darauf hin, dass Interessen binnen Kurzem in soziale Beziehungen eingebettet werden (vgl. Smelser/Swedberg 1994, 2005). Die materielle Produktion stehe dabei am Anfang, sagt er, und eine laufende Güterproduktion jeglicher Art sei notwendig, damit das soziale Handeln nicht zurückgehe (ibid.). Aber das soziale Handeln selbst bedinge eine neue Produktion, die das Soziale und das Materielle verbinde (ibid.). White argumentiert außerdem, dass *Entrepreneural Scenes* informelle Netzwerke darstellen und sich daraus Märkte entwickeln (Sternberg/Krause 2014).

4.8 Mark Granovetter

Granovetter (1973, 1985, 1995, 2005), ein Vertreter der Netzwerktheorie, ist innerhalb der Wirtschaftssoziologie Wegbereiter für die Netzwerktheorien allgemein, aber auch für die der Migrationssoziologie und in der Folge spezifisch im Bezug zu Ethnic Entrepreneurship und dem Interaktionsmodell relevant. Granovetter (1985), wie auch Polanyi et al. (1957), sagt, dass

> „wirtschaftliches Handeln ohne die Berücksichtigung sozialer Strukturen und Beziehungen nicht erklärt und verstanden werden kann. Strukturelle Einbettung bezeichnet Granovetter als die relationale Beziehungsstruktur der Individuen. Die kognitive Einbettung weise Ähnlichkeiten mit dem Konzept der begrenzten Rationalität auf. Das heißt, die begrenzten kognitiven Fähigkeiten der Informationsverarbeitung beeinflussen die spezifischen unternehmerischen Handlungen und Entscheidungen". (Brush et al. in Gather et al. 2014: 37)

Auf höherer Ebene argumentiert Granovetter, dass wirtschaftliches Handeln demnach eingebettet sei in konkrete, fortdauernde, soziale Beziehungsstrukturen (vgl. Granovetter 1985: 487 in Swedberg 2009b: 69). Netzwerke seien für dieses Konzept von Einbettung zentral. Diese Netzwerke von sozialen Beziehungen durchdringen unregelmäßig und in verschiedenen Stufen diverse Bereiche des wirtschaftlichen Lebens, so Granovetter (vgl. Granovetter 1990: 98–100, 1985b/2000 in Swedberg 2009b).

4.9 Dieter Bögenhold

Bögenhold/Staber (1990) oder Bögenhold (1985) entwerfen das Modell der Push- und Pull-Dynamik bzw. der Ökonomie der Not versus Ökonomie der Selbstverwirklichung. Bögenhold/Staber (1990: 274) und Bögenhold (1985: 246) erklären, dass migrantische, selbstständige Erwerbstätigkeit demnach entweder durch Pull- (Ökonomie der Selbstverwirklichung/des Wohlstandes) oder Push-Faktoren (Ökonomie der Not/Armut = Fluchtverhalten) entstehe (vgl. von Wins in Lang 2004: 44; Corsten 2002: 11 ff.). Bögenhold/Klinglmair (in Bögenhold

2016: 127 ff.) beschäftigen sich u. a. auch mit *hybrider Selbstständigkeit* (ibid.). Jene UnternehmerInnen, die sowohl angestellt als auch selbstständig tätig sind, werden als die *hybriden UnternehmerInnen* bezeichnet. Bögenhold/Klinglmaier (ibid.) argumentieren, dass die meisten dieser hybriden EntrepreneurInnen, hauptsächlich angestellt seien, aber nebenbei eine Art Nebenunternehmen leiten, ein *Micro Enterprise* (ibid.).

5. Die soziokulturelle Komponente – migrationssoziologische Aspekte zu Ethnic Entrepreneurs

In diesem Kapitel wird das vorliegende Werk im Kontext von migrationssoziologischen Betrachtungsweisen unterschiedlicher Integrationsdynamiken und unter Anwendung klassischer und zeitgenössischer Theoretiker, wie Park (1928, 1950), Park et al. (1921/1969, 1922/1971, 1969), Simmel (1908), Schütz (1944/1972), Eisenstadt (1951, 1952, 1953, 1954a, 1954b, 1975), Glazer (1970, 1979), Gordon (1961, 1964, 1978), Esser (1980, 2001, 2002, 2006, 2010), Berry (1980 und Berry/Sam 2004/1997), Hoffmann-Nowotny (1970a, 1970b, 1973, 2000) oder Heckmann (1998, 2005, 2010) situiert. Auch die sog. Netzwerktheorien, beispielsweise von Sassen (1984, 1991a, 1991b, 1999, 2000, 2007a, 2007b), Massey (1990) und Massey et al. (1987a/b, 1993, 1998), Granovetter (1973, 1985, 1995, 2005), oder Haug (2000b; 2010) werden hierbei mit einbezogen. Unter anderem werden soziokulturelle Beitragsleistungen und Wirkungsweisen von Ethnic Entrepreneurship im Kontext zu gesamtgesellschaftlichen Prozessen genauer untersucht sowie in theoretischen Modellen weiterentwickelt.

5.1 Klassische Sichtweisen zum Händler

Bereits die klassischen Migrationstheorien beschäftigten sich mit den Integrationspotenzialen der Fremden, unter anderem mit der Rolle des Händlers. De facto können der *Fremde* bei Simmel (1908), der *Marginal Man* bei Park (1928) und der *Stranger* bei Schütz (1944) in vielerlei Hinsicht als fremde Händler verstanden werden. In diesen drei klassischen Werken steht zudem die Integrationswechselwirkung zwischen Aufnahme-/Mehrheitsgesellschaft und den Neuankömmlingen im Vordergrund und es wird auf Integrationsdynamiken fokussiert. Auch Barth (1963: *Economic Spheres in Darfur*), welcher das Nischenmodell zu Ethnic Entrepreneurship mit Bezug zu einer ethnischen Enklavenbildung maßgeblich beeinflusst hat, betrachtet den Fremden als Händler, ähnlich, wie es Simmel, Schütz oder Park konstatieren.

Simmels (1908/1992), Parks (1928: *The Marginal Man*) oder Schütz' (1944: *The Stranger*) Konzepte des Fremden stellen konkret das Phänomen des (wandernden) Händlers ins Verhältnis zum Unternehmertum (bezogen auf eine Einzelmigration und Arbeitsmigration von Ethnic Entrepreneurs) und erinnern so auch an die von Bonacich (1973, 1993) beschriebenen Middleman Minorities, welche eine Pufferrolle in der Gesellschaft einnehmen und auch als wandernde Händler beschrieben werden, die soziale Distanz zu der Mehrheitsgesellschaft aufweisen bei gleichzeitigen Hostilitäten der Aufnahmegesellschaft. Bonacich (1973) hält zudem explizit fest, dass Middleman Minorities historisch lange schon existierten und nicht nur auf die USA beschränkt waren, sondern auf globaler Ebene agierten, daher zumindest ursprünglich auch als Durchreisende zu verstehen waren, welche häufig Interesse entwickelten, wieder in ihre Ursprungsländer zurückzukehren. Bonacich (1973) assoziiert demnach vor allem JüdInnen in Europa, ChinesInnen in Süd-Ost-Asien, AsiatInnen in Ostafrika, ArmenierInnen in der Türkei, SyrerInnen in Westafrika oder JapanerInnen und GriechInnen in den USA mit Tätigkeiten und Charakteristiken von Middleman Minorities.

Der Fremde bei Simmel bezieht sich ebenso auf Diskriminierungen, denen die Händler durch die Mitglieder der Mehrheitsgesellschaft ausgesetzt sind, mit dem Resultat einer weiteren Entfremdung und Isolation/Distanzierung der HändlerInnen. Die Ausstattung des Händlers mit höherer Objektivität und Wertfreiheit nach Simmel könnte jedenfalls zu einem erhöhten Innovationspotenzial beitragen – ganz im Sinne Marshalls (1890/1989) und Kirzners *kreativen Innovatoren* (1973, 1988/1979, 2008) oder auch Schumpeters *innovativem Zerstörer* (Schumpeter 1926/1911, 2008, 2017). Ähnlich könnte auch *The Stranger* nach Schütz (1944) interpretiert werden. Die Aufnahmegesellschaften sind die AbnehmerInnen der Produkte, bringen aber dem/der Fremden Solidarität oder zumindest Neugier wie auch Hostilitäten entgegen. Somit finden sich die einstigen Fremden, allerdings in isolierten gesellschaftlichen Situierungen als Mittelsmänner und -frauen wieder. Die beschriebene Objektivität, die zweifelhafte Loyalität und die Distanz zur Aufnahmegesellschaft bzw. zur autochthonen Gruppe tragen möglicherweise zu neuartigen Produkten und Produktinnovation bei und können mit der Ökonomie der Selbstverwirklichung bzw. mit dem Nischenmodell in Verbindung gebracht werden. In dem Sinne kann auch von Schumpeters *schöpferischem Zerstörer* oder Marshalls (1890/1992) wie auch Kirzners (1973, 1978, 1979, 1988/1979, 2008) *Produktinnovator* abgeleitet werden, dass Neues und neue Marktstrukturen durch die fremden HändlerInnen entstehen. Andererseits könnte, wie auch bei Simmels *Fremden*, der *Middleman-Minority*-Ansatz von Bonacich (1973, 1993; Bonacich/Modell 1980) im Besonderen wiedergefunden werden. In einem weiteren Entwicklungsschritt könnte infolge eine verstärkte Gruppenkohäsion der HändlerInnen nach innen entstehen, u. a. aufgrund der Unsicherheiten und Verwirrungen in Bezug auf die neue Situation in der Aufnahmegesellschaft. Dies könnte zu den bereits erwähnten Netzwerkinteraktionen (vgl. Granovetter 1973, 1985, 1995, 2005) und im ethnischen

Händlerbereich zu Co-Ethnic-Relationen führen (vgl. Portes 1987, 1995, 2010; Portes/Manning 1986; Portes/Zhou 1996; Bonacich 1973, 1976, 1993; Bonacich/ Modell 1980; Rath 2002; Kloosterman/Rath 2003).

5.2 Assimilationstheoretische Perspektiven und Ethnic Entrepreneurship

Assimilationstheoretische Perspektiven, zu denen Theorien des *Race Relations Cycle* der Chicago School (Park/Burgess 1921), Eisenstadts (1952/1954) *Drei-Phasen-Modell* oder Gordons (1964) *Sieben-Stufen-Modell* bzw. die Theorien zu Ethclasses zählen, wie auch Hoffmann-Nowotnys (1987) Theorie der Unter-schichtung oder Essers (2001) Abhandlung zu Sozial- und Systemintegration, sind im Kontext der vorliegenden Studie für die Entstehung, Typologie und Situ-ierung von Ethnic Entrepreneurship ebenfalls ausgesprochen bedeutsam.

Innerhalb der Zyklenmodelle (z. B. Park/Burgess 1921, Eisenstadt 1952/1954 oder Gordons 1964) können ethnische UnternehmerInnen in den verschiedenen Phasen der Modelle unterschiedlich situiert und verortet werden. Alle Modelle verstehen eine Verschmelzung von MigrantInnen mit der Aufnahmegesellschaft, eine Assimilation, als idealtypische Integration. Nichtsdestotrotz ergibt sich aus den zu der genannten idealtypischen Assimilation führenden Stufen bzw. Phasen eine differenzierte Situierung von Ethnic Entrepreneurship.

Der *Race Relations Cycle* (Park/Burgess 1921) umfasst beispielsweise die fol-genden typischen Zyklenphasen: (1) Kontakt (Contact), (2) Wettbewerb (Com-petition), (3) Konflikt (Conflict), (4) Akkommodation (Accomodation) und (5) Assimilation (Assimilation), wobei vor allem Phase 2 bis 5 unterschiedliche Be-deutung für die theoretische Verortung von Ethnic Entrepreneurship haben. In der zweiten Phase bzw. Wettbewerbsphase entsteht nach Park und Burgess (1921: 504; vgl. Aigner 2017a) ein Wettbewerb um Ressourcen (Arbeitsplätze, Bildung), in den die ethnischen UnternehmerInnen – zumindest der ersten Generation – mehrheitlich eingeordnet werden können. In dieser Phase, in welcher ein Kon-kurrenzkampf um die wirtschaftlichen Ressourcen des Aufnahmelandes und die ökonomischen Positionen entfacht wird, können im Besonderen Situationen der Ökonomie der Not oder der Selbstverwirklichung (vgl. Bögenhold/Staber 1994) bzw. der sogenannte Refugee-Effekt versus Schumpeter-Effekt (vgl. Aubry 2015) entstehen, welcher vor allem im Reaktionsmodell zu ethnischen Unternehme-rInnen prädominant angesiedelt ist. Der/die Entrepreneur kann in der Folge in dieser Phase auch als *Risk Taker* im Sinne von Knight (1921) oder auch als *ProfitmacherIn* nach De Mises (1949/1998) verstanden werden.

Klosterman und Rath (2000; 2001) argumentieren ähnlich, indem sie den klassischen Ethnic Entrepreneur als innovativen Risk Taker verstehen, der quasi als ÜberlebenskünstlerIn ausgesprochen innovativ in der Produktgenerierung und im Vertrieb agiert, um im Wettkampf um wirtschaftliche Ressourcen Profit zu generieren. In dieser Wettbewerbsphase wirkt soziale Kohäsion verstärkt nach innen. Co-Ethnics der eigenen MigrantInnen-Community werden über Netzwerke gestärkt, wodurch auch für die Co-Ethnics Arbeitsplätze geschaffen werden. Sozialer und sozioökonomischer Aufstieg wird hier angestrebt (vgl. Portes 2010; Zhou 2004; Light 1984/2003; Light/Gold 2007; Yoo 2014).

Im Gegensatz dazu ist die folgende Konfliktphase durch Macht- und Statuskämpfe zwischen der Mehr- und Minderheitsgesellschaft gekennzeichnet und beeinflusst Exklusionsdynamiken und Diskriminierungsdynamiken am Arbeitsmarkt (vgl. Park/Burgess 1921; vgl. Aigner 2017a). In dieser Konfliktphase könnten die Middleman Minorities (vgl. Blalock 1967; Bonacich 1973, 1993; Light 1987; Portes 1995), welche heftigen Feindseligkeiten durch die Aufnahmegesellschaft ausgesetzt und in einer Mittelposition zwischen Aufnahmegesellschaft und MigrantInnen eingebettet sind, situiert werden (wie auch bei Schütz oder Simmel).

In der nun folgenden Akkommodationsphase können nach Park und Burgess (1969) eigene – voneinander räumlich getrennte – Neighbourhoods (Little Italy, Koreatown, Chinatown; Little Punjab etc.) oder Nischenmärkte entstehen, was mit der Phase der Entstehung der sogenannten Ethnic Enclave Economies gleichsetzbar ist, die vor allem räumliche Konzentrationen aufweisen und in denen auch Nischenmärkte und Produkte entstehen (vgl. Abrahamson 1996: 781 f.; Portes 2010; Zhou 2004; Light 1984/2003; Light/Gold 2007). Dies wiederum impliziert die Existenz des/der Produktinnovators/-in nach Kirzner (1973, 1978, 1988, 2008), Marshall (1890/1989), Hayek (1945/1972) oder auch Schumpeter (1926/1911, 2008, 2017).

Zuletzt folgt die Assimilationsphase, bei der ursprüngliche Unterscheidungsmerkmale der ethnischen Gruppen verschwinden. Nach Park und Burgess (1969; vgl. Aigner 2017a) ist die Partizipation der Minderheiten an der Mehrheitsgesellschaftskultur eine Kondition und zugleich Medium und Ziel der Assimilation. In dieser Phase der absoluten Assimilation gleichen sich die ethnischen UnternehmerInnen an; in diesem Kontext existieren keine Ethnic Enclave Economies oder Middleman Minorities. Es kann impliziert werden, dass der/die UnternehmerIn im Sinne der Mehrheitsgesellschaft agiert und in der Folge hauptsächlich in das allgemeingültige Reaktionsmodell fällt. Denkbar ist in diesem Kontext auch, entsprechend den Assimilationsökonomien, der Produktvertrieb im Ergänzungsökonomiebereich bzw. der Vertrieb von Produkten der Mehrheitsgesellschaft.

Eisenstadt (1952/1954) charakterisiert in einem Drei-Stufen-Modell die dritte Phase als Absorptions- bzw. Assimilationsphase mit drei Unterkategorien: (a) Akkulturation, (b) Anpassung und (c) institutionelle Durchdringung (vgl. Eisenstadt 1952, 1954a/b auch in Aigner 2017a: 25). Ähnlich wie bei Parks und Burgess' (1921) Race Relations Cycle können ethnische UnternehmerInnen in Eisenstadts drei genannten Unterkategorien unterschiedlich verortet werden. Ethnische Enklaven sind vor allem in der Akkulturationsphase situierbar, in welcher neue Lernprozesse stattfinden, wobei die Sprache erlernt und eine Institutionalisierung des Rollenverhaltens vollzogen wird (vgl. Eisenstadt 1954; Han 2010; Aumüller 2009; Aigner 2017a). Über diese ersten Interaktionsphasen zwischen MigrantInnen und Alteingesessenen können Pioneer Entrepreneurships entstehen. Diese können in einem Transformationsprozess zu Betrieben mit Nischenproduktvertrieb mutieren – bei gleichzeitiger Öffnung der Mehrheitsgesellschaft gegenüber – und so erste Brückenkopffunktionen ausüben. Andererseits, sofern der Akkulturationsprozess bzw. die Interaktion zwischen Minder- und Mehrheit nicht stattfinden kann, kommt es nach Eisenstadt zu boykottierenden Verhaltensweisen der MigrantInnen den mehrheitsgesellschaftlichen Wertesystemen gegenüber; ein Charakteristikum, das nach Bonacich (1973) auch den Middleman Minorities zugeschrieben wird und wiederum im Kontext der ethnischen UnternehmerInnen zu Marginalisierung oder Segregation führen kann. Im zweiten Schritt der Anpassung an die Aufnahmegesellschaft können – ebenso wie im ersten Schritt nach Eisenstadt – die Middleman Minorities, aber auch Ethnic Enclaves und daraus resultierende Nischenmärkte im Rahmen einer Parallelgesellschaft situiert werden. Nach Eisenstadt zeige – ähnlich wie in der Akkomodationsphase nach Park und Burgess (1921) – die Aufnahmegesellschaft nur wenig Bereitschaft, MigrantInnen Chancen zu Assimilation oder Interaktionen (Netzwerke) mit der Aufnahmegesellschaft zu gewähren (vgl. Aigner 2017a). Dies könne auch zu Frustration und partiellen Abschließungsprozessen bzw. zu Isolation seitens der MigrantInnen führen (vgl. Eisenstadt 1954; Han 2010 in Aigner 2017a: 25). Ethnic Entrepreneurship – situiert im Rahmen Eisenstadts (1952/1954) dritter Stufe (*Dispersion and Absorption* in die institutionellen, gesellschaftlichen und politisch Sphären der Aufnahmegesellschaft) – nehmen eine ähnliche Rolle wie in Parks und Burgess' (1921) fünfter Stufe der absoluten Assimilation ein. Eisenstadt deutet allerdings an, dass Absorption nicht immer erfolgreich verlaufen kann und in diesen Fällen kulturelle und räumliche Separationstendenzen unter den MigrantInnen zu beobachten seien (vgl. Eisenstadt 1954: 13 in Aigner 2017a: 25). Dies könne allerdings in der Folge zu der Entstehung von Ethnic Enclave Economies oder auch Middleman Minorities führen. Die Integration der ethnischen UnternehmerInnen hat für Eisenstadt auch im klassischen Sinne ähnliche Dimensionen wie jene, die bei Park und Burgess beschrieben sind. Wie Eisenstadt indirekt erläutert, hängen ebenso die Integrationsdynamiken und in der Folge die unterschiedlichen Situierungen von ethnischen UnternehmerInnen von den jeweiligen Gesellschaftsstrukturen – u. a. auch von politischen Rahmenbedingungen und dem jeweiligen Migrationsregime des Aufnahmelandes – ab.

Ähnlich dem bereits erläuterten Race Relation Cycle oder dem Drei-Phasen-Modell Eisenstadts können ethnische UnternehmerInnen ebenso im Sieben-Stufen-Modell Gordons situiert werden. Dieses Modell zählt zu den assimilationstheoretischen Perspektiven. Die Assimilation nach Gordon erfolgt in sieben Stufen: von (1) soziokultureller Distanz bis (7) vollständiger Integration. Gordon (1964; vgl. Aigner 2017a) wie auch in der Folge Esser (2001; vgl Tabelle 11) diskutiert kulturelle Assimilation (vor allem Sprache) und strukturelle Assimilation (vor allem die Partizipation im institutionellen Bereichen der Aufnahmegesellschaft). So sollen sich Ethclasses an der Mehrheitskultur (Core Society) orientieren, wodurch sich etwaige Diskriminierungen dezimieren können (ibid.). Wie auch bei den bereits genannten Theoretikern besteht das Integrationsziel in der vollständigen Anpassung, um Konflikten und Diskriminierungen aus dem Weg zu gehen, wobei häufig die Ethnic Groups oder Minderheiten kein Interesse an Abkapselung zeigen, diese aber aufgrund der Verhaltensweisen der Aufnahmegesellschaften dennoch entstehen, besonders in Bezug auf afroamerikanische Minderheiten (vgl. Gordon 1964, 1961: 279–282; Han 2010 in Aigner 2017a: 35). Diese Form der absoluten Assimilation, wie auch bei Park und Burgess die letzte Stufe des Race Relations Cycle oder in Eisenstadts idealtypischer Version von Absorption negiert jede Form von Enklavenwirtschaftsmöglichkeiten oder pluralistischer Tendenzen der Ethnic Entrepreneurship, die Nischenprodukte, Enklavenwirtschaft oder Netzwerkaktivitäten ermöglicht. Es folgt, dass Ethnic Entrepreneurship im idealtypischen Assimilationsmodell auch keinen spezifischen Unterschied für die Wirtschaftsysteme der Aufnahmestaaten darstellen kann (z. B. Produktinnovation). Die Avenue of Sucess, die Erfolgsstraße nach Portes (1987, 1995, 2010; Portes/Manning 1986; Portes/Jensen 1989, 1992; Portes/Sensenbrenner 1993; Portes/Zhou 1996) existiert demnach nicht. In diesem Modell kann folglich Ethnic Entrepreneurship nur eine erste Reaktion im Immigrationsprozess sein, also eine kurzfristige Reaktion auf die Ökonomie der Not zu Beginn des Immigrationsprozesses. Sie kann jedoch nicht durch langfristige Etablierung und Produktinnovation die Wirtschaft des Ziellandes ankurbeln bzw. den MigrantInnen dauerhaft zum Wirtschaftserfolg verhelfen.

5.3 Pluralistische Gesellschaftsstrukturen und Ethnic Entrepreneurship

Die Pluralismusdebatte und pluralistische Sozialstrukturen der Aufnahme-gesellschaften sind ebenso für die theoretische Verortung von ethnischem Un-ternehmertum bedeutsam. Glazer und Moynihan, welche Assimilationskonzepte ablehnen, konstatieren, dass die distinktive Kultur (Geschichte, Sprache) der Ethnic Groups (bezogen auf Juden/Jüdinnen, KatholikInnen, Afroamerikane-rInnen, Puerto RicanerInnen) erhalten bleibt, und lehnen bereits dargelegte Konzepte von Assimilation ab (vgl. Han 2006; Aigner 2017a). Es kommt zu einer Form des pluralistischen oder auch multikulturellen Nebeneinanders von unter-schiedlichen *Ethnic Groups*, welche in die Entstehung von sogenannten Ethnic Neighbourhoods mündet (Glazer 1980: 301) und sich wiederum besonders im Ethnic-Enclave-Modell manifestieren (vgl. Abrahamson 1996: 781 f.; Portes/ Jensen 1992; Portes 2010; Light 1984/2003; Light/Gold 2007; Yoo 2014). Diese werden u. a. – wie in Kapitel 3 beschrieben – im Rahmen von Chinatowns, Ko-reatowns oder Little Italy sichtbar. Ethnic Enclave Economies, welche vor allem räumliche Konzentrationen aufweisen und in denen auch Nischenmärkte und -produkte entstehen, bergen allerdings die Gefahr der Segregation. In dieser Phase könnten vornehmlich ProduktinnovatorInnen nach Kirzner (1973, 1978, 1979, 2008), Marshall (1890/1989), Hayek (1945/1972) oder auch Schumpeter (1926/1911, 1939, 1950/1942, 2008, 2017) auftreten; gleichzeitig könnten die Interaktionen auf Angestellten- und KundInnenebene mit Co-Ethnics geführt werden – Netzwerke im Sinne Granovetters (1973, 1985, 1995, 2005), Whites (1992, 1993, 2002, 2008) und Uzzis (1996).

5.4 Global Cities, der duale Arbeitsmarkt und Ethnic Entrepreneurship

Schon Hoffmann-Nowotny (1987) argumentiert, dass im Rahmen von Mi-gration Spannungsfelder zwischen Alteingesessenen und Neuankömmlingen entstehen können, wobei idealtypische Integration (Assimilation) nach Hoff-mann-Nowotny nur bei einer dahingehenden Öffnung und Bereitschaft der Aufnahmegesellschaften möglich sei (vgl. Hoffmann-Nowotny 1987; Aumüller 2009; Aigner 2017a). So können Unterschichtungsdynamiken entstehen, die Hoffmann-Nowotny (1973) darin verortet, dass ImmigrantInnen während des Niederlassungsprozesses neue soziale Schichten bilden, welche an der untersten Position des Schichtsystems angesiedelt sind. Hoffmann-Nowotnys Theorien zu Unterschichtungsdynamiken, verknüpft mit Sassens (1991) Theorien zu *Global*

Cities und auch Piores (1979/2006) Theorien zum dualen Arbeitsmarkt bzw. segmentierten Arbeitsmarkt, welche in ähnlicher Art und Weise argumentieren, ergeben eine differenzierte Perspektive zu der Situierung von Ethnic Entrepreneurship. Nach Sassen (1991) beeinflussen *Global Cities,* in denen sich zentrale Schlüsselinstitutionen, Administrationszentren der Weltwirtschaft, professionelle Dienstleistungsservices und Hightech-Produktionsfaktoren in hoher Dichte manifestieren, das Entstehen eines dualen Arbeitsmarktes oder gabelförmigen Arbeitsmarktes, worin sich hoch qualifizierte Arbeitskräfte am oberen Ende des Marktes befinden, was umgekehrt die Nachfrage am unteren Ende des Arbeitsmarktes nach Dienstleistungen von Unqualifizierten, wie Gärtnern, Haushaltskräften, Pflegepersonal, Hotelarbeitskräften, erhöhe (vgl. Massey et al. 1993 auch in Aigner 2017a: 54). Das typische Phänomen der Nichtbesetzung von Niedriglohnsegmenten durch Mitglieder der Aufnahmegesellschaft führe zu der Situierung von MigrantInnen in diese Positionen. Es entstehen duale Arbeitsmärkte, in welchen auch Ergänzungsprodukte oder -dienstleistungen von MigrantInnen in Niedriglohnsegmenten besonders gefragt scheinen. Die genannten theoretischen Modelle könnten u. a. einen Nährboden für das Reaktionsmodell und für die Ökonomien der Not sein, welche ein Veranlassungsmotiv für Unternehmensgründungen darstellt (vgl. Kapitel 3 und 4).

5.5 Migrationsnetzwerke und ethnische UnternehmerInnen

Die Netzwerktheorie stellt persönliche Beziehungen und soziale Kontakte zwischen MigrantInnen, ehemaligen MigrantInnen und Nicht-MigrantInnen im Heimatland und Aufnahmeland in den Vordergrund, welche die Entstehung von Ethnic Entrepreneurship maßgeblich mitbeeinflussen (vgl. auch Granovetter, Kapitel 4.8).

Das Konzept der *Networks of Trust* (Cook/Hardin 2001; Wahlbeck 2007; Light 2003 in Aigner 2012: 397), welche beschreiben, dass sogenannte Co-Ethnics angestellt werden und damit – wie in Kapitel 3 bereits erläutert – das soziale Kapital der jeweiligen Gruppierungen gestärkt wird, können als zentrales Element der Netzwerktheorie mit Bezug zu ethnischen UnternehmerInnen beschrieben werden. Im Interaktionserklärungsmodell (vgl. Kapitel 3.2) bestehen theoretische Verknüpfungen mit der Netzwerktheorie, aber auch Bonacich (1973, 1993) und Portes (1995; 2010) argumentieren, dass über solide gruppenkohäsive Netzwerkelemente eine *Erfolgsavenue* für sozialen und sozioökonomischen Aufstieg geschaffen wird. Im wirtschaftssoziologischen Bereich bestehen vor allem Verknüpfungen mit Theorien von Granovetter (1973, 1985, 1995, 2005) und Uzzi (1996). Im Kontext der Netzwerktheorien gilt es anzumerken, dass diese möglicherweise als zweischneidiges Schwert betrachtet werden können. Haug und Pointner (2007: 388 ff.) argumentieren, dass starke Co-Ethnic-Netzwerke dazu führen können, dass die Kontakte und Interaktionen mit den Mitgliedern der Aufnahmegesellschaften minimalisiert würden (ibid.). So wird von Haug und Pointner (2007) herkunfts- und aufnahmelandspezifisches Kapital zweigeteilt und als zu unterschiedlichen Ergebnissen führenden Faktoren verstanden (ibid.). Unter anderem hänge der Grad der Einbettung im Arbeitsmarkt von den unterschiedlichen Graden und Ausrichtungen der sozialen Netzwerke ab (ibid.). Eine Interaktion mit der Mehrheitsgesellschaft und damit Netzwerken außerhalb der eigenen Community bedeute laut Haug/Pointner (2007) auch, dass sich dadurch die Möglichkeiten, in den ethnischen Ökonomien der eigenen Community Aufnahme zu finden, verringern, wohingegen soziale Netzwerke und Kontakte mit der Aufnahmegesellschaft, also aufnahmelandspezifisches Kapital, die Chancen auf eine Einbettung im Arbeitsmarkt der Aufnahmegesellschaft erhöhen (ibid.). Nach Haug (2010: 104) könne daher darauf geschlossen werden, dass auf einer Makroebene eine ethnisch homogene Gemeinschaft Ausdruck sozialen Kapitals darstelle, und weiter, dass, je größer die Netzwerke und stärker die Beziehungen und je homogener das Netzwerk ist, desto höher das soziale Kapital sei.

5.6 Integrationsdynamiken und Ethnic Entrepreneurship – ein theoretisches Modell

Von besonderer theoretischer Bedeutung im Hinblick auf die theoretischen Modelle zu Integrationsfunktionen von Ethnic Entrepreneurship zählen die Integrationsmodelle und Perspektiven von Esser (2000; 2001) und Berry (1980; vgl. Berry/Sam 1997/2004; Aigner 2012, 2017a).

Esser zählt, wie auch Park und Burgess (1921), Eisenstadt (1952/1954), Hoffmann-Nowotny (1987) oder Gordon (1964) zu den Integrationstheoretikern – zu denjenigen Theoretikern, die idealtypische Integration als Assimilation – also als eine vollständige Anpassung an die Aufnahmegesellschaft – verstehen. Wobei Sozialintegration nach Esser (2000; vgl. Aigner 2017a) innerhalb der Co-Ethnic-Community als störend für den Integrationsprozess empfunden werden. Essers handlungstheoretischer-individualistischer Ansatz zu Integration unterscheidet im Wesentlichen zwischen Sozialintegration (Einbezug von Individuen/AkteurInnen in ein bestehendes soziales System) und Systemintegration (Zusammenhalt eines sozialen Systems), wobei die Teile in wechselseitiger Abhängigkeit Integrationsdynamiken bestimmen (Esser 2001: 74; vgl. Aigner 2017a: 58). Vor allem sein Modell zu (Sozial-)Integration hat in der Etablierung eines theoretischen Modells von Ethnic Entrepreneurship und dessen Innen- und Außenfunktionen im Integrationsprozess besondere Relevanz, wie auch das weiter unten genannte Modell Berrys zu Akkulturation (vgl. Aigner 2012). Sozialintegration ist nach Esser (2001) über vier grundlegende, miteinander interdependente Dimensionen, die er als zyklisch versteht, definiert: (1) Kulturation = vor allem Spracherwerb; (2) Platzierung = Übernahme von Positionen in der Mehrheitsgesellschaft und die Verleihung bzw. der Zugang zu Rechten innerhalb der Aufnahmegesellschaft (z. B. am Arbeitsmarkt, im Bildungssystem); (3) Interaktion = Interaktion mit der Mehrheitsgesellschaft und (4) Identifikation = Identifikation mit dem Aufnahmeland und soziale Beziehungen zu Mitgliedern der Mehrheitsgesellschaft, wie Freundschaft oder Heirat (vgl. Aigner 2012, 2017a). In Tabelle 11 sind die vier möglichen, wenngleich idealtypischen Integrationsszenarien (bezogen auf Sozialintegration) nach Esser (2001) dargestellt, welche die genannten Elemente der Sozialintegration – sowohl bezogen auf die Aufnahmegesellschaft als auch auf die Co-Ethnics (Herkunftsgesellschaft) – berücksichtigen und miteinbeziehen.

Tabelle 11: Typen der (Sozial-)Integration nach Esser

| | | Sozialintegration in Aufnahmegesellschaft = vertikale soziale Ungleichheit | |
		ja	nein
Sozialintegration in Herkunftsgesellschaft = ethnische Gemeinde/ ethnische Differenzierung	**ja**	Mehrfachintegration = soziale Ungleichheit im ethnisch homogenen Milieu (Klassen/ Schichten)	Segmentation = soziale Gleichheit im ethnisch homogenen Milieu Individualisierung
	nein	Assimilation = ethnische Schichtung Ethclasses	Marginalität = ethnische Pluralisierung multikulturelle Gesellschaft

Quelle: Esser 2001: 34; 2000: 287 in Aigner 2017a: 59

Berrys Modell der *Akkulturation* (1980, vgl. Berry/Sam 1997/2004 in Aigner 2012, 2017a), das an Essers Vier-Typen-Sozialintegrationsmodell anschließt bzw. angelehnt ist, aber auch an Gordons Sieben-Stufen-Modell entfernt erinnert, hat ebenso besondere theoretische Relevanz mit Hinblick auf die Funktionen und Wirkungsweisen von ethnischen UnternehmerInnen. Berrys Modell (Tabelle 12), das auch wie Essers Modell idealtypische Integrationsdynamiken widerspiegelt, welche allerdings als Mischtypen anzutreffen sind, orientiert sich an vier grundlegenden Typen der Interaktion und Einbettung (Integration, Assimilation, Separation/Segregation und Marginalisierung) zwischen Mehrheitsgesellschaft bzw. den Autochthonen und MigrantInnen (vgl. Berry 1980: 11 f.; Berry/Sam 1997/2004; Aigner 2012, 2013, 2015, 2017a).

Tabelle 12: Modell migrantischer Integration nach John Berry

Werden Beziehungen zu anderen ethnischen Gruppen aufrechterhalten?	**Wird die eigene kulturelle Identität beibehalten?**	
	ja	nein
ja	Integration	Assimilation
nein	Separation/ Segregation	Marginalisierung

Quelle: Berry 1980; Berry/Sam 2004, 1997; dargestellt nach Aigner 2012: 399

Beide Modelle – im Detail betrachtet – ergeben, dass Berrys (1980; Berry/Sam 2004, 1997) Modell der *Integration* ähnlich dem Konzept der *Mehrfachintegration* nach Esser definiert wird und könnte so als die Beibehaltung der eigenen kulturellen Identität bei gleichzeitiger Partizipation in der Mehrheitsgesellschaft, aber auch zu anderen ethnischen Gruppen darstellen (vgl. Aigner 2012: 399). Esser wiederum definiert Mehrfachintegration ähnlich, indem er die ganzheitliche Zugehörigkeit zu beiden kulturellen Systemen – dem der Co-Ethnics und dem der Aufnahmegesellschaft – als Mehrfachintegration betitelt (vgl. Esser 2000: 40). Eine wichtige Ebene der Mehrfachintegration sei die Beherrschung mehrerer Sprachen, um eine Einbettung in die kulturellen Systeme der Aufnahme- und der Herkunftsgesellschaft zu bewerkstelligen (ibid.). Mehrfachintegration sei allerdings laut Esser selten umsetzbar, da soziale Integration in mehreren, kulturell und sozial unterschiedlichen Bereichen gleichzeitig stattfinden müsse (Mehrsprachigkeit, multiple Netzwerkaktivitäten mit unterschiedlichen ethnischen Gruppen, hybride Identitfikationsmuster) (vgl. Esser 2001: 21–22; Aigner 2017a: 60).

Berrys idealtypische Sichtweise der *Assimilation* (bei Esser ebenfalls Assimilation) bedeutet eine Absorption in die Wertesysteme der Aufnahmegesellschaft bei gleichzeitiger Distanzierung von der eigenen Co-Ethnic-Gruppe oder anderen MigrantInnengruppen und in Folge die Aufgabe der eigenen kulturellen Identität und auch Sprache (vgl. Aigner 2012). Esser reflektiert das Konzept der Assimilation differenzierter, indem Assimilation die absolute

Vereinnahmung durch die Mehrheitsgesellschaft bedeute bei gleichzeitiger Aufgabe der eigenen kulturellen Identität, wobei MigrantInnen sehr wohl Beziehungen zu migrantischen Gruppen und der Mehrheitsgesellschaft etablieren, allerdings unter Aufgabe der eigenen (kulturellen) Identität (vgl. Esser 2000: 40). Die Assimilationskonzepte Essers und auch Berrys ähneln wiederum Eisenstadts Stufe der Absorption oder erinnern an Gordons Ethclasses. Nach Esser sei Assimilation abhängig von Bedingungen (Zugang zu Arbeits-, Wohnungsmarkt und Bildung), die das Aufnahmeland stellt, wobei die Sprache als wichtigster Bestandteil einer erfolgreichen Integration betitelt wird (vgl. Esser 2000; Aigner 2017a: 61).

Segregation oder Separation nach Berry bedeutet, die eigene kulturelle Identität aufrechtzuerhalten, ohne fundierte Interaktion mit anderen MigrantInnen oder der Mehrheitsgesellschaft, daher findet laut Berry Separation/Segregation unter dem Aspekt eines Abschließungsprozesses statt (vgl. Aigner 2012). Isolationssituationen der Minderheiten folgen, Parallelgesellschaften oder auch abgeschlossene Ethnic Neighbourhoods entstehen. Hierbei differenziert Berry zwischen der *Separation*, welche von der Mehrheitsgesellschaft durch soziale oder räumliche Ausschlussprozesse verursacht wird, und der *Segregation*, welche von den MigrantInnen durch Rückzugstendenzen und freiwilliger Isolation von der Mehrheitsgesellschaft ausgelöst wird (vgl. Aigner 2012). Esser bezeichnet *Segmentation* als Exklusion und Trennung von der Aufnahmegesellschaft bei Aufrechterhaltung und Sozialintegration mit der Co-Ethnic-Gruppe (vgl. Esser 2000: 40). Diese Segmentation versteht Esser u. a. als eine Form der *Ghettoisierung* (ibid.).

Dagegen bedeutet *Marginalisierung* nach Berry, dass Minderheiten sich aktiv und passiv von der Mehrheitsgesellschaft und sich synchron von der eigenen und anderen migrantischen Communities isolieren und distanzieren. Entfremdung und Identitätsverlust können die Folgen sein (vgl. Aigner 2012: 399). Esser (vgl. 2000: 40) bezeichnet diese Form der Sozialintegration als *Marginalität*, welche für MigrantInnen den sozialintegrativen Ausschluss aus allen Bereichen (der Aufnahme- und der Herkunftsgesellschaft) bedeute, wobei Sozialintegration – simplifiziert ausgedrückt – nicht vollzogen werde (ibid.; vgl. Aigner 2017a).

Zu diesen Modellen könnte ebenso zum Zwecke der Entwicklung eines theoretischen Modells der Innen- und Außenfunktionen von ethnischen UnternehmerInnen Buckleys (1967, 1987, 1998) kybernetische Systemtheorie – in simplifizierter Form als Erweiterung – ergänzt werden (vgl. Aigner 2012; Tabelle 13). Buckley (1978: 273; vgl. Aigner 2012) versteht die Gesellschaft als Ganzes und in ihren Teilen als ein komplexes adaptives System, wobei die Gesellschaft und soziokulturellen Systeme nicht homöostatisch oder im Gleichgewicht existierend verstanden werden können, sondern mit ihrer Umwelt interagierend, an diese anpassbar und somit entwicklungsfähig (ibid.). Systemische Aspekte der Gesellschaft werden nach Buckley (1978) als dynamische Prozesse im Rahmen von deren Umweltbeziehungen interpretiert. Systeme können laut Buckley ihrer Umwelt gegenüber (1) mechanisch geschlossene, entropische Systeme (= innerer Stillstand), (2) organisch halb offene, negentropische und (3) soziokulturell offene, negentropische (= entwicklungsfähige und adaptierbare) Systeme darstellen. Die (1) mechanisch geschlossenen, entropischen Systeme verlieren nach Buckley (vgl. 1978: 273) an Struktur und besitzen wenig Energie. In der Folge weisen diese Systeme keine (internen) Quellen für Wandel und Veränderung bzw. Adaptionsmöglichkeiten auf; sie sind rigide und undurchlässig, so Buckley (ibid.); systematische Selbstregulierungsstrukturen existieren nicht (ibid.). Die (2) organisch halb offenen, negentropischen Systeme werden, so Buckley, vor allem durch die Aufrechterhaltung des Status quo der gegebenen Systemstruktur charakterisiert (ibid.); Austauschprozesse mit der Umwelt dienen zur Strukturerhaltung, nicht aber zum Wandel oder der Adaptierung der Systemstruktur (vgl. Buckley 1978: 274). Die soziokulturell offenen, negentropischen Systeme sind laut Buckley die adaptierfähigsten, da diese intern wie extern gleich offen sind (ibid.). Die Interaktivität dieser Systeme und deren beiderseitige Offenheit ermögliche nach Buckley Selbstregulation und die höchste Anpassungsfähigkeit an eine sich wandelnde Umwelt (ibid.). Grundsätzlich interagiere vor allem das soziokulturelle System mit einem oder mehreren weiteren adaptiven Systemen; Verbindungen zwischen den Systemen würden aufgebaut (ibid.). Das soziokulturelle System hat, so Buckley, aufgrund seiner Offenheit und Permeabilität die Fähigkeit, auf die durch Interaktion ausgelösten Spannungen zwischen den Systemen zu reagieren, Spannungen durch Veränderung und Anpassung abzubauen; es ist sozusagen lernfähig und in der Folge besteht die Möglichkeit eines wechselseitigen Austausches (ibid.). Eine Restrukturierung bzw. Weiterentwicklung des Systems und auch diverser Subsysteme könne so stattfinden.

Wendet man die kybernetische Systemtheorie auf die beschriebenen Integrationstheorien und auf die Interaktivität der ethnischen UnternehmerInnen mit Minder- und Mehrheitsgesellschaft an, könnten Mehrheits- und Minderheitsgesellschaft als eigene interagierende und korrelierende Systeme verstanden werden, die in wechselseitigen adaptiven Prozessen miteinander in Beziehung stehen (vgl. Aigner 2012: 401 ff.).

Besonders verknüpfbar sind Buckleys Theorien mit Berrys und Essers Integrationsmodellen (vgl. auch die Tabellen 11 und 12). Der im Modell dargestellte Segregations- und Marginalisierungstypus fiel aufgrund der Abschließungs- und Abschottungsprozesse in den Bereich der mechanischen Systeme (nach Buckley), welche geschlossen agieren und aufgrund ihrer entropischen Eigenschaften in einen Stillstand geraten, daher nicht weiterentwicklungsfähig seien. Auch das Konzept der Marginalisierung, in welchem sowohl herkunfts- als auch aufnahmelandspezifische Interaktion großteils abgelehnt wird, fällt in die Kategorie der mechanischen entropischen Systeme. Der Integrationstypus, welcher durch Annahme und Offenheit bzw. Interaktion mit der Mehrheitsgesellschaft bei gleichzeitiger Beibehaltung der sozialen Kohäsion und Identität der *Ethnic Community* beschrieben wird, könnte nach Buckley als offenes sozio-kulturelles System bzw. auch neg-entropisches System beschrieben werden. Dieses enthält aufgrund der vollständigen Offenheit des Systems gegenüber der gesamten Umwelt sowie der allgemeinen Flexibilität der Systeme ein besonderes Weiterentwicklungspotenzial. Das Assimilationsmodell, welches nach Esser oder Berry eine vollständige Angleichung an die Mehrheitskultur beschreibt, fiele nach Buckley in das organisch halb offene System oder auch in eine Richtung eines geöffneten Systems. Aber auch das organische System ist nach Buckley neg-entropisch und daher zumindest bedingt entwicklungsfähig. Buckleys Assoziation von soziokulturellen und organischen Systemen, welche als neg-entropisch verstanden werden, also entwicklungsfähig, und mit dem Integrations- und Assimilationsmodell assoziiert werden können, schließt hier auch auf migrationssoziologischer theoretischer Ebene an Park und Burgess (1969), Eisenstadt (1952/1954), Gordon (1964) oder auch Hoffmann-Nowotny (1973) und Esser (2001) an, welche die absolute Assimilation befürworten. Auch gilt hier zu bedenken, dass sich in den unterschiedlichen Phasen der Stufenmodelle von Eisenstadt oder Park und Burgess unterschiedliche Systemtypen und Systeminteraktionen nach Buckley (1978) wiederfinden. Diese Theoretiker sind allerdings auch der Meinung, dass eine – in deren Perspektive – idealtypische Assimilation ein wechselseitiger Prozess sei, in dem sich auch die Mehrheitsgesellschaft ebenso den Minderheiten gegenüber öffnen müsse. Dies entspricht ebenfalls Buckleys Interpretation von der Flexibilität und Adaption der unterschiedlichen Systeme, die im Falle von organisch halb offenen oder soziokulturellen Systemen gegeben ist.

In der Tabelle 13 werden folgende wechselseitige Integrationsdynamiken auf idealtypischer Ebene ersichtlich: Hierbei gilt jedoch zu beachten, dass die meisten ethnischen Ökonomien Mischtypen darstellen (ibid.).

Tabelle 13: Integrationsgrundlagen ethnischen Unternehmertums

| | | Identität, Verhältnis zur Herkunftskultur | |
		Beibehaltung	Preisgabe
Verhältnis zur Aufnahmekultur und Mehrheitsgesellschaft, Interaktionen	**Annahme**	– **Integration/Inklusion** – Interkulturalität – interethnische Kommunikation – wechselseitiger Austausch – sozioökonomischer Aufstieg/ Co-Ethnic-Kohäsion – interdependente, offene soziokulturelle Systeme mit beiderseitiger Durchlässigkeit	– **Assimilation/Kulturverlust** – organische, halb offene Systeme: Semi-Permeabilität in die Minderheitsgesellschaft hinein – Annahme der Mehrheitssprache – Anpassung/Verschmelzung an die/mit der „Leitkultur" – Verlust der eigenen Gruppenkohäsion
	Ablehnung	– **Segregation/Separation** – geschlossene mechanische Systeme: mit punktuellen Teilöffnungen – Multikulturalität – Bildung von Parallelgesellschaften – ethnische Gruppe ist zentrales Bezugssystem – Co-Ethnics – sozioökonomischer Aufstieg; Co-Ethnic-Kohäsion bieten Möglichkeiten – kaum Bezugsrahmen zur autochthonen Bevölkerung nach außen	– **Marginalisierung/ Marginalität** – abgeschottete mechanische Systeme – Parallelgesellschaften werden mehr und mehr zu Gettos – Identitätsverlust, Entfremdung – Bildung abweichender Subkulturen – Isolation den Autochthonen und Co-Ethnics gegenüber – Sojourners

Quelle: adaptiert und weiterentwickelt nach Aigner 2012: 403

Ad (1): Segregation/Separation

In diesem Modell werden ethnische Unternehmen bereits teilweise in räumlich segregierten Enklaven gegründet. Ethnische UnternehmerInnen konzentrieren sich auf Co-Ethnics als Zielgruppen sowohl in ihrem Kunden- als auch Arbeitskräftesegment. In diesen Fällen wirken sie selbst gesellschaftlich segregierend und fördern Parallelgesellschaften; es werden vor allem, nach Haug/Pointner (2007), herkunftslandspezifische Netzwerke gepflegt und aufnahmelandspezifische Netzwerke vernachlässigt. Die Interaktion mit Mitgliedern der Mehrheitsgesellschaft wird nicht unbedingt angestrebt, aber auch nicht abgelehnt und findet punktuell (in einer Art KundschafterInnenfunktion) statt.

Beispiele für solche Unternehmen finden sich vor allem in multikulturellen oder pluralistischen Systemen, u. a. in Großstädten der USA (Glazer/Moynihan 1963/1970;) und Großbritannien, wie die bekannten Chinatowns (in den USA in New York oder Los Angeles; in Großbritannien in Birmingham oder Liverpool), Koreatowns (z. B. Los Angeles), Little Italy (z. B. New York).

Der Segregationstypus bzw. die Ethnic Enclaves in diesem Typus kommen auch einem nach Buckley (1967) in sich geschlossenen mechanischen entropischen System gleich, wobei Systeme – wie es in multikulturellen Gesellschaften der Fall ist – koexistieren können. Nach Weber (2001) finden hier soziale Schließungsprozesse statt. Mit der Bildung von relativ geschlossenen Systemen erhoffen sich Co-Ethnics eine *Competitive Advantage* gegenüber anderen ethnischen Gruppen, unter Nutzung der eigenen ethnischen und wirtschaftlichen Ressourcen.

Es kommt zur Versorgung der eigenen Community, zur Anstellung und Beförderung von Co-Ethnics in den eigenen Communitys und somit auch zu Aufstiegschancen, zu sozioökonomischer Mobilität im Rahmen der Ethnic Enclave Economies (vgl. Portes 1987, 1995, 2010; Portes/Sensenbrenner 1993; Portes/Zhou 1996; Bonacich 1973, 1993; Bonacich/Modell 1980). Dem entgegen steht die Argumentation, dass solch einseitig verfolgte Netzwerke, die sich nur auf das Herkunftsland in einem de facto geschlossenen System konzentrieren, auch Nachteile mit sich bringen könnten, nämlich den Verlust von jeglicher Möglichkeit, über aufnahmelandspezifische Kontakte und Netzwerke Ressourcen der Mehrheitsgesellschaft zu nutzen und eine Einbettung in den lokalen Arbeitsmarkt zu erreichen (Haug 2010; Haug/Pointner 2007).

Hierzu könnte ergänzt werden, dass, nach Buckley, mechanische Systeme geschlossene entropische Systeme, wie die Ethnic Enclaves, im Zustand eines inneren Stillstands existieren und als stagnierend und nicht weiterentwicklungsfähig bezeichnet werden können. Demnach könnte darauf geschlossen werden, dass möglicherweise kurzfristig sozioökonomische Mobilität und eine Weiterentwicklung in den Enklavenökonomien gegeben seien, aber dennoch von einem insgesamt in sich selbst geschlossenen stagnierenden System ausgegangen werden muss, welches langfristig keine Weiterentwicklung auf sozialer oder sozioökonomischer Ebene für seine Mitglieder ermöglicht. Dies würde auf theoretischer Ebene die Assoziation von geschlossenen ethnischen Systemen, wie den Enklavenwirtschaften, mit sozialer und sozioökonomischer Aufwärtsmobilität durch erhöhte Netzwerkaktivität mit den Co-Ethnics, wie nach Portes (1995, 2010) oder Portes et al. (2002), widerlegen und möglicherweise eine Stagnation oder sogar eine Verschlechterung der sozioökonomischen und des sozialen Status generieren.

In idealtypischen Enklavenwirtschaften werden vor allem Nischenprodukte angeboten, welche die Mitglieder der eigenen MigrantInnengruppe versorgen sollen. Es kann in simplifizierter Form angenommen werden, dass Theoretiker dem/der EntrepreneurIn die grundlegende Rolle des/der Produktinnovators/-innovatorin zuschreiben, wie Marshalls *kreativer Innovator* (1890/1989), Kirzners *Innovator* (1973, 1978, 1979, 2008), Hayeks *neugieriger Entdecker* (1945/1972) oder Schumpeters *schöpferischer Zerstörer* (1926/1911, 2008, 2017).

Ad (2): Marginalisierung

Ergänzungsökonomien, die eine Ergänzung der Wirtschaft des Ziellandes im Bereich des lokalen Arbeitskräftemangels darstellen, können mit Marginalisierungsdynamiken assoziiert werden, vor allem dann, wenn die jeweiligen Selbstständigen von Herkunfts- und Aufnahmegesellschaft isoliert agieren, beiderseitig Netzwerkaktivitäten und Kultur ablehnen und möglicherweise auch beiderseitig abgelehnt werden, ihnen z. B. ein Negativimage angelastet wird. Dies könnte besonders Branchen im Pflege- oder Transportgewerbe betreffen, welche in Niedriglohnsegmenten angesiedelt sind und gleichzeitig Ergänzungsnischen darstellen.

Auch könnte man bei den sogenannten *Middleman Minorities* (vgl. Bonacich 1973, 1993; Bonacich/Modell 1980; Portes 1995, 2010) von einer zumindest der Herkunftsgesellschaft gegenüber marginalisierten Position ausgehen. Diese Middleman Minorities sind zwar zwischen Minder- und Mehrheitsgesellschaft auf ökonomischer Ebene eingebettet, befinden sich aber in Spannungsverhältnissen. Sie werden vor allem von der Mehrheitsgesellschaft als konfliktbehaftet wahrgenommen und infolge stigmatisiert. Oft haftet ihnen dadurch ein Negativimage nach außen wie auch innen an. Weder eine Orientierung an der eigenen ethnischen Gruppe noch an der mehrheitsgesellschaftlichen Gruppe findet statt, sondern die Gruppen werden in dieser Situation zusehends marginalisierter, verlieren ihren Identitätsbezug und stehen als entwurzelte Ethnic Groups oder auch Einzelgänger – im Sinne des/der Fremden als HändlerIn nach Schütz, Park und

Simmel – zwischen Minder- und Mehrheitsgesellschaft. Dadurch tritt möglicherweise auch eine Desorientierung, ein Identitätsverlust (vgl. Eisenstadt1952/1954) bzw. ein Verlust des *Denkens-wie-üblich* (vgl. Schütz 1944) auf, was jede Form von Sozialisation und Integration erschwert.

Bonacich (1973) erläutert, dass Middleman Minorities ihrerseits assimilationsresistent und desinteressiert seien und sich einerseits aktiv in eine Isolation begeben, andererseits passiv durch aufkommende Hostilitäten der Mehrheitsbevölkerung ebenso in die Isolation gedrängt würden. Die Middleman Minorities können also – trotz Kundenkontakt, aber unter gleichzeitiger Ablehnung der Mitglieder der Mehrheitsgesellschaft – in einem mechanisch geschlossenen sozialen System nach Buckley (1967) situiert werden, welches infolge auch als stagnierend und sogar langfristig selbst zerstörend definiert werden kann. Eine strukturelle Weiterentwicklung ist daher, nach Buckley, nicht annehmbar.

Allgemein kann angenommen werden, dass ethnische UnternehmerInnen im Rahmen des Marginalisierungsmodells von der Mehrheitsgesellschaft häufig ausgeschlossen sowie sündenbockartig weiter am Arbeitsmarkt in Niedriglohnsegmente gepusht werden. Von den eigenen Co-Ethnics werden sie als „Verräter" klassifiziert und ebenso ausgeschlossen. Auf Grundlage dieser Diskriminierungen am Arbeitsmarkt und Dequalifizierungen lässt sich annehmen, dass Gründungsmotivationen aus der Ökonomie der Not heraus (vgl. Bögenhold/Staber 1990; Aubry 2015) entstehen. Andererseits kann hier Profitgier als der Haupttreiber für Unternehmensgründung angenommen werden, wie von De Mises (1949/1998), Knight (1921, 1921/1985, 1933/1967) und Casson (1983, 1990) auf wirtschaftssoziologischer Ebene beschrieben.

In einem – wie in dieser Art – abgeschotteten System scheint keine sozioökonomische Upward Mobility möglich. HändlerIn im Sinne von Schütz (1944), Simmel (1908/1992) oder Park (1928, Marginal Man) fallen ebenso in dieses Modell.

Ad (3): Integration/Inklusion

Die ethnischen UnternehmerInnen nehmen eine Brückenkopffunktion zwischen Minder- und Mehrheitsgruppe ein. Ergänzungsökonomien entstehen zwar aus Nischenökonomien, entwickeln sich allerdings dahingehend weiter, dass sie ihre Produkt- und/oder Kundenorientierung auch an KundInnen der Mehrheitsgesellschaft ausrichten. Hier findet eine anhaltende kohäsive Funktion nach innen sowie eine verstärkte Öffnung nach außen, der Mehrheitsgesellschaft gegenüber, statt, wodurch sich Interaktionsdynamiken zwischen autochthonen und ethnischen Gruppen herausbilden. Somit entwickelt sich auch eine stärkere Partizipation mit der Mehrheitsgesellschaft als im Falle der Ethnic-Enclave-Modelle.

Dies entspricht Buckleys (1967) soziokulturellen und der Umwelt gegenüber vollständig geöffneten Systeme, die als beiderseits durchlässig verstanden werden können. Außerdem werden diese als neg-entropisch verstanden und mit strukturellem Weiterentwicklungspotenzial assoziiert. Als Ergänzungsökonomie (häufig mit Nischenproduktvertrieb) beeinflusst Ethnic Entrepreneurship in der Folge die Wirtschaft des Ziellandes, was eine Inklusion in der Aufnahmegesellschaft zur Folge hat, Interaktion und damit ein gegenseitiges Kennenlernen voller Respekt gegenüber Minderheiten seitens der autochthonen Bevölkerung fördert. Gleichzeitig bildet sich nach innen gruppenkohäsives Verhalten heraus, da der Aufbau von Ökonomien über Co-Ethnics geschieht, wodurch eine Stärkung der eigenen Gruppe und der kulturellen Identität erreicht wird. Diese Ökonomien bieten dann im Zuge der herkunftslandspezifischen Netzwerke auch sozioökonomische Aufstiegsmöglichkeiten.

Hier können gegebenenfalls auch Mischformen der Gründermotivation beobachtet werden; eine gewisse Innovation, aber auch Selbstverwirklichung nach dem Reaktionsmodell wird demonstriert (Ökonomie der Selbstverwirklichung: vgl. Bögenhold/Staber 1990; Bögenhold 1985; Schumpeter-Effekt: vgl. Aubry 2015, Schumpeter 1926/1911, 2008, 2017). Die Weiterentwicklung des Unternehmens, um neue Kundensegmente zu erschließen, kann aber auch ein Profitinteresse zur Ursache haben, wie von De Mises (1949/1998), Knight (1921, 1921/1985,) oder Casson (1990) dargestellt.

Ad (4): Assimilation

Die ethnischen UnternehmerInnen sind bereit, ihre eigene Identität abzulegen bzw. aufzugeben. Sie vertreiben, Ergänzungsökonomien entsprechend, häufig Produkte der Mehrheitsgesellschaft, in Einzelfällen auch Nischenprodukte, mit der Hauptmotivation und dem rationalen Handlungsmotiv, am Arbeitsmarkt der Mehrheitsgesellschaft keinen Diskriminierungen zu unterlaufen und Profit zu generieren. Eine Interaktion mit Bezug zur eigenen Gruppe oder anderen ethnischen Gruppen wird beibehalten, aber unter Aufgabe enger co-ethnischer Netzwerke. Die aufnahmelandspezifischen Netzwerke und Kontakte werden bevorzugt und als sinnvoller für die Einbettung am lokalen Arbeitsmarkt erachtet. Mit der eigenen Community werden lose Verbindungen eingegangen, ohne gezielt die eigene Gruppe zu fördern (z. B. durch Anstellungsverhältnisse).

Gleichzeitig werden Beziehungen zur Mehrheitsgesellschaft weitergepflegt; in diesem Kontext wird nach innen die Preisgabe der eigenen kulturellen Identität erlaubt, aber nach außen entwickelt sich eine Vereinnahmung/Verschmelzung mit bzw. durch die Mehrheitsgesellschaft. Bewusst versuchen sich die ethnischen UnternehmerInnen an die Mehrheitsgesellschaft anzubiedern, den KundInnen zu gefallen und so ihre ökonomische Position am Arbeitsmarkt abzusichern. Ethnic Entrepreneurship entsteht also u. a. als Reaktion auf den Arbeitsmarkt und die ökonomischen Konditionen der Aufnahmegesellschaft (vgl. Flöting et al. 2004). Das Reaktionsmodell, im Bereich der Ökonomie der Not (vgl. Bögenhold/ Staber 1990; Bögenhold 1985) bzw. der Refugee-Effekt (vgl. Aubry 2015), wird hier basierend auf wirtschaftssoziologischen Modellen ersichtlich. Das dahinterstehende Motiv des Profitinteresses ist rationale Kalkulation, um Gewinne zu maximieren und Arbeitslosigkeit oder Dequalifizierungen am Arbeitsmarkt zu entkommen. Diese Profitmaximierung wird von den klassischen Wirtschaftssoziologen, wie De Mises (1998)) oder Casson (1983, 1985, 1990), vertreten. Der/die Ethnic EntrepreneurIn wird so zum wichtigen Element des Marktpreissystems und führt durch seine Ausgleichs- und Überbrückungsfunktion Gleichgewichte herbei (vgl. ibid).

Dies könne mit einem organisch halb offenen System bzw. auch einem einseitig offenen System nach Buckely (1967) in Verbindung gebracht werden. Diese Systeme seien, wie auch die offenen soziokulturellen Systeme, entwicklungsfähig und hätten somit Potenzial für die Weiterentwicklung der Mitglieder des Systems, so Buckley. Im Gegenzug könnte sich daraus schließen lassen, dass ethnische UnternehmerInnen, welche in diesem Modell situiert werden können, auch Möglichkeiten der sozioökonomischen und sozialen Mobilität aufweisen. Im Gegenteil wird illustriert, dass vor allem aufnahmelandspezifische Netzwerke und soziales Kapital den Zugang zu Ressourcen der Mehrheitsgesellschaft und somit zur Einbettung im Arbeitsmarkt sowie sozialen und sozioökonomischen Aufstieg ermöglichen. Auf erweiterter Ebene, im globalen bzw. supranationalen Arbeitsmarktbereich angewandt, ist Ethnic Entrepreneurship auch als eine Ergänzung der Wirtschaft des Ziellandes im Bereich des lokalen Arbeitskräftemangels denkbar, und zwar nicht nur in unselbstständiger Erwerbstätigkeit, wie bereits mit den Theorien Sassens (1991) oder Piores (1979) erläutert. In der Folge können sich Erwerbstätigkeiten von MigrantInnen sowohl im unselbstständigen als auch im selbstständigen Bereich sowie in spezifischen Nischenbereichen oder Ergänzungsfunktionen entwickeln, wozu z. B. in den USA und auch in Europa der Pflegesektor zählt.

In dem nachfolgenden Modell sind ethnische UnternehmerInnen in bestehenden Integrationsmodellen (nach Berry) situiert (vgl. Tabelle 12). In der darauffolgenden Darstellung (vgl. Tabelle 14) sind die Funktionen, die diese im Rahmen der Integrationstypen sowohl auf Ebene der Mehrheitsgesellschaft als auch auf jener der eigenen Gruppe ausüben, nochmals veranschaulicht.

Tabelle 14: Gesamtmodell – Integrationsfunktionen/ EE-Entstehungs- und Aktivitätsmodelle

		Wird die eigene kulturelle Identität beibehalten?	
		ja	nein
Werden Beziehungen und Interaktionen zu anderen ethnischen Gruppen aufrechterhalten?	ja	**Integration/Inklusion** – Interkulturalität – interethnische Kommunikation – wechselseitiger Austausch – sozioökonomischer Aufstieg/ Co-Ethnic-Kohäsion – Interdependente, offene soziokulturelle Systeme mit beiderseitiger Durchlässigkeit – **Modelle:** Nischenmodell/ Ergänzungsökonomien, Reaktionsmodell/ Ökonomie der Selbstverwirklichung; Interaktionsmodell – **EE-Typus:** ethnische Ökonomien – **Funktionen:** Innovation und Kohäsion; Bildung von kulturellem Gruppenkapital = nach innen; Brückenkopf, Agent of Change = nach außen – **UnternehmerInnentyp/ Einbettung im Wirtschaftssystem:** Marshalls *kreativer Innovator* Kirzners *Innovator* Hayeks *neugieriger Entdecker* Schumpeters *schöpferischer Zerstörer = ones own kingdom*	**Assimilation** – Kulturverlust – Semidurchlässigkeit in die Minderheitsgesellschaft hinein – Annahme der Mehrheitssprache – Anpassung/Verschmelzung an die/mit der „Leitkultur" – Verlust der eigenen Gruppenkohäsivität – Organische, halb offene Systeme: Semi-Permeabilität in die Minderheitsgesellschaft hinein – **Modelle:** Reaktionsmodell/ Ökonomie der Not/ dualer segmentierter Arbeitsmarkt – **EE-Typus:** ethnische Ökonomien – **Funktionen:** Agent der Mehrheitsgesellschaft = nach innen; Ergänzungs-/Versorgungsfunktionen = nach außen – **UnternehmerInnentyp/ Einbettung im Wirtschaftssystem:** De Mises' *Profitmaker* Knights *Risktaker* Cassons *Profitmaximiser; Koordinator*

		Wird die eigene kulturelle Identität beibehalten?	
		ja	**nein**
nein		**Segregation/Separation** – Multikulturalität – Bildung von Parallelgesellschaften – ethnische Gruppe ist zentrales Bezugssystem – Co-Ethnics – sozioökonomischer Aufstieg; Co-Ethnic-Kohäsion bieten Möglichkeiten – mechanische Systeme mit punktueller Öffnung – **Modelle:** Nischenmodell; Interaktionsmodell – **EE-Typus:** Ethnic Enclave Economies – **Funktionen:** Kohäsion, Bildung von sozialem Gruppenkapital = nach innen Puffer (Ethnic Enclave Economy); Kundschafter = nach außen – **UnternehmerInnentyp/ Einbettung im Wirtschaftssystem:** Marshalls *kreativer Innovator* Kirzners *Innovator* Hayeks *neugieriger Entdecker* Schumpeters *schöpferischer Zerstörer = ones own kingdom*	**Marginalisierung/Marginalität** – Parallelgesellschaften werden mehr und mehr zu Gettos – Identitätsverlust, Entfremdung – Bildung abweichender Subkulturen – Isolation den Autochthonen und den Co-Ethnics gegenüber – Sojourners – mechanische abgeschottete Systeme – **Modelle:** Nischenmodell; Kulturmodell;Reaktionsmodell – **EE-Typus:** Middleman Minorities (teilweise); Ergänzungsökonomien – **Funktionen:** Abschottung, Verstärkung von Devianz = nach innen Puffer (Middleman Minority); Negativimage/Sündenbock = nach außen – **UnternehmerInnentyp/ Einbettung im Wirtschaftssystem:** De Mises' *Profitmaker* Knights *Risktaker* Cassons *Profitmaximiser; Koordinator*

Nachdem nun die wichtigsten klassischen theoretischen Hintergründe in kurzen Zügen dargelegt wurden, soll die Relevanz und Interdependenz zu und für Ethnic Entrepreneurship kurz beleuchtet werden: die wichtigsten Funktionen nach innen und außen von EEs in idealtypischem Modell könne daher folgendermaßen dargestellt werden (vgl. Tabelle 15).

Tabelle 15: Integrationsrelevante Funktionen von EE unter unterschiedlichen Systembedingungen (auch adaptiert nach Aigner 2012: 405)

		Integrations dimensionen und Entstehungsmodell dimensionen		
		Segregation und Separation	**Integration und Inklusion**	**Marginalisierung**	**Assimilation**

		Segregation und Separation	**Integration und Inklusion**	**Marginalisierung**	**Assimilation**
		Nischenmodell; Interaktionsmodell = Ethnic Enclave Economies/Enklavenökonomien	Nischenmodell/Ergänzungsökonomien, Reaktionsmodell/Ökonomie der Selbstverwirklichung; Interaktionsmodell = ethnische Ökonomien	Nischenmodell; Kulturmodell; Reaktionsmodell = Middleman Minorities (teilweise); Ergänzungsökonomien	Reaktionsmodell/Ökonomie der Not = ethnische Ökonomien; Ergänzungsökonomien
Funktionen von EEs	**nach innen (ethn. Gruppe)**	Kohäsion, Bildung von sozialem Gruppenkapital	Innovation, Bildung von kulturellem Gruppenkapital	Abschottung, Verstärkung von Devianz	Agent der Mehrheitsgesellschaft
		Angestellte: Co-Ethnic	**Angestellte:** Co-Ethnics/ gemischt	**Angestellte:** Co-Ethnics und Mehrheitsgesellschaft	**Angestellte:** Co-Ethnic und Mehrheitsgesellschaft
		Produkte: Nischenprodukte	**Produkte:** Nischen- und Ergänzungsprodukte; Produkte der Mehrheitsgesellschaft	**Produkte:** Produkt der Mehrheitsgesellschaft, Ergänzungsprodukte (Ausnahme Nischenprodukte)	**Produkte:** Produkte der Mehrheitsgesellschaft, Ergänzungsprodukte (Ausnahme Nischenprodukte)
	nach außen (Mehrheitsgesellschaft)	Puffer(Ethnic Enclaves)/ Kundschafter	Brückenkopf, Agent of Change	Puffer (tlw. Middleman Minority)/ Negativimage/ Sündenbock; auch: Ergänzungs- und Versorgungsfunktionen (dualer Arbeitsmarkt)	Ergänzungs- und Versorgungsfunktionen
		Kunden: Co-Ethnics	**Kunden:** Mehrheitsgesellschaft und Co-Ethnics	**Kunden:** Mehrheitsgesellschaft	**Kunden:** Mehrheitsgesellschaft und Co-Ethnics

5.7 Resümee der Theorien

Ausgehend von klassischen Theorien, wie Schütz (1944), Simmel 1908/1992) oder Park (1928), werden auf migrationssoziologischer Ebene die HändlerInnen als Fremde und Durchwandernde erstmals dokumentiert bzw. analysiert. Der/die HändlerIn, in diesem Sinne als UnternehmerIn, stellt mit neuen Produkten und Innovationen eine Einzelrolle dar, im Sinne von Marshalls (1890/1989) und Kirzners *kreativen Innovatoren* (Kirzner 1973, 1978, 1979, 1988/1979, 2008), oder auch Schumpeters *innovativem Zerstörer* (1926/1911, 2008, 2017), Bonacichs (1973, 1976, 1993; Bonacich/Modell 1980) *Middleman Minorities* können zeitgenössisch analog eingeordnet werden.

Spätere, aber klassische Assimilationstheorien, wie die von Parks fünfstufigem Race Relation Cycle, Eisenstadts Drei-Phasen-Modell oder Gordons Sieben-Stufen-Modell, enden idealtypisch in der absoluten Assimilation. Besonders von Bedeutung für ethnische UnternehmerInnen sind allerdings die Zwischenstufen, welche zu Assimilation führen: eben jene Situationen, in denen ethnische UnternehmerInnen besondere Funktionen nach innen und außen, also der eigenen und der autochthonen Gruppe gegenüber, aufweisen, hier beispielsweise Parks Wettbewerbsphase. Diese stellt mehr oder weniger die Phase oder die Situation dar, in die ethnische UnternehmerInnen zumindest der ersten Generation mehrheitlich eingeordnet werden können. In dieser Phase, in der ein Konkurrenzkampf um die wirtschaftlichen Ressourcen des Aufnahmelandes und die ökonomischen Positionen entfacht wird, entstehen auch Situationen, die zu einer Ökonomie der Not oder auch Ökonomie der Selbstverwirklichung (vgl. Bögenhold/Staber 1994) bzw. zum sogenannten Refugee-Effekt versus Schumpeter-Effekt (vgl. Aubry 2015) führen, welcher im Reaktionsmodell zu Ethnic Entrepreneurship prädominant angesiedelt ist.

Der/die EntrepreneurIn kann infolge in dieser Phase auch als *Risktaker* im Sinne von Knight (1921) oder auch als *Profitmaker* nach De Mises (1949/1998) verstanden werden. In dieser Wettbewerbsphase wird verstärkt soziale Kohäsion nach innen, also zu den Co-Ethnics der eigenen MigrantInnen-Community angestrebt, wodurch zudem für Co-Ethnics Arbeitsplätze geschaffen werden, was wiederum sozioökonomischen Aufstieg ermöglicht. In dieser Situation wird sozialer und sozioökonomischer Aufstieg angestrebt (vgl. Portes 1987, 1995, 2010; Portes/Zhou 1996; Light 1984, 2003;) und auch eine Interaktion mit der Mehrheitsgesellschaft findet statt.

In Parks Konfliktphase hingegen kann davon ausgegangen werden, dass die Middleman Minorities (vgl. Blalock 1967; Bonacich 1973, 1993; Light 1987; Portes 1995), welche heftigen Feindseligkeiten durch die Aufnahmegesellschaft ausgesetzt sind und in einer Mittelsposition, eingebettet zwischen Aufnahmege-sellschaft und MigrantInnen, wiedergefunden werden, prädominant angesiedelt sind. Sie werden häufig diskriminiert und enden in einer Situation der Isolation und Marginalisierung.

In der Accomodation-Phase hingegen entsteht ein Ausgleich auf ökonomi-scher und sozialer Ebene, eine Art „Modus vivendi". (Aigner 2017a). In dieser Phase entstehen nach Park und Burgess eigene Neighbourhoods oder Nischen-märkte, wie die der Ethnic Enclave Entrepreneurs (ibid.). Diese sind heute ver-gleichbar mit US-amerikanischen Ethnic Neighbourhoods, wie Little Italy oder Chinatowns, in denen auch Nischenmärkte und Produkte entstehen (vgl. Portes 2010; Light 1984/2003; Light/Gold 2007). Dies wiederum impliziert die Exis-tenz des Produktinnovators nach Kirzner (1973, 1978, 1979, 2008), Marshall (1890/1989), Hayek (1945/1972) und auch Schumpeter (1926/1911, 2008, 2017).

Ethnic Neighbourhoods entsprechen zudem der allgemeinen Theorie von Glazer und Moynihan (1963/1970), die die Pluralismusdebatte zur Migration entfachten. Die oben genannte Entstehung von Ethnic Neighbourhoods und die Interdependenzen von Minderheiten und Mehrheiten in den USA, spezi-fisch in diesem Modell beschrieben, manifestieren sich vor allem im Ethnic-Enclave-Modell (vgl. Abrahamson 1996: 781 f.; Portes/Jensen 1992; Portes 2010; Light 1984/2003; Light/Gold 2007;). Ethnic Enclave Economies, welche vor allem räumliche Konzentrationen aufweisen und in denen Nischenmärkte und Produkte entstehen, bergen auch die Gefahr der Segregation, da die ethnischen Ökonomien eine starke Kohäsion nach innen zu den Co-Ethnics aufweisen, In-teraktionen auf AngestelltInnen- und KundInnenebene mit Co-Ethnics geführt werden und daher Netzwerke im Sinne von Granovetter (1973, 1985, 1995, 2005), White (1992, 1993, 2002, 2008) und Uzzi (1996) oder Haugs (2010) Konzept der herkunftsspezifischen Netzwerke, die soziales Kapital generieren, kreiert werden, aber von der Mehrheitsgesellschaft relativ abgeschottet in ihren Enklaven agie-ren. Einerseits wird den starken Co-Ethnic-Netzwerken vor allem in Enklaven-wirtschaften die Funktion der Ermöglichung sozialen und sozioökonomischen Aufstiegs zugeschrieben (vgl. Portes 1987, 1995, 2010; Portes/Manning 1986, Bonacich 1973, 1993; Bonacich/Modell 1980), andererseits aber resultieren aus der sozialen Abgeschlossenheit in der Gruppe auch Limitationen und Stagnation in bereits existierenden Strukturen.

6. Methodischer Zugang

6.1 Konzeption der Studie

Um das Phänomen der Ethnic Entrepreneurships bzw. der ethnischen Ökonomien auf nationaler und regionaler Ebene von unterschiedlichen Blickwinkeln aus beleuchten zu können, wurde diese empirische Studie konzipiert, welche sich auf Forschungsebene 1 (vgl. Punkt 6.7) auf die Auswertung der Volkszählungsdaten 2011, Mikrozensusdaten aus den Jahren 1995 bis 2018, Eurostat-Daten (2000 bis 2016) und WKOÖ-Daten (2003 und 2016) nach sozioökonomischem Hintergrund und nach Erwerbstätigkeit der MigrantInnen (erster Generation und zweiter Generation, nach Staatsbürgerschaft und nach Migrationshintergrund) sowie auch im Vergleich zur Mehrheitsgesellschaft (Bildungsgrad, Position auf dem Arbeitsmarkt nach Geschlecht, Alter, Herkunft) mit Fokus auf die selbstständige Erwerbstätigkeit von MigrantInnen konzentrierte, um ein Mapping der ethnischen UnternehmerInnen in Österreich und Oberösterreich zu erstellen. Auf Forschungsebene 2 (vgl. Punkt 6.2) wurde zudem eine qualitative Studie implementiert, wobei (a) 50 leitfadengestützte (semistrukturierten) Interviews mit ethnischen UnternehmerInnen durchgeführt wurden, welche (b) mit einem Frgebogen komplementiert wurden. Im Folgenden werden die Forschungsebenen, Analysemethoden sowie das Sampling der qualitativen Studie im Detail vorgestellt, wobei auf die Forschungsebene 2, die qualitative Studie, zuerst eingegangen wird.

6.2 Forschungsebene 2: qualitative Studie

Die qualitative Datenerhebung beruhte auf (a) leitfadengestützten Interviews mit ethnischen UnternehmerInnen, wobei 50 ethnische Klein- und Mittelbetriebe im Raum Oberösterreich mit unterschiedlicher ethnischer Zugehörigkeit der UnternehmerInnen (z. B. afrikanische, asiatische, türkische, bosnische und EU-13- und EU-14-staatenzugehörige BesitzerInnen) ausgewählt wurden. Die Interviews wurden durch eine Erhebung mit einem Fragebogen komplementiert. Der Bildungsstand der interviewten Personen wurde nachträglich erhoben. Das Basisdesign war, wie bereits erwähnt, die *strukturierte Inhaltsanalyse nach Mayring* (1990/2015, 2002; vgl. Kuckartz 2016a), unter Anwendung von Teilquantifizierung (vgl. Padgett 1998).

Die Auswahl der InterviewpartnerInnen erfolgte mithilfe des Snowballing-Prinzips und des Convenience Samplings sowie teilweise nach dem Opportunity

Sampling, nachdem sich im Laufe des Forschungsprozesses das ursprünglich angedachte Theoretical Sampling als nicht weiter durchführbar herausstellte (vgl. Punkt 6.6). Die Auswahl der InterviewpartnerInnen hatte zum Ziel, eine entsprechende soziodemografische und ethnischkulturelle Balance herzustellen. Auf ein ausgeglichenes Genderverhältnis wurde ebenso Wert gelegt. Die Interviews wurden digital aufgenommen, transkribiert und mit computergestützter, qualitativer Software (NVivo) codiert. Im Folgenden wird das Vorgehen auf qualitativer Ebene im Detail eingehend erläutert.

6.3 Strukturierte Inhaltsanalyse nach Phillip Mayring

Im Detail sah das Vorgehen auf Forschungsebene 2 folgendermaßen aus: Die Methodik der *strukturierten Inhaltsanalyse nach Mayring* (1990/2015, 2002; vgl. Kuckartz 2016a) erlaubte es, Kategorien theoriegeleitet zu bilden. In der Folge argumentiert und definiert Mayring (vgl. 2015: 67) drei grundlegende Typen der Inhaltsanalyse: (1) die zusammenfassende, (2) die explikative und (3) die strukturierte Inhaltsanalyse.

Dieses Projekt orientierte sich an der strukturierten Inhaltsanalyse nach Mayring, da ein Ziel der Studie war, sozioökonomische und soziokulturelle Aspekte zu ethnischen UnternehmerInnen in Oberösterreich und deren Rolle wie auch Funktion aus dem Forschungsmaterial zu filtern – das Material unter bestimmten Aspekten und Kriterien einzuschätzen und zu analysieren.

Inhaltlich strukturierende Inhaltsanalyse

Die strukturierte Inhaltsanalyse wird von Mayring (2015: 68 ff.) weiter unterteilt in vier Subtypen: die formale Strukturierung (1), die inhaltliche Strukturierung (2), die typisierende Strukturierung (3), die skalierende Strukturierung (4).

Die inhaltliche Strukturierung wurde für dieses Projekt angewandt, da die sozioökonomischen und soziokulturellen Aspekte zu EntrepreneurInnen als spezifische Themen aus dem Material herausgefiltert und präsentiert werden sollten.

Codierung und Datenaufbereitung

Die Codierung erfolgte nach Mayring (2000, 2015). Er argumentiert in Bezug auf die Durchführung der inhaltlichen, strukturierten Inhaltsanalyse, dass das Material nach theoriegeleiteten Kategorien und (sofern notwendig) Unterkategorien analysiert wird (vgl. Mayring 2015: 103). In diesem Projekt wurde eine deduktive Kategorieentwicklung nach Mayring angewandt.

Folgende Kategorien entstanden im Rahmen dieses Projektes:

(A) Gründungsmotivation
(B) Migrationsgeschichten
(C) Angestelltentypologie
(D) Kundensegment
(E) Produkttyp
(F) Integration nach außen
(G) Integration nach innen
(H) sozioökonomische Integration
(I)   Mobilität
(J)   neue Formen von Entrepreneurship
(K) Wertschätzung seitens der Mehrheitsgesellschaft
(L) zweite Generation und Zukunft

Einsatz der Codiersoftware NVivo

Häufig wird für die Codierungen der Daten computergestützte Software eingesetzt, wie die Datenverarbeitungsprogramme MAXqda, Atlas.ti, Nvivo und QCAmap (vgl. Bos/Tarnai 1996; Kuckartz et al. 2005; Mayring/Fenzl 2013 in Lamnek 2016: 481). Für dieses Projekt fiel die Entscheidung auf NVivo.

Teilquantifizierung

Nach der Durchführung der Analyse am empirischen Material erfolgte eine Teilquantifizierung nach Padgett (1998: 114 ff.), die argumentiert, dass eine Teilquantifizierung von qualitativen Materialien und Resultaten eine empirische Studie verbessere bzw. aufwerte. Vogl (2017: 1) hält die „Quantifizierung qualitativer Daten [für] ein[en] ergänzende[n] Schritt in der Auswertung […], um die Perspektive zu erweitern und ergänzende Blickwinkel zur interpretativen Analyse zu sammeln". Auch Kuckartz (2017) argumentiert, dass eine Teilquantifizierung mittlerweile eine verbreitete Anwendung der Darstellung von qualitativen Daten sei.

Mit einer Teilquantifizierung bezeichnet Padgett (1998) die Darstellung der absoluten oder prozentualen Anzahl der Interviewten, die einen Code bzw. eine Kategorie alleine oder in Kombination verwenden oder einer Kategorie zugeordnet werden könne. Die Teilquantifizierung trage so zu einem besseren Verständnis der Daten einer qualitativen Studie bei. Vor allem bei einer Typenbildung oder Kategoriebildung in einer qualitativen Studie können die Hauptkategorien/-typen numerisch bzw. teilquantifiziert dargestellt werden (vgl. Padgett 1998: 114 ff.). Die Teilquantifizierung, wie sie Padgett definiert, wurde in dieser Studie besonders hinsichtlich der Darstellung der Kategorientypen angewandt.

Die Teilquantifizierung von qualitativen Daten birgt allerdings auch Risiken bzw. beinhaltet Limitationen. Padgett (1998) argumentiert diesbezüglich, dass die Teilquantifizierung von Daten aus einer qualitativen Studie und/oder einem kleineren Sample unter keinen Umständen als repräsentativ verstanden werden dürfe. Dies trifft auch auf die qualitative Studie der ethnischen UnternehmerInnen in Oberösterreich zu, welche als nicht repräsentativ und infolge limitiert gewertet werden kann.

Die qualitative Datenerhebung wurde komplementiert, indem mit jedem der 50 interviewten Personen ein Fragebogen zu Beginn des Interviews durchgegangen wurde. In diesen geschlossenen Fragen des Fragebogens wurden soziodemografische Faktoren, aber auch das Kundensegment des jeweiligen Betriebs, Motivationsfaktoren der Betriebsgründung sowie die Angestelltenverhältnisse im Unternehmen ermittelt. Ebenso wurde nachträglich der Bildungshintergrund erfragt. Der Fragebogen wurde mit SPSS und Excel ausgewertet. Auswertungen zu dem Fragenkomplex, in welchem eine Mehrfachnennung möglich war, überstiegen 100 %.[23]

6.4 Validität, Reliabilität, Objektivität: die Rolle des/der Forschers/-in – Research Ethics

Allgemein argumentiert Steinke (1999: 131 ff. in Kuckartz 2005: 10), dass Gütekriterien auch in der qualitativen Forschung anwendbar sind. Zu den klassischen Gütekriterien zählen Retest-Reliabilität, Split-Half-Technik oder Parallel-Test (zum Testen der Zuverlässigkeit der Daten) oder auch Außenkriterium, Vorhersagevalidität, Extremgruppen und Konstruktvalidität (vgl. Mayring 2015: 123 ff.).

In dieser Studie wurde kommunikative Validierung angewandt, indem mit fünf interviewten Personen die Interviews und die Beantwortung auf Fragen nachträglich diskutiert wurden. Weiterhin wurde die *Intercoderreliabilität* genutzt, weil zwölf Interviews zur unabhängigen Codierung an eine der GatekeeperInnen übermittelt und die beiden Analysen/Ergebnisse des Codierens verglichen wurden.

6.5 Semistrukturierte Interviews

Zur Datengenerierung wurden in der qualitativen Forschung die Methoden des semistrukturierten Leitfadeninterviews verwendet. Aus einer Vielzahl an

---

23 Es sei darauf hingewiesen, dass bei Nennungen einer genauen Anzahl, aber vor allem bei der Nennung von prozentualen Verteilungen in Kapitel 7 die Resultate verzerrt sein können, da das Sample der Studie nur aus 50 TeilnehmerInnen bestand, daher auch nicht repräsentativ ist.

möglichen Interviewarten, wie z. B. den strukturierten, semistrukturierten oder unstrukturierten Interviews, den ethnografischen, episodischen, fokussierten, problemzentrierten oder auch biografischen Interviews bzw. das Tiefeninterview, die nur einen Teil der gängigsten darstellen, wurde das semistrukturierte Interview ausgewählt, weil es am sinnvollsten für diese qualitative Studie erschien und die unten genannten Vorteile die Nachteile übertrafen.

Vorteile des semistrukturierten Interviews, laut Denscombe (2010), sind, dass diese einen detaillierten Eindruck vermitteln können, also Detailinformationen erwarten lassen.

Die Nachteile eines semistrukturierten Interviews liegen darin, dass die Reliabilität nicht sehr hoch ist. Der Intervieweffekt, also der Einfluss, den der/die ForscherIn auf den Interviewten hat, kann die Daten insofern verzerren, dass das, was die Leute in den Interviews angeben, nicht unbedingt das ist, was ihrer wirklichen Meinung entspricht. Semistrukturierte Interviews bieten jedoch auch die Möglichkeit, laut Denscombe (2010), mit einem Fragebogen komplementiert zu werden, was auch im Rahmen dieser Studie erfolgte.

6.6 Sampling

Nach Flick (2011) und Denscombe (2010) wie auch anderen gibt es verschiedene Methoden des Samplings. Für dieses Projekt entscheidend war ursprünglich ein Sampling, das nach Patton (2015) oder Denscombe (2010) in das *Strategic Purposeful Sampling* fällt und ethnische UnternehmerInnen nach Mitgliedschaften bei Herkunftsgruppen auswählen sollte, um eine ausgeglichene Balance des Samples sicherzustellen. Anderseits war auch das Theoretical Sampling ursprünglich angedacht, und zwar theoretical sampling nach Patton (2015) im Sinne des *deductive theoretical construct* Samplings. Es zeigte sich allerdings, dass es schwierig bis unmöglich war, Zugang zu manchen herkunftsspezifischen Gruppen zu erhalten, wie z. B. den ungarischen UnternehmerInnen, die Interviews verweigerten. Daher wurden das Convenience Sampling und später das Opportunity Sampling, beide in Kombination mit dem Snowball Sampling angewandt.

Denscombe (2010) erläutert, dass das Convenience Sampling oder First-to-Hand-Sampling, das für den/die ForscherIn angenehmste Prinzip sei. Denscombe (2010: 37 ff.) argumentiert hierzu auch, dass Convenience Sampling eine Art „lazy sampling" sei. Convenience Sampling wurde in dem Fall des Projektes nur deshalb verwendet, da viele der nach Migrationshintergrund ausgewählten InterviewpartnerInnen ein Interview verweigerten sowie aufgrund daraus folgender zeitlicher Einschränkungen. Das Opportunity Sampling, welches vereinzelt ebenso angewandt wurde, unterscheidet sich laut Patton (2015) vom Convenience Sampling folgendermaßen:

„Opportunity sampling … differs from convenience sampling in that an unanticipated opportunity presents itself and is worth taking advantage of." (Patton 2015: 309)

In der qualitativen Methodik wird auch häufig das Snowball Sampling, das Schneeballsystem, angewandt. D. h. es wird ein Dominoeffekt erzielt, indem zwei Personen zu einem Thema interviewt werden, die wiederum neue Kontakte herstellen. Diesbezüglich waren auch sogenannte Gatekeeper[24], also *Grenzwärter*, wichtig, welche beispielsweise als Kontaktpersonen fungierten, die dieses Schneeballsystem anwandten und dann den/der ForscherIn mit etlichen neuen Kontakten versorgten.

In der praktischen Implementation der Studie fand eine erste Probephase im Jahr 2012 zwischen Mai und August statt. Es folgten eine zweite, kürzere Phase zwischen März und April 2013 sowie eine dritte, die intensivste Phase zwischen Juni und November 2016. Darüber hinaus schloss sich eine letzte, vierte Phase von Januar bis April 2017 an, wobei das letzte Interview im Juni 2017 mit einer peruanischen Selbstständigen geführt wurde.

In der Forschungsphase 2016 bis 2017, in der längsten und intensivsten, war der Zugang zu den Interviewten relativ schwierig. Viele der von den Gatekeepern vorgeschlagenen Personen verweigerten Interviews. Leichter war es, den verängstigten Personen Online-Interviews anzubieten, indem Skype-Interviewtermine vereinbart wurden. Die Skype-Interviews waren Face-to-Face-Interviews, bei denen man sich praktisch am Bildschirm gegenübersaß.[25]

Die spezifischen Personen, die als Gatekeeper fungierten, stammten von der WKOÖ, der Black Community Linz, dem ZZI (Zentrum der zeitgemäßen Initiativen – ZZI Kultur- und Wissenschaftsnetzwerk), von einem bosnischen Verein, weiterhin Maya G., Damir S., Tugba C., Lucia R., Alexander G., Eddy E., Trida F., Daniela B., Alonso P., Dr. C. Nnebedum. Die Interviews selbst dauerten zwischen 20 Minuten und maximal drei Stunden. Manche der Interviews wurden auf Englisch geführt, wenn die Interviewten dies bevorzugten.

---

24 May (1997: 54) definiert: „gatekeepers are those who control access to the information which the researcher seeks. While in this case the gatekeepers do not control information, they do, however, control access to the interviewees and hence information sources."

25 LoIacono et al. (2016) diskutieren Vor- und Nachteile der Verwendung von VoIP-Technologien zum Zwecke von qualitativen Interviews und konstatieren, dass Interviews via Skype eine äquivalente Methode zu Face-to-Face-Interviews darstellen. Die Vorteile bestünden darin, dass der Interviewereffekt aufgehoben werde, da größere soziale Distanz zwischen ForscherIn und Beforschtem etabliert werde, gleichzeitig aber der Beforschte aufgrund der Zeitersparnis und der persönlichen Atmosphäre, in der er/sie sich zu Hause vor dem PC befindet, zu längeren Interviews bereit waren.

Tabelle 16: Sample

Kategorie	Migrationshintergrund	Branche	Branchenbereich	Betriebsgröße	Gender	Alter	Generation	Stadt/Land
EU-14/EU-Alt-Staaten								
EU-ALT 1	Deutschland	Transport	Taxi	1	m	20-30	zweite	S
EU-ALT 2	Deutschland	Gewerbe	Kunst	1	m	40-50	erste	S
EU-ALT 3	UK	Consulting	pers. Dienstleistung	1	m	60-70	erste	S
EU-ALT 4	UK	Gewerbe	Kunst	1	m	60-70	erste	L
EU-ALT 5	Italien	Tourismus	Gastronomie	7	m	50-60	erste	S
EU-ALT 6	Niederlande	Tourismus	Gastronomie	1	m	50-60	erste	L
EU-ALT 7	UK	Handel	Pharma	1	m	60-70	erste	L
EU-13/EU-Neu-Staaten								
EU-NEU 1	Slowakei	Gewerbe	Pflege	1	f	20-30	erste	S
EU-NEU 2	Tschechien	Gewerbe	Pflege	1	f	20-30	erste	S
EU-NEU 3	Rumänien	Gewerbe	Betreuung	1	f	40-50	erste	S
EU-NEU 4	Kroatien	Gewerbe	Reinigung	30	m	40-50	zweite	S
EU-NEU 5	Rumänien	Handel	E-Produkte	1	m	30-40	erste	L
EU-NEU 6	Rumänien	Handel	Medien	10	m	30-40	erste	S
EU-NEU 7	Bulgarien	Tourismus	Gastronomie	4	m	30-40	erste	S
EU-NEU 8	Polen	Gewerbe	Reinigung	15	m	40-50	erste	S

Drittstaaten Europas

		Gewerbe	Bau	4	m	40–50	erste	L
DEU 1	Kosovo	Gewerbe	Bau	4	m	40–50	erste	L
DEU 2	Bosnien	Tourismus	Gastronomie	5	m	20–30	zweite	S
DEU 3	Türkei	Handel	Autohandel	35–50	m	40–50	zweite	L
DEU 4	Türkei	Handel	Teppich	15	m	40–50	erste	S
DEU 5	Türkei	Tourismus	Gastronomie	4	m	30–40	zweite	L
DEU 6	Bosnien	Gewerbe	Bauindustrie	13	m	30–40	erste	S
DEU 7	Bosnien	Gewerbe	Handel	6	m	40–50	erste	L
DEU 8	Bosnien	Handel	Textilien	3	m	40–50	erste	L
DEU 9	Bosnien	Transport	Transport	3	m	20–30	erste	L
DEU 10	Bosnien	Gewerbe	Sprachen	8	f	50–60	erste	S
DEU 11	Bosnien	Transport	Transport	5	m	30–40	erste	S
DEU 12	Bosnien	Consulting	Software	1	m	40–50	erste	S
DEU 13	Bosnien	Handel	Werbeagentur	3	m	20–30	zweite	S
DEU 14	Türkei	Handel	Realitäten	max. 2	f	50–60	zweite	S
DEU 15	Türkei	Tourismus	Bau	4	m	30–40	erste	L
DEU 16	Türkei, Kurdistan	Gewerbe	Gastronomie	1	m	40–50	erste	L
DEU 17	Türkei	Gewerbe	Dolmetsch	max. 2	f	50–60	zweite	S

Drittstaaten Asien

DAS 1	Iran	Transport	Transport	1	m	20–30	erste	S
DAS 2	Iran	Handel	Teppich	10	m	20–30	zweite	S
DAS 3	Armenien, Iran	Tourismus	Gastronomie	2	f	30–40	erste	S
DAS 4	Hongkong	Tourismus	Gastronomie	10	m	50–60	erste	S
DAS 5	Südkorea	Tourismus	Gastronomie	12	m	50–60	erste	S
DAS 6	Armenien	Tourismus	Gastronomie	1	m	20–30	erste	L
DAS 7	Georgien, Armenien	Handel	Laden	2	f	30–40	erste	S
DAS 8	Georgien	Transport	Transport	6	m	30–40	erste	S

Drittstaaten Afrika

DAF 1	Rwanda	Tourismus	Gastronomie	3	f	30–40	erste	S
DAF 2	Ägypten	Handel	Telekom-munikation	2	m	50–60	erste	S
DAF 3	Nigeria	Transport	Taxi	1	m	20–30	erste	S
DAF 4	Kongo	Gewerbe	Kunst/Musik	1	m	20–30	erste	S
DAF 5	Ägypten	Consulting	Computer	3	m	30–40	erste	S
DAF 6	Südafrika	Handel	Laden	1	f	50–60	erste	S
DAF 7	Nigeria	Transport	Transport	2	m	30–40	erste	S

Drittstaaten Mittel-/Südamerika

DAM 1	Mexiko	Gewerbe	Reinigung	1	f	20–30	erste	S
DAM 2	Kuba	Tourismus	Gastronomie	7	m	50–60	erste	S
DAM 3	Peru	Tourismus	Reisebüro	1	f	30–40	erste	S

In der Summe wurden in allen Forschungsschritten 50 Interviews mit Selbstständigen mit Migrationshintergrund durchgeführt. Insgesamt gab es eine deutliche Tendenz, dass sich mehr Männer als Interviewpartner zur Verfügung stellten als Frauen, das entspricht aber auch statistisch der Genderkonstellation bei den Selbstständigen mit Migrationshintergrund, wo weitaus mehr Männer selbstständig sind als Frauen (65 % vs. 35 %, vgl. Kapitel 2). Es wurden demnach 12 Frauen und 38 Männer interviewt. Insgesamt waren die Interviewten im Alter zwischen 20 und 70 Jahren. Die meisten der TeilnehmerInnen waren zum Zeitpunkt der Befragung zwischen 30 und 40 Jahre alt, dies betraf 14 Personen, gefolgt von 20- bis 30-Jährigen (12 Personen). Drei Personen waren im Alter 60+, diese stammten aus den Alt-EU-Staaten. 41 der befragten Personen gehörten der ersten (82 %), neun der zweiten Generation an (18 %).

Die Betriebsgrößen der befragten Unternehmen variierten. Die meisten der Betriebe waren typische Ein-Mann-Unternehmen (38 %, 19 Personen). Die Betriebe mit einer Größe von zwei bis fünf MitarbeiterInnen waren mit 30 % (15 Personen) vertreten. 14 % der Unternehmen hatten eine Größe von fünf und zehn und 10 % von zehn bis 15 MitarbeiterInnen. Nur zwei Unternehmen waren mit mehr als 30 MitarbeiterInnen vertreten; der größte der teilnehmenden Betriebe hatte 50 MitarbeiterInnen. Nach Branchen sortiert, waren die UnternehmerInnen mit Migrationshintergrund, ähnlich der Statistiken, vor allem in der Gastronomie, im Handel und als Pflegepersonal, Reinigungskräfte sowie im Baugewerbe stark vertreten (vgl. Kapitel 2). Die meisten Betriebe waren in der Branche Gewerbe (15 Stück, 30 %) angesiedelt, 13 (26 %) im Tourismus, zwölf (24 %) im Handel, sieben (14 %) im Transport und drei (6 %) Personen im Consulting-Bereich. 13 Betriebe, die an der Studie teilnahmen, waren im ländlichen Raum angesiedelt, 37 in einer Stadt situiert. 34 % der TeilnehmerInnen besaßen einen höheren Bildungsabschluss (Universität/hochschulverwandte Anstalt = 3), 20 % eine Matura oder ähnliche Qualifikation (= 2), und 46 % den Pflichtschulabschluss (= 1).

6.7 Forschungsebene 1: statistische Erhebung

Auf Forschungsebene 1 der statistischen Datenerhebung wurden die sozioökonomischen Daten erfasst, analysiert und zu einem Mapping der ethnischen Unternehmen in Österreich und Oberösterreich zusammengefasst, dabei unter Anwendung eigener Berechnungen. Die Resultate wurden in Kapitel 2 bereits dargelegt.

Die Auswertung der Statistik-Austria-Daten, der Volkszählung 2011, der Mikrozensusdaten (vergleichend 2000 bis 2018), der Eurostat-Daten (2000 bis 2016) und der Erhebungen der WKOÖ-Datensätze 2003 und 2016 erfolgte nach unterschiedlichen Gesichtspunkten. Für den sozioökonomischen Hintergrund und die Erwerbstätigkeit der MigrantInnen in der EU wurden die Eurostat-Daten herangezogen, für die Darstellung der MigrantInnenpopulationen und der allgemeinen Erwerbstätigkeiten in Österreich dienten die Statistik-Austria-Daten. Hier wurden die Daten nicht nur zu Ethnic Entrepreneurship und im Vergleich mit der autochthonen Bevölkerung nach erster Generation und zweiter Generation betrachtet, sondern auch über den STATcube Staatsbürgerschaft und Migrationshintergrund mithilfe eigener Berechnungen dargestellt. Ethnische UnternehmerInnen wurden auch im Vergleich zur Mehrheitsgesellschaft und in Bezug zu Bildungsgrad, Position auf dem Arbeitsmarkt sowie nach Geschlecht, Alter, Herkunft und Typus der Erwerbstätigkeit dargelegt – über den kostenpflichtigen STATCube. Dabei gilt es anzumerken, dass die Datensätze der WKO-Daten zu Unternehmertum nach Staatsangehörigkeit und nach Branchenangehörigkeit in Gesamtösterreich und in den einzelnen Bundesländern zur Verfügung gestellt wurden. Diese WKO-Daten nehmen Bezug auf die Kammermitgliedschaften, d. h. auf registrierte selbstständige UnternehmerInnen mit und ohne österreichische Staatsbürgerschaft (vgl. WKO 2017). Alle Daten schließen nur selbstständige Tätige außerhalb der Land- und Forstwirtschaft sowie grundsätzlich alle Kammermitgliedschaften ein (ibid.). Ebenso gilt anzumerken, dass es bei diesen Datensätzen zu regionalen Mehrfachmitgliedschaften auf der Ebene der Kammermitglieder kommen kann, was mehrheitlich den Bereich der Branchenzugehörigkeit betrifft, und daher diese Daten im Vergleich zu den Statistik-Austria-Daten im Resultat abweichen können. Zu den Statistik-Austria-Daten ist zu erwähnen, dass sie zu Selbstständigen mit Migrationshintergrund einen Einblick in die soziodemografischen Strukturen der migrantischen UnternehmerInnen geben, aber in manchen Teilen Stichprobenfehler auftraten, und zwar in Detailbereichen, wie bei den türkischen Selbstständigen der zweiten Generation oder den türkischen Selbstständigen mit Migrationshintergrund (vgl. Statistik Austria 2018). Diese Daten geben daher nur annähernd einen wahrheitsgetreuen Einblick (vgl. Kohlbacher/Fassmann 2011). Die Auswertung der Statistik-Austria-Daten wurde mehrheitlich mit Daten, die keine Stichprobenfehler enthielten, durchgeführt.

Das Ziele der Analyse auf Forschungsebene 2 war es daher, ein *Mapping*, eine Art empirische, statistische Landkarte der ethnischen Ökonomien in Österreich zu erstellen, um zur Forschung und Wissenschaftsdebatte der sozialwissenschaftlichen Ethnic-Entrepreneurship-Forschung beizutragen.

7. Darstellung der empirischen Ergebnisse

In diesem Kapitel werden die Ergebnisse und zentralen Befunde der qualitativen Studie zu Ethnic Entrepreneurship in Oberösterreich detailliert dargelegt. Dieses Kapitel legt nun – bezogen auf die TeilnehmerInnen der qualitativen Studie – (1) die vorangegangenen Hintergründe der Immigration nach Österreich der UnternehmerInnen, (2) unterschiedliche Unternehmensgründungsmotivationen, (3) Betriebstypen (Angestellten-, KundInnen-, Produkttypen), (4) mögliche Integrationsfunktionen der Unternehmen, (5) soziale und sozioökonomische Mobilitätsfaktoren, (6) Wertschätzungsverhalten und/oder Diskriminierungsverhalten durch die autochthone Bevölkerung, (7) die Zukunftspläne für die Betriebe und die mögliche Übernahme durch die zweite Generation sowie (8) die Existenz von neuen Formen der ethnischen Ökonomien dar. Dabei wurden soziokulturelle und sozioökonomische Beitragsleistungen, Integrationsmechanismen bzw. Funktionen durch ethnische UnternehmerInnen, Produkte, Angestelltenverhältnisse und das Kundensegment der jeweiligen Betriebe, biografische Details der UnternehmerInnen und letztlich auch die Motivationsfaktoren für Gründungsaktivitäten untersucht. Außerdem wurden im Rahmen der Analyse zu Integrationsfunktionen von Ethnic Entrepreneurship auch Netzwerke, Netzwerkaktivitäten und somit die Bildung von sozialem Kapital beleuchtet. Ziel der qualitativen Studie war es ebenso, die teilnehmenden Betriebe der Studie dem in Kapitel 5 dargelegten theoretischen Modell folgend zu situieren.

7.1 Migrationsbiografien

Von den 50 befragten Personen stammten 41 (82 %) aus der ersten Einwanderungsgenerationen, neun (18 %) aus der zweiten Generation (vgl. Kapitel 6.12). 13 (26 %) Personen kamen aus Gründen der Flucht nach Österreich, vor allem Personen aus Bosnien aufgrund der Flüchtlingswelle Anfang der 1990er-Jahre, und Afrika. Zwei (4 %) der Personen kamen aus Gründen der Ausbildung bzw. eines Studiums nach Österreich, elf (22%) aus familiären Gründen und 15 (30 %), um Arbeit zu finden. Mehrheitlich (7 von 8 Personen) wanderten Personen der EU-Neu-Staaten in Österreich ein, um Arbeit zu finden, unter den anderen Herkunftsgruppen (EU-Alt, Europäische Drittstaaten, Asien, Afrika und Süd-/Mittelamerika) fanden sich sowohl ehemalige Flüchtlinge, MigrantInnen, die zum Zwecke der Arbeit einwanderten, als auch zum Zwecke der Familienzusammenführung oder Heirat. Ein Ägypter und eine Mexikanerin wanderten in Österreich ursprünglich ein, um zu studieren.

Flucht und Asyl

Einige Personen (13) kamen ursprünglich als Flüchtlinge nach Österreich. Hier gibt es vor allem Beispiele aus Afrika oder Bosnien, wobei der Status des/r Flüchtenden, der/die dann eine Aufenthaltsbewilligung in Österreich erhielt, in den meisten Fällen nicht direkt zu einer Unternehmensgründung geführt hat, sondern das Motiv dahinter ein Interesse an der Selbstständigkeit und damit verbunden die Hoffnung auf ein besseres Einkommen oder aber auch die Motivation, „sein eigener Chef sein zu wollen", vordergründig war. Kohlbacher und Fassmann (2011) merken an, dass viele der ehemaligen Flüchtlinge in späterer Folge Unternehmen gründen. Hierbei handelte es sich demzufolge um Pull-Faktoren des Reaktionsmodells.

Familiäre Gründe

Auch aus familiären Gründen (Familienzusammenführung, Heirat) wanderte ein Teil der späteren UnternehmerInnen (zwölf Personen) nach Österreich ein. Heirat bzw. das Kennenlernen eines/r PartnerIn waren ebenfalls wichtige Motivationen für die Immigration nach Österreich.

Arbeitsmarkt: Push-/Pull-Faktoren

14 Personen begründeten ihre Einwanderung mit dem Arbeitsmarkt und besseren ökonomischen Möglichkeiten, die Hoffnung auf bessere berufliche Verwirklichung und auf bessere Berufschancen als in ihren Ursprungsländern, wobei bei der Entscheidung zur Einwanderung nicht immer die Unternehmensgründung im Vordergrund stand.

Zweite Generation

Viele der aus der zweiten Generation stammenden Interviewten (neun Personen) wuchsen in Österreich auf. Dies gilt vor allem für die Kindergeneration vieler aus den europäischen Drittstaaten stammenden Personen, wie aus der Türkei oder aus Bosnien, aus denen größere Migrationswellen (z. B. aus dem ehemaligen Jugoslawien Anfang der 1990er-Jahre) kamen.

Bildung

Nur wenige (zwei Personen) sind zur Aufnahme eines Studiums nach Österreich gekommen und haben sich aus unterschiedlichen Gründen zur Selbstständigkeit entschlossen.

7.2 Motive für die Unternehmensgründung

Drei spezifische Hauptmotive wurden als ausschlaggebend für Unternehmensgründungen genannt:

(1) „Ich will mein/e eigene/r ChefIn sein und Produkte entwickeln/etwas Neues
machen."
(2) „Ich kann mir das Notwendige leisten."
(3) „Ich habe ja studiert, aber ..."

Ad (1): „Ich will mein/e eigene/r ChefIn sein und Produkte entwickeln/etwas
Neues machen."

76 % der TeilnehmerInnen gaben Selbstverwirklichung, die Eigenverantwortung
oder/und das Innovationsinteresse als Motive der Unternehmensgründung an.
Die Verwendung der typischen Phrase „Ich will mein/e eigene/r ChefIn sein" –
oft in Kombination mit dem Faktor Interesse und Innovation „Ich wollte dieses
Produkt vertreiben/entwickeln" bzw. „Ich will Innovation betreiben" – war in
diesen Fällen prädominant. Dies entspricht der bereits vorgestellten Ökonomie
der/des Selbstverwirklichung/Wohlstandes (vgl. Bögenhold 1985: 246) bzw. des
Schumpeter-Effektes (vgl. Aubry et al. 2015). Schumpeter (1934, Reprint 1961:
93; Schumpeter 2017: 24), der vor allem mit dem *schöpferischen Zerstörer* auf die
drei Motivationen für die Gründung eines Unternehmens verweist, ist hier von
besonderer Bedeutung: „1: the dream and the will to found a private kingdom.
2: the will to conquer. 3: the joy of creating". Schumpeters Darlegung der drei
Motivationen zur Betriebsgründung umfassen vor allem Ökonomien der Selbstverwirklichung und der Selbstbestimmung („Ich will mein/e eigene/r ChefIn
sein") bzw. auch das oben angeführte Interesse an Produktinnovation.

DEU 12, ein 45-jähriger Bosnier, der eine Softwarefirma leitet, argumentierte
ähnlich und wies vor allem auf das Interesse an Produktentwicklung bzw. auf die
Innovationskomponente hin:

> „Oh ja, seit 1999 bin ich bei der Firma [X] angestellt und immer, eigentlich die ganze
> Zeit, mit Software in Berührung. Und ja, es gab immer wieder die Ideen und Gedanken,
> dass man einen eigenen Betrieb gründet. Und so weit war es dann im Jahr 2009, wo ich
> dann mein eigenes kleines Softwareunternehmen auf Basis einer Rechnungssoftware
> eröffnet habe. [...] Einfach der Wunsch, einfach sich selbst praktisch als Selbstständiger
> zu versuchen. Einfach eigenes Produkt zu entwickeln. Ein Produkt zu entwickeln und
> auf den Markt zu bringen, das an und für sich von anderen Menschen verwendet wird,
> genutzt wird. Einfach ein nützliches Produkt sozusagen zu schaffen und dann auch zu
> vertreiben." (DEU 12, Bosnien, m)

Ad (2): „Ich kann mir das Notwendige leisten."

66 % der InterviewteilnehmerInnen nannten den finanziellen Anreiz bzw. das zumindest erhoffte bessere Einkommen, eine finanzielle Besserstellung als einen der Treiber zur Unternehmensgründung, dies teilweise, um einen besseren Lebensstandard zu erreichen oder aus einer Überlebensnotwendigkeit heraus. Die idealtypische Aussage „Ich kann mir das Notwendige leisten" deutet daher ebenfalls auf das Reaktionsmodell hin, wobei in diesem Fall die Ökonomie der Not als Hintergrund gilt.

DSAM 1, eine Mexikanerin, die zwecks Studium nach Österreich kam, sah die Notwendigkeit des sich Erhaltenkönnens, um studieren zu können, als Hauptgrund für ihre Tätigkeit als selbstständige Reinigungskraft.

> „Mehr Einkommen, also das Geld, ja. […] Weil ich bin da, also ich muss mich alles leisten, seit Anfang an habe ich mich alles leisten müssen und deswegen, ich bin immer auf der Suche nach verschiedenen Möglichkeiten, weil, wie Sie wissen, wahrscheinlich ich als Nicht-EU-Bürgerin und als Studentin darf ich nicht mehr als geringfügig arbeiten." (DSAM 1, Mexiko, f)

Ad (3): „Ich habe ja studiert, aber …"

8 % der TeilnehmerInnen gaben als eines der Gründungsmotive an, Dequalifizierungsdynamiken am Arbeitsmarkt zu unterlaufen, 34 % sprachen von Arbeitslosigkeit oder drohender Arbeitslosigkeit und 24 % von unterschiedlichen Diskriminierungen am Arbeitsmarkt. Eine typische Begründung für die selbstständige Tätigkeit lautete daher: „Ich habe ja studiert, aber …". Diese Gründermotivation fällt ebenso in das Reaktionsmodell. Auf wirtschaftssoziologischer Ebene (z. B. nach De Mises 1949/1998) ist das Interesse an Profit allgemein ein Haupttreiber für eine Unternehmensgründung und die folgende Produktinnovation. Der/die EntrepreneurIn (*Risktaker* nach Knight 1921, 1921/1985, 1933/1967) versucht, Profitmöglichkeiten zu finden, und hilft dabei, ein Equilibrium am Markt zu generieren, indem er diese Möglichkeiten nutzt. Auch das Ziel der Gewinnmaximierung (vgl. Casson 1983, 1985, 1990) kann der/die EntrepreneurIn als rationale Handlungsgrundlage verfolgen; durch seine Ausgleichs- und Überbrückungsfunktion führt der/die UnternehmerIn Gleichgewichte herbei und wird so zum wichtigen Element des Marktpreissystems.

Bezüglich der Dequalifizierungsdynamiken als Gründermotiv sei erwähnt, dass in Gesamtösterreich die Mehrzahl der UnternehmerInnen mit Migrationshintergrund auf nationaler Ebene einen hohen Bildungsgrad hatte. 54 % hatten über den Pflichtschulabschluss hinaus eine höhere Ausbildung (vgl. Statistik Austria 2017). Auch im Sample der 50 TeilnehmerInnen zeigten 34% einen Universitätsabschluss an, 46 % hatten einen Pflichtschulabschluss. Dies zeigt sich

z. B. bei DAS 5: Ein Südkoreaner mit Gastronomiebetrieb berichtete, dass es unmöglich gewesen sei, seinen südkoreanischen Universitätsabschluss in Informatik in Österreich einzusetzen oder in seinem spezifischen Fach eine Tätigkeit auszuüben.

> „Ja, das ist bisschen schwierig zu sagen, weil Österreich … Ich habe schon eine Uni abgeschlossen in Korea, Südkorea. Aber wenn ich hier gekommen, dann gleich ich bekomme nichts gute richtige Job, ja, aber wenn selbstständig, dann natürlich bin ich irgendwas. Versuchen, dann viel mehr irgendwas bekommen. Ja. […] Ist schwierig, natürlich, das ist/gibt es eine Grenze oder irgendwas, eine unsicht[bare]/eine Bände, ja." (DAS 5, Südkorea, m)

Auch die MigrantInnen, die aus EU-Alt-Staaten stammen und in Österreich leben, gründen aus ähnlichen Motiven bzw. wurden von Dequalifizierungsdynamiken nicht verschont. EU-ALT 3, ein britischer Unternehmer, berichtete, dass er eigentlich zwecks Lehrtätigkeit nach Österreich gekommen sei, als sich allerdings herausstellte, dass er doch nicht tätig werden durfte. Nach einem kurzen beruflichen Intermezzo als Angestellter machte er sich dann selbstständig:

> „Weil ich habe immer in Großbritannien […] gearbeitet als Freiberufler. Und dann bin ich nach Österreich gekommen an und für sich unter falscher Voraussetzung, weil es hat geheißen, ich darf hier unterrichten. […] [Aber] dann war das nicht mehr der Fall und dann habe ich gearbeitet in verschiedenen Agenturen, dann ich habe danach gearbeitet in [X] und dann […] habe ich mich selbstständig gemacht." (EU-Alt 3, UK, m)

Gründungsmotive nach soziodemografischen Faktoren

In der folgenden Auswertung werden die in 7.2 vorgestellten Gründungsmotive nach Geschlecht, Alter, Herkunft, regionaler Verteilung und der Unterscheidung von erster und zweiter Generation MigrantInnen dargelegt.

Gründungsmotive nach Geschlecht

Bei möglicher Mehrfachnennung erklärten 83,3 % der teilnehmenden UnternehmerInnen aus Gründen der finanziellen Besserstellung, aus Gründen der Diskriminierung (16,7 %), aus Dequalifizierungsgründen (33,3 %) und aus Gründen der Selbstverwirklichung 58,3 % ein Unternehmen gegründet zu haben. Die Gründungsmotive der Männer in der qualitativen Studie in Oberösterreich zeigten, dass im Gegensatz zu den Frauen 76,9 % der Männer angaben, aus Gründen der Selbstverwirklichung gegründet zu haben und finanzielle Besserstellung zwar als wichtig erachtet (59 %), aber bei Frauen häufiger als Gründungsmotiv angegeben wurde. Bei den teilnehmenden Unternehmerinnen der Studie könnte daher angenommen werden, dass Selbstständigkeit vor allem der finanziellen Besserstellung dient, wohingegen Männer auch die Selbstverwirklichung als einen bedeutenden Faktor der unternehmerischen Tätigkeit ansehen.

Gründungsmotive nach Alter

Selbstbestimmung und Selbstverwirklichung wurde von 90,9 % der 40- bis 50-jährigen TeilnehmerInnen der Studie als wichtiger Faktor der Entscheidung zur Selbstständigkeit verstanden, wohingegen die 20- bis 30-Jährigen vor allem finanzielle Besserstellung (66,7 %) und Dequalifizierungsdynamiken am Arbeitsmarkt (41,7 %), aber auch Diskriminierung am Arbeitsmarkt (25 %) als entscheidend für ihre Betriebsgründung ansahen. Für die 30- bis 40-Jährigen schienen Selbstverwirklichung (78,6 %) und finanzielle Besserstellung (78,6 %) wichtige Motive gewesen zu sein und für die Gruppe der 50+ waren Selbstverwirklichung (76,9 %) und eine finanzielle Besserstellung (46,2 %) ausschlaggebend.

Gründungsmotive nach Zugehörigkeit zur ersten/zweiten Generation mit Migrationshintergrund

Eine finanzielle Besserstellung wurde von 65,9 % der Befragten aus der ersten Generation stammend als Gründungsmotiv angegeben, 73,2 % wollte sich selbst verwirklichen und 36,6 % nannten Dequalifizierungsdynamiken am Arbeitsmarkt als Ursprung ihrer Unternehmensgründung. Bei der zweiten Generation bestanden ähnliche Motive, wobei 77,8 % Selbstverwirklichung als wesentlichen Faktor darstellten und für keinen der TeilnehmerInnen Arbeitslosigkeit eine Rolle spielte.

Gründungsmotive nach regionaler Verteilung

Die Gründungsmotive der ethnischen UnternehmerInnen unterteilt in TeilnehmerInnen aus städtischen oder ländlichen Regionen wurden ähnlich artikuliert. Selbstverwirklichung, sein/e eigene/r ChefIn sein zu wollen sowie eine finanzielle Besserstellung mit 73,0 % (ländlicher raum) sowie 64,9 % (städtische Unternehmen) und 76,9 % sowie 61,5 % (Unternehmen im ländlichen Raum) entscheidende Faktoren für die selbstständige Tätigkeit.

Gründungsmotive nach Herkunft

Alle Herkunftsgruppen außer den Befragten aus den EU-15-Staaten gaben finanzielle Besserstellung als wichtige Komponente der Selbstständigkeit an, 87,5 % der aus den EU-13-Staaten Stammenden nannten ein höheres Einkommen als Beweggrund für die Selbstständigkeit. 71,4 % der afrikanischen

UnternehmerInnen gaben an, Diskriminierungen am Arbeitsmarkt zu unterlaufen oder auch mit Dequalifizierungsdynamiken (42,9 %) konfrontiert gewesen zu sein, wohingegen Diskriminierungen bei den anderen Herkunftsgruppen, außer bei den TeilnehmerInnen aus den Alt-EU-Staaten (57,1 %), nur von wenigen angegeben wurden. Von Personen aus den Alt-EU-Staaten wurden ebenso Dequalifizierungsdynamiken (85,7 %) nebst Selbstverwirklichung (71,4 %) als ausschlaggebende Faktoren der Selbstständigkeit angeführt. Betriebe aus den europäischen Drittstaaten gaben sowohl Selbstverwirklichung (82,4 %) als auch ein lukrativeres Einkommen (76,5 %) als wichtige Faktoren der Selbstständigkeit an und sahen gleichzeitig Dequalifizierungsdynamiken am Arbeitsmarkt (11,8 %) oder Diskriminierungen (11,8 %) als weniger bedeutend an. Auch UnternehmerInnen aus Asien befanden Dequalifizierungen (12,5 %) und Diskriminierungen (12,5 %) als weniger bedeutend als Selbstverwirklichung und finanzielle Besserstellung (je 75 %).

Gründungsmotive nach Bildungsabschluss

In der Gruppe der Personen mit Pflichtschulabschluss nannten 69,6 % ein besseres Einkommen, 69,9 % persönliches Interesse als Motiv zur Unternehmensgründung. Wiederum 34,8 % gaben Arbeitslosigkeit und 26,1 % Diskriminierung als Motivation an. Nur 4 % nannten Dequalifizierungsdynamiken. Im Vergleich dazu gaben 90 % der Personen mit Maturaniveau persönliches Interesse und 70 % besseres Einkommen als Motive an. Arbeislosigkeit spielte bei 50 % eine besondere Rolle. Keiner nannte Dequalifizierung als Grund. Bei den Universitätsabschlüssen befanden mehr als in den anderen Gruppen Dequalifizierungsdynamiken als Grund zur Unternehmensgründung (12 %), 29 % Diskriminierungen und 28 % Arbeistlosigkeit. Allerdings gaben auch 70 % an, dass ein persönliches Interesse zur Unternehmensgründung führte.

7.3 Branche, Produkte, Betriebsgröße, Angestellten- und Kundensegment

Im Folgenden werden die Betriebsgrößen, das Angestelltensegment, die Branchenzuordnung, Produkttypen sowie das Kundensegment der befragten ethnischen UnternehmerInnen in Oberösterreich im Detail dargestellt. Nicht so sehr die Betriebsgröße, sondern vor allem die Komponenten der Produktorientierung und auch die Angestellten- und die Kundentypologie lassen auf die soziokulturellen Funktionen der ethnischen UnternehmerInnen schließen, wie in den Kapiteln 3 bis 5 eingehend analysiert wurde. Anhand dieser lässt sich eine Einordnung bzw. Unterteilung der Betriebe in Ergänzungsökonomien oder Nischenmodelle mit Integrationsbezug sowie auch Ethnic Enclave Economies ableiten. Vor allem die Anstellungstypologie gibt u. a. einen Einblick in die Gruppenkohäsivität und Netzwerkaktivitäten mit der eigenen Community, woraus sich auf Integrationsdynamiken in der Folge auf aufnahmeland- oder herkunftslandspezifisches soziales Kapital schließen lässt, aber auch auf Möglichkeiten und Betrachtungsweisen in Bezug auf sozioökonomischer Mobilität (vgl. Portes 1987, 1995, 2010; Portes/Manning 1986, Portes/Jensen 1989, 1992; Bonacich 1973, 1976, 1993; Bonacich/Modell 1980; Rath 2002; Kloosterman/Rath 2003; Haug 2007).

7.3.1 Angestelltentypologie

Es gab 19 (38 %) Betriebe, die der Kategorie Ein-Mann-Unternehmen entsprachen, und daher zum Zeitpunkt des Interviews keine Angestellten hatten, 40 % (oder 20 Betriebe) stellten nur MigrantInnen an und zehn Betriebe (oder 20 %) Autochthone und MigrantInnen, lediglich ein Betrieb stellte nur Autochthone an. Grundsätzlich konnte innerhalb der 31 Nicht-Ein-Mann-Betriebe zwischen den Betrieben, die ausschließlich Personen mit Migrationshintergrund anstellten, und Mischformen der Personenanstellung unterschieden werden. Hier ergab sich, dass 3 % (1) der Betriebe Personen ohne Migrationshintergrund, 32 % (10) Personen mit und ohne Migrationshintergrund anstellten und 65 % nur MigrantInnen (20). Innerhalb der 20 Betriebe, die nur MigrantInnen beschäftigten, wurden bei etwas über der Hälfte der Betriebe (11) nur Co-Ethnics angestellt, bei den übrigen neun Betrieben Co-Ethnics und Personen aus anderen migrantischen Communitys.

Die besondere Bedeutung der Anstellung von Co-Ethnics oder Familienmitgliedern

Bei der Anstellung der Co-Ethnics spielten einerseits eigene Familienmitglieder eine große Rolle, andererseits wurden – vor allem im Bereich des Verkaufs von Nischenprodukten – Co-Ethnics, Mitglieder der eigenen Familie oder der eigenen Migrationsgruppe bevorzugt. Diese Beziehung zu den Co-Ethnics (aber auch zu anderen Personen mit Migrationshintergrund) wird vielfach in der Literatur als *Competitive Advantage* (vgl. Rath 2002; Kloosterman/Rath 2003; vgl. Kapitel 3) dargestellt, weil erstens Co-Ethnics oft für UnternehmerInnen mit günstigerer Anstellungsbasis angestellt werden können und zweitens Netzwerke und die Interaktion mit der eigenen Gruppe eine Basis des sozialen und sozioökonomischen Aufstiegs und damit eine sogenannte Erfolgsavenue garantieren (vgl. Portes 1987, 1995, 2010; Bonacich 1973, 1976, 1993; Bonacich/Modell 1980;

Rath 2002; Kloosterman/Rath 2003). Allerdings können ausschließlich einseitig herkunftslandspezifische Netzwerke auch dazu beitragen, dass Zugang und Ressourcen zu der Mehrheitsgesellschaft verschlossen bleiben (vgl. Haug/Pointner 2007; Haug 2010). Haug/Pointner (2007) argumentieren diesbezüglich, dass besonders ausgeprägte Co-Ethnic-Netzwerke u. a. auch dazu führen können, dass die Kontakte und Interaktionen mit den Mitgliedern der Aufnahmegesellschaften minimalisiert werden (ibid.). Dies könne infolge auch zu einer Abschließung der Mehrheitsgesellschaft gegenüber führen und somit Zugänge, beispielsweise zu Bildung, Ressourcen oder dem Arbeitsmarkt der Mehrheitsgesellschaft, behindern. In der vorliegenden Studie hing die Anstellung von Co-Ethnics in vielerlei Hinsicht vom Produkt ab, beispielsweise wurde im Gastronomiebereich die ländertypische Kochkunst als Nischenprodukt über die Anstellung von Co-Ethnics abgesichert. Dort, wo eine starke Interaktion, basierend auf Netzwerken mit den Co-Ethnics existierte, ist auf theoretischer Ebene die Netzwerktheorie (vgl. Granovetter 1973, 1985, 1995; White 1992, 2002, 2008;) anwendbar. Gleichermaßen lässt sich hier ableiten, dass eine starke Gruppenkohäsivität in der Integrationsfunktion bzw. Integrationsdynamik nach innen vorherrscht (vgl. Wahlbeck 2007; Berry 2004; vgl. Kapitel 5). Sowohl Produktinnovation (nach Marshall 1890/1989; Kirzner 1973, 2008; Schumpeter 1911/1934/1961) in Bezug auf *Ethnoartikel* im Nischenbereich als auch das gesteigerte Interesse an Profitmaximierung (nach De Mises 1949/1998 oder Casson 1983, 1990) über Verkauf von Nischenprodukten bzw. auch die Anstellung von Co-Ethnics aus ökonomischen Gründen waren erkennbar.

DAF 1 argumentierte in Bezug auf ihr afrikanisches Restaurant, dass einerseits viel Unterstützung von ihren Töchtern komme, die als Kellnerinnen arbeiten und damit auch finanziell ihrer Mutter helfen (Competitive Advantage, die zur Profitmaximierung verhilft), es andererseits aufgrund der angebotenen Nischenprodukte jedoch unmöglich gewesen sei, ÖsterreicherInnen oder Personen anderer Migrationsgruppen anzustellen, um die Qualität der Produkte abzusichern.

> „Ja, ja. Viel. Ohne meine Tochter, was kann ich machen. Na, am Anfang, die haben auch mich unterstützt, letztes Jahr, am Anfang. Ja und jetzt, jetzt ist Sommer, aber zum Beispiel letzte im Winter so, die konnte wirklich nicht. Meine, die erste hat Matura heuer gehabt, sie rennt eh nicht. Aber sie musste, ich habe gesagt, ja, keine Ausrede, sie musste rennen." (DAF 1, Rwanda, f)

Auch im Beispiel von DAS 4, einem Gastronomen aus Hongkong, der in Linz seit den 1980er-Jahren eine Gastronomie (ein Chinalokal) betreibt, ist die familiäre Vernetzung wichtig. In diesem Fall wurden Geschwister aus Hongkong – über transnationale Netzwerke – praktisch „importiert", um einen doppelten Gewinn zu erzielen: einerseits um die Lebenssituation der gesamten Familie zu verbessern, andererseits um den Betrieb optimal einzustellen und die Gewinne zu maximieren.

> „Wie ich nach Europa gekommen bin, wie ich mich selbstständig gemacht habe, da war mein jüngerer Bruder 18 Jahre alt und da habe ich ihn geholt. Er hatte damals auch in der Küche gearbeitet, das hat genau gut gepasst für mich. Und da war die gute Gelegenheit da und ich habe ihn, damals hat man noch leichter eine Arbeitsgenehmigung bekommen, ja. Und da habe ich alles ganz normal beantragt und dann ist er ganz normal nach Europa […] Er hatte mich unterstützt, ja, er hat dann in der Küche gearbeitet, er hat mehr oder minder mit mir den Betrieb gemeinsam aufgebaut, ja. Es war mein Glück." (DAS 4, Hongkong, m)

Grundsätzlich werden produktabhängig und branchenspezifisch Co-Ethnics bevorzugt. DAS 4 äußerte, dass in seinem Chinarestaurant zehn Angestellte beschäftigt sein, und finde diese über Mundpropaganda oder über Landsleute, wobei Co-Ethnics bzw. AsiatInnen bevorzugt aufgenommen bzw. gesucht würden.

> „Also wir haben insgesamt jetzt zurzeit zehn Angestellte. … Nein, das sind alle Asiaten. Also aus Vietnam, Tibet und China." (DAS 4, Hongkong, m)

Anstellungsverhältnisse von Autochthonen und/oder Personen mit Migrationshintergrund

Im Bereich der Anstellung von autochthonen Personen in Kombination mit Personen mit Migrationshintergrund wurde häufig argumentiert, solange keine Nischenproduktabhängigkeit besteht, die Zusammenarbeit mit ÖsterreicherInnen geschätzt werde. DEU 12, mit bosnischem Migrationshintergrund und Besitzer einer Softwarefirma, hielt im Interview fest:

> „Mitarbeiter habe ich, wie gesagt, keine fix eingestellten. Wenn, dann sind das sporadische, sagen wir mal so, Projektarbeiten, die dann einfach von Studenten erledigt werden. Und da gab es Studenten mit österreichischen Wurzeln beziehungsweise auch mit bosnischen Wurzeln. Ich würde eher sagen mit Studenten aus Österreich ist es eine Spur leichter zu arbeiten." (DEU 12, Boesnien, m)

Es gibt auch Betriebe, die nur teilweise Nischenprodukte vertreiben, aber aus ökonomischen Gründen MigrantInnen als Angestellte bevorzugen. Einfach ausgedrückt: Personen mit Migrationshintergrund werden mit geringerer Bezahlung angestellt als die autochthone Bevölkerung. Zhou (2004; vgl. Kapitel 3) argumentiert diesbezüglich, dass der Wirtschaftserfolg und in der Folge die Upward Mobility, die sozioökonomische Mobilität, durch die Einstellung von

Co-Ethnics verstärkt werde, unter anderem weil diese unter für den/die Unter-nehmerIn günstigeren Bedingungen eingestellt werden können – Profitmaxi-mierung als UnternehmerInnenmotiv, wie von De Mises oder Casson erläutert. Dies hängt in manchen Fällen allerdings auch eng mit Ausbeutung der eigenen Ethnic Group zusammen und entspricht dahingehend nicht oder nur partiell der Argumentation von Portes (vgl. Portes 1987, 1995, 2010; Bonacich (1973, 1976, 1993; Bonacich/Modell 1980) und Rath (2002) sowie Kloosterman/Rath (2003).

DAS 5, ein südkoreanischer Unternehmer mit einem Gastronomiebetrieb, argumentierte in Bezug auf seinen Angestellten folgendermaßen:

> „Natürlich, meistens aus Ausland, aus China oder Pakistan oder meistens aus Polen, Asien. Wegen die, wie sagt man, die Arbeitslohn ist bisschen niedrig, ja. Österreicher bisschen, ja [teurer] ... Nur einzige, eine." (DAS 5, Südkorea, m)

Auch gab es einige Betriebe, die ÖsterreicherInnen explizit nicht anstellen wollen, mit der Begründung, dass sie diese Art von Tätigkeit oder Profession ohnehin nicht ausführen wollen (z. B. Reinigungsarbeiten oder Transportdiens-te) oder die Landsleute einfach „besser arbeiten" würden. Dies entspricht dem dualen Arbeitsmarktmodell bzw. segmentierten Arbeitsmarkt Sassens (1991, 1994, 2007) sowie Piores (1979/2006) und zeigt sich folgendermaßen in diesem Projekt von ethnischen Ökonomien in Oberösterreich.

DEU 11, ein bosnischer Transportunternehmer, argumentierte diesbezüglich, dass er vier Angestellte habe:

> „Das sind meine bosnische Landsleute. [...] Nur bosnisch. [...] Die hundertprozentig besser als Österreich. Zuerst ein Österreich würde das nicht machen." (DEU 11, Bos-nien, m)

EU-NEU 4, ein in Österreich eingebürgerter kroatischer Unternehmer, des-sen Eltern nach Österreich eingewandert sind, er selbst bereits in Österreich aufgewachsen ist und nun eine Reinigungsfirma leitet, argumentierte folgen-dermaßen:

> „Nein. In meinem Betrieb arbeiten nur Migranten. [...] Ich will keine Österreicher in meinem Betrieb haben. [...] Sie haben nicht die richtige Einstellung zur Arbeit. Sie sind ein Teil dieser Wohlstandsgesellschaft. Sie sind anderes gewohnt, und wenn man eine Leistung auf diesem Gebiet verlangen kann, dann von jungen Leuten aus dem Ausland, die sich hier etwas aufbauen, dazuverdienen wollen. [...]
> In meinem Betrieb habe ich gehabt Rumänen. In meinem Betrieb habe ich gehabt Russen. Ich habe gehabt in meinem Betrieb Moldawier. Ich beschäftige momentan viele Bosniaken, Kroaten, Türken und Kurden. Das sind eigentlich meine Hauptdienstneh-mer." (EU-NEU 4, Kroatien, m)

Insgesamt kann daher festgehalten werden, dass im Bereich der sozioökonomischen Beiträge zur Arbeitsplatzschaffung nicht viel für die autochthone Bevölkerung an Arbeitsplätzen generiert wird, wobei andererseits bevorzugt über Netzwerke für die Personen mit Migrationshintergrund Anstellungsmöglichkeiten entstehen, welche vor allem den Co-Ethnics oder MigrantInnen anderer Communitys zugutekommen. Floeting et al. (2004) argumentieren diesbezüglich, dass diese Formen der Arbeitsplatzschaffungen für die MigrantInnen ein wichtiger sozioökonomischer und soziokultureller Integrationsfaktor darstelle. Die Anstellung von Co-Ethnics scheint, wie auch theoretisch argumentiert, vor allem im Bereich der Nischenprodukte prädominant, wenn es um deren Herstellung und Vertrieb geht, wie Ethnic Cuisines, also im Falle von Ergänzungs- oder Nischenökonomien (vgl. Abrahamson 1996: 781 f.; Portes 2010; Bonacich 1973; Gold 2006; Light 1987; Light/Gold 2000). Dies wurde auch in diesem Projekt ersichtlich. Andererseits kann die Anstellung von Co-Ethnics oder anderen Personen mit Migrationshintergrund – wie im Fall der Ablehnung einer Anstellung von ÖsterreicherInnen – auch zu einer soziokulturellen Segregation führen. In diesem Fall entspricht das Verhalten der ethnischen UnternehmerInnen einer Abschottung von der Mehrheitsgesellschaft und einer absoluten Fokussierung auf die eigene Gruppe, wie sie nur im Fall der Ethnic Enclave Economies im Rahmen von Segregation oder im Fall der Middleman Minorities, also Marginalisierung, stattfindet (vgl. Kapitel 5; Berry 1997/2004; vgl. Tabellen 13–15).

7.3.2 Angestelltenverhältnisse nach soziodemografischen Faktoren

Angestelltenverhältnisse nach Geschlecht

Sechs Frauen (50 %; n = 12) stellten Ein-Mann-Betriebe dar, drei (25 %) beschäftigten nur MigrantInnen und wiederum drei (25 %) sowohl MigrantInnen als auch Personen ohne Migrationshintergrund. Nach Altersgruppen unterteilt, hatten 67 % (acht Betriebe) der 20- bis 30-jährigen UnternehmerInnen Angestellte. Nur 16 % (zwei Betrieb) stellten ausschließlich MigrantInnen an, wohingegen alle anderen UnternehmerInnen, vor allem die der 30- bis 40-Jährigen (57 % oder acht Betriebe) und die der 40- bis 50-Jährigen (55 % oder sechs Betriebe) besonders Personen mit Migrationshintergrund anstellten. Vor allem die zweite Generation der befragten UnternehmerInnen beschäftigte überwiegend MigrantInnen (78 % oder sieben Betriebe) und unter ihnen gab es zudem keine Ein-Mann-Betriebe. Die erste Generation stellte 18 (44 %) Ein-Mann-Betriebe und 14 Betriebe (34 %), die nur MigrantInnen anstellen.

Personen aus den Alt-EU-Staaten hatten vor allem Ein-Mann-Unternehmen gegründet (86 % bzw. sechs Betriebe). UnternehmerInnen aus den europäischen Drittstaaten (zwölf Betriebe, 70 %) und aus Afrika (drei Betriebe, 43 %) stellten mehrheitlich MigrantInnen an, wodurch co-ethnische Netzwerke gefördert wurden. Zwei europäische DrittstaatenunternehmerInnen gründeten ebenfalls lediglich Ein-Mann-Unternehmen. Asiatische UnternehmerInnen bevorzugten Angestelltenverhältnisse von Autochthonen und MigrantInnen (50 % bzw. vier Betriebe). Ein mittelamerikanischer Unternehmer sowie zwei südamerikanische UnternehmerInnen besaßen Ein-Mann-Unternehmen.

7.3.3 Branchen und Produkte

Die Branchenverteilung der UnternehmerInnen mit Migrationshintergrund entsprach in Annäherung den allgemeinen statistischen Daten zur Branchenverteilung in Österreich und wurde bereits im vorhergehenden Kapitel erläutert. Wie auch auf nationaler Ebene in Österreich waren die TeilnehmerInnen dieser Studie mehrheitlich im Bereich Gewerbe (30 %) und im Handel (24 %) tätig. Die Produkte, aufgeschlüsselt nach Nischenprodukten (z. B. Ethnic Cuisines), Ergänzungsprodukten/-dienstleistungen (z. B. Reinigung, Pflege) oder Produkten der Mehrheitsgesellschaft (z. B. Autohandel) ergab, dass 40 % (20 Betriebe) der Unternehmen Nischenprodukte vertrieben, 36 % (18 Betriebe) Ergänzungsprodukte/-dienstleistungen und 24 % (zwölf Betriebe) ein Produkt der Mehrheitsgesellschaft.

Nischenprodukte

Viele der am Interview teilnehmenden Betriebe stellten Nischenprodukte her, meistens aber in Form von Ergänzungsökonomien, die die Produkte für die autochthone Kundschaft produzierten, was laut den Tabellen 13 bis 15 in Kapitel 5 auf eine Integrationsfunktion hindeutet. Diese Nischenprodukte standen häufig auch im Zusammenhang mit Gastronomiebetrieben, welche sich eher in der Drittstaatengruppe befanden, als in der EU-27-Gruppe. Nur wenige agierten im Rahmen der Ethnic Enclave Economies und stellten Nischenprodukte für die eigenen Co-Ethnics, die eigenen MigrantInnencommunitys, her. Sie fielen somit in den Bereich der Integrationstype Segregation (vgl. Tabellen 13–15). Nur einer der Betriebe produzierte Artikel speziell für die eigene Community, weshalb er in das Segregationsmodell der Ethnic Enclave Economies im Rahmen der Integrationsdynamiken einzuordnen ist.

Ergänzungsprodukte oder Ergänzungsdienstleistungen im Bereich des dualen Arbeitsmarktes

In diesen Bereich fallen, wie bereits erwähnt, vor allem die Sparten Reinigung, Transport und Pflege (vgl. Harris/Todaro 1971). Vor allem im Kontext der Ergänzungsökonomien ist die Unterschichtungsdynamik, die Hoffmann-Nowotny anspricht, erkennbar. Durch Einwanderung nehmen MigrantInnen die untersten sozialen Positionen ein (wie z. B. im Reinigungsgewerbe).

Beispiele hierfür finden sich in der Studie zu Oberösterreich dahingehend, dass im Reinigungsgewerbe, wie bereits erwähnt, zum Beispiel EU-NEU 4, ein in Österreich eingebürgerter kroatischer Unternehmer, nur migrantische Angestellte hat, weil er davon ausgeht, dass die autochthone Bevölkerung diese Tätigkeiten nicht mehr ausführen will. Firmen, die im Baugewerbe, Transport-/ Taxisegment oder Reinigungsgewerbe angesiedelt sind, zählen ebenfalls hierzu. Auch gibt es Beispiele aus dem Pflegebereich, der in Kapitel 2 eingehend dokumentiert wurde. EU-NEU 3, eine rumänische selbstständige Altenpflegerin, argumentierte dahingehend:

> „Ja. Es ist schwer, jemand sagen, du bist von Rumänien, sonst Arbeit kriegen. Dann schaut sie so und wissen sie nicht, du bist gut oder nicht, und dann ist besser, selbstständig sein." (EU-NEU 3, Rumänien, f)

Vertrieb von Produkten der Mehrheitsgesellschaft

Außerhalb der Nischentätigkeit, beispielsweise im Gastronomiebereich oder im Bereich der Ergänzungsökonomien, waren einige der befragten UnternehmerInnen auch in Branchen situiert, in denen allgemein Produkte vertrieben werden (z. B. Autohandel) oder Consulting angeboten wird (z. B. im IT- und Softwarebereich).

DAF 5, ein ägyptischer Computerfachmann, argumentierte:

> „We are doing software products. Mainly, we are doing services for other companies, so some companies asking for doing a certain product with some features and we're helping them. So if they have an idea but they don't know how they will do it in a real software we're helping them to turn the idea into a software.." (DAF 5, Ägypten, m)

7.3.4 Produktorientierung nach soziodemografischen Faktoren

Sowohl befragte Männer als auch Frauen vertrieben Ergänzungs- wie auch Nischenprodukte gleichermaßen: 42 % (fünf Betriebe) der Frauen Ergänzungsprodukte und 41 % (fünf Betriebe) Nischenprodukte, wohingegen 37 %

(14 Betriebe) der Männer Ergänzungs- und 39 % (15 Betriebe) Nischenprodukte anboten.

Die 20- bis 30-jährigen TeilnehmerInnen der Studie vertrieben vor allem Ergänzungsprodukte und -dienstleistungen (58 % bzw. sieben Betriebe), die Altersgruppe 50+ konzentrierte sich auf Nischenprodukte (54 % bzw. sieben Betriebe). Die zweite Generation vertrieb vor allem Nischenprodukte (56 %, fünf Betriebe), wohingegen die erste Generation alle Produktarten im Sortiment hatte (39 % Ergänzungsprodukte = 16 Betriebe, 37 % Nischenprodukte = 15 Betriebe, 24 % Produkte der Mehrheitsgesellschaft = zehn Betriebe).

Im städtischen Bereich wurden eher Ergänzungsprodukte (43 %, 16 Betriebe) angeboten, während im ländlichen Raum mehr Produkte der Mehrheitsgesellschaft (38 %, fünf Betriebe) vertrieben wurden. Nischenprodukte waren in beiden Bereichen gleichermaßen Teil des Sortimentes.

UnternehmerInnen, die aus den Alt- (43 %, drei Betriebe) und Neu-EU-Staaten (63 %, fünf Betriebe), aber auch aus Afrika (43 %, drei Betriebe) stammten, vertrieben mehrheitlich Ergänzungsprodukte. Asiatische UnternehmerInnen (75 %, sechs Betriebe) und auch europäische Drittstaatenangehörige (41 %, sieben Betriebe) boten überwiegend Nischenprodukte an. Auch einige afrikanische UnternehmerInnen (43 %, drei Betriebe) vertrieben Nischenprodukte. UnternehmerInnen aus den Neu-EU-Staaten (12 %, ein Betrieb) hatten kaum Nischenprodukte in ihrem Sortiment und keiner der asiatischen UnternehmerInnen vertrieb ein Produkt der Mehrheitsgesellschaft.

Nach Bildungsabschluss gegliedert, vertrieben die Pflichtschulabsolventen vor allem Nischenprodukte (59 %), 32 % Ergänzungsprodukte, und 9 % Produkte der Mehrheitsgesellschaft. Im Gegensatz dazu vertrieben bei den Maturaen 50 % Ergänzungsprodukte und 50 % Produkte der Mehrheitsgesellschaft, aber keiner Nischenprodukte. 44 % der UnternehmerInnen mit Universitätsabschluss vertrieben Ergänzungsprodukte, 37 % Nischen- und 19 % Merhheitsgesellschaftsprodukte.

7.3.5 Kundensegment

Zum Kundensegment der StudienteilnehmerInnen zählten mehrheitlich österreichische KundInnen, was sich umgekehrt zur Anstellungsstatistik verhielt. Es wurden in 94 % der Betriebe KundInnen der autochthonen Bevölkerung angesprochen oder beworben. Sogar 32 % (16 Betriebe) der Unternehmen hatten nur österreichische autochthone KundInnen. 62 % (31) der Betriebe sprachen sowohl autochthone als auch KundInnen mit Migrationshintergrund an. Nur 6 % (drei) der Betriebe sprachen ausschließlich die Co-Ethnics oder MigrantInnen an.

Nimmt man diese Daten als Ausgangspunkt, könnte festgestellt werden, dass das Modell der ethnischen Enklavenökonomien (vgl. Ma 1998; Zhou 2004; Light 1984/2003; Light/Gold 2007; Portes 2010; Yoo 2014; Abrahamson 1996: 781 f.; Haberfellner et al. 2000; Portes/Jensen 1992; Garapich 2008; Portes 2010), die allerdings auch räumlich segregiert agieren und welche prädominant die eigene Migrationsgruppen versorgen, in Oberösterreich im Rahmen dieser qualitativen Studie selten auftritt. Es kristallisiert sich im Gegensatz dazu heraus, dass die interviewten Betriebe besonders wegen ihres Kundenprofils Brückenkopffunktionen ausüben und wechselseitiger Austausch zwischen Minder- und Mehrheitsgruppen und daher auch Integration stattfinden kann (vgl. Kapitel 5; Tabelle 13–15). Hier entstehen herkunfts- und aufnahmelandspezifische Interaktionen, in der Folge möglicherweise beiderseitig ausgerichtete Netzwerke und soziales Kapital. Die eigene kulturelle Identität der MigrantInnengruppen wird dabei beibehalten, u. a. auch aufgrund der Netzwerke und der Interaktion mit Mitgliedern der eigenen MigrantInnencommunitys, den Co-Ethnics, also nach innen – wie bereits beschrieben. Andererseits wird durch die Anwendung von Ergänzungsökonomien (mit oder ohne Nischenprodukte), die aber auf autochthone KundInnen abzielen, die Interaktion mit der autochthonen Bevölkerung und dem Nicht-Abkapseln bzw. -Abschotten in die eigenen Enklaven ein Austausch mit der Mehrheitsgesellschaft betrieben. Daher können diese ethnischen Ökonomien dem Typus der Integration/Inklusion nach Berry (vgl. Berry 1980; Berry/Sam 1997/2004) oder Esser (2010) zugeordnet werden und nach außen Brückenkopffunktionen übernehmen. Im Detail sieht das wie folgt aus.

Kundensegment: mehrheitlich Autochthone und MigrantInnen

Bei den Brückenkopffunktionen der UnternehmerInnen agieren diese als Verbindungsglieder zwischen der mehrheitsgesellschaftlichen und der migrantischen Gruppe, zumeist im Bereich der Außenfunktion gegenüber KundInnen. Hier findet eine starke Interaktion zwischen den Vertretern/-innen der beiden Gruppen statt, ein Austausch, ein Kennenlernprozess, ein Berührungsprozess wird in Gang gesetzt, was zu der angesprochenen Brückenkopffunktion führt.

Kundensegment: Co-Ethnics und MigrantInnen – auf die Co-Ethnics ausgerichtete Ethnoprodukte/Nischenprodukte

Der Vertrieb von Nischenprodukten, die zur Versorgung der eigenen MigrantInnencommunitys gedacht sind, fällt – aus theoretischem Blickwinkel – in den Bereich der Ethnic Enclave Economies oder Enklavenökonomien, die auf

Integrationsebene segregierend wirken können, da sie von der Mehrheitsgesellschaft großteils abgeschottet agieren und wenig Berührungspunkte entstehen. In dieser Studie gaben nur 6 % der Betriebe an, dass sie ausschließlich Personen mit Migrationshintergrund als KundInnen bedienen. Beispiele hierzu sind die Folgenden:

DEU 10, eine bosnische Unternehmerin, die eine Sprachschule mit acht Angestellten leitet, hat ebenfalls produktabhängig nur Co-Ethnics bzw. MigrantInnen als KundInnen.

> „Unsere Zielgruppe sind Migranten [...] Nein, meistens sind unsere Kunden aus Europa, gibt es auch sehr viele, besonders in den letzten vier, fünf Jahren, sehr viele Ungarn, aus Rumänien und dann aus Polen auch sehr viele. Polen, Tschechien. Aber auch sehr viele aus Afghanistan waren auch. Also wir haben bunt gemischt [...], jetzt haben wir von Venezuela bis Japan alles." (DEU 10, Bosnien, f)

Kundensegment: Autochthone

In diesen Fällen könnte daher das Kundensegment auch von der jeweiligen Branche abhängen.

DSAM 1, Mexikanerin mit Reinigungsgewerbe, sowie EU-NEU 4, ein kroatischstämmiger Inhaber einer Reinigungsfirma mit rund 30 MitarbeiterInnen, argumentierten wie folgt:

> „[Kunden sind] Österreicher. Nein, nur Österreich. Genau. Und dann habe ich das alleine gemacht und zum Glück ich habe eine gute Arbeit gemacht. Viele von meinen Kunden sind, also sie wollten, dass ich weitermache. [...] Und ja, ich habe fixe Kunden. [...] Ja, ich habe Glück, weil Sie sind alle sehr nett und sie sind mit meiner Arbeit sehr zufrieden und sie sind sehr flexibel. Ich bin auch flexibel. [...]" (DSAM 1, Mexiko, f)

7.3.6 Kundensegment nach soziodemografischen Faktoren

Die befragten Männer und Frauen der Studie äußerten, dass sie großteils ein gemischtes Kundensegment bedienten. Knapp 80 % der 30- bis 40-jährigen UnternehmerInnen bedienten ein gemischtes Kundensegment, aber auch die Altersgruppe 50+ und die der 20- bis 30-Jährigen waren stärker am gemischten Kundensegment orientiert als an den autochthonen KundInnen. Ausnahme bildeten die 40- bis 50-Jährigen, die zu 64 % am autochthonen Kundensegment interessiert waren. Ausschließlich fokussiert auf KundInnen mit Migrationshintergrund waren nur wenige: mit 15 % am meisten die Altersgruppe 50+. Das Kundensegment der zweiten Generation war mehrheitlich sowohl an Autochthonen als auch MigrantInnen orientiert (67 %), bedient wurden aber auch nur MigrantInnen (11 %). Die erste Generation (58 %) orientierte sich mehrheitlich an dem gemischten Kundensegment. Sowohl im städtischen (62 %) als auch ländlichen (50 %) Raum situierte Betriebe wurden hauptsächlich KundInnen angesprochen, die aus beiden Gruppen, der autochthonen und migrantischen, stammten.

Auffällig ist, dass die Betriebe von Personen aus Asien ausschließlich (zu 100 %) ein gemischtes Kundensegment ansprachen. Auch die StudienteilnehmerInnen aus den Alt-EU-Staaten, den europäischen Drittstaaten und aus Süd- und Mittelamerika zogen vor allem ein gemischtes Kundensegment an, wohingegen Unternehmen aus Neu-EU-Staaten hauptsächlich (zu 75 %) autochthone KundInnen bedienten. Afrikanischstämmige UnternehmerInnen sprachen sowohl das autochthone als auch das gemischte Kundensegment an. KundInnen mit Migrationshintergrund wurden von Unternehmen, dessen EigentümerInnen aus europäischen Drittstaaten wie auch Afrika kamen, angezogen.

Nach Bildungsabschluss gegliedert, bestand das Kundensegment der Pflichtschulabgänger mit 70 % aus Autochthonen und MigrantInnen gemsicht, und war mit 30 % mit Autochthonen relativ hoch. Das Kundensegment der UnternehmerInnen mit Matura war zu 50 % gemischt bzw. zu 50 % bestehend aus autochthonen KundenInnen, aber es gab keine Orientierung ausschließlich an MigrantInnen. Die UnternehmerInnen mit Universitätsabschluss war hingegen die einzige Gruppe, bei denen 13 % sich nur an MigrantInnen als Kunden orientierten, 56 % haben ein gemischtes Kundensegment und 31 % Autochthone als Kunden und somit im Vergleich am wenigstens Autochthone.

7.4 Soziokulturelle und sozioökonomische Integrationsfunktionen

Im Folgenden werden sowohl sozioökonomische als auch soziokulturelle Integrationsfunktionen von Ethnic Entrepreneurship erläutert. Diese Analyse bezieht sich einerseits auf die sozioökonomische Integration (z. B. wirtschaftliche Beitragsleistungen) der ethnischen UnternehmerInnen, andererseits wird die soziokulturelle Integration bzw. Beitragsleistung unter besonderer Berücksichtigung und Analyse der Außenfunktionen der ethnischen UnternehmerInnen gegenüber der Mehrheitsgesellschaft vorgestellt. Diese Außenfunktionen werden, wie in den Tabellen 13–15 (vgl. Kapitel 5) bereits dargelegt, in folgende vier Komponenten unterteilt: (1) Brückenkopffunktionen (Agent-of-Change-Funktionen, die in das Integrations-/Inklusionsmodell fallen), (2) Pufferfunktionen (die in das Marginalisierungsmodell fallen), (3) Versorgerfunktionen (welche zum Assimilationsmodell zählen) oder auch (4) Kundschafterfunktionen (welche zum Segregations-/Separationsmodell gehören). Im Punkt 7.4.2 werden die

Integrationsfunktionen nach innen (zur eigenen Community) beleuchtet. Dies umfasst die Themen Bildung von kulturellem Gruppenkapital (Integration), die Rolle als AgentIn der Mehrheitsgesellschaft (Assimilation), Kohäsion und Bildung von kulturellem Gruppenkapital (Separation) sowie Abschottung (Marginalisierung).

Insgesamt zeigte sich, dass die Wirkungsweisen und das Integrationspotenzial der interviewten ethnischen UnternehmerInnen sehr branchenabhängig waren. D. h. die Betriebe, die in Branchen tätig sind, in denen sehr viel Kundenkontakt und Kundeninteraktion – spezifisch mit der autochthonen Gruppe – verlangt wird, waren in der Mehrheit der Ansicht, dass eine gelungene Integration stattfinde, dass also die Interaktionen mit den ÖsterreicherInnen auch zu einer höheren, einer kulturellen Wertschätzung beitragen, und fühlten sich unter anderem dadurch besser integriert. Die ethnischen UnternehmerInnen übten dahingehend vor allem Brückenkopffunktionen als kulturelle VertreterInnen ihrer Communitys aus, bei gleichzeitiger Beibehaltung sozialer Kohäsion mit der eigenen Community. Floeting et al. (2004) argumentiert diesbezüglich, dass besonders die Komponente der *Wertschätzung durch Betriebe* zu Integration führe. Im Zuge der Interaktion mit autochthonen KundInnen fällt eine Hemmschwelle, Trennlinie oder auch Barriere weg und die UnternehmerInnen fühlen sich geschätzter, akzeptierter und somit integrierter. Umgekehrt ergeben sich durch diese Kontakte Möglichkeiten für Mitglieder der Mehrheitsgesellschaft, Vorurteile – sofern vorhanden – abzubauen; ein soziokulturelles Kennenlernen findet statt und auch hier werden Trennlinien und Barrieren, Grauzonen, überschritten.

Festzustellen ist, dass Integrationsfunktionen und -potenziale der ethnischen UnternehmerInnen unabhängig ihres Migrationshintergrundes oder soziodemografischer Faktoren existierten; diese waren vielmehr von der branchenspezifischen Tätigkeit, dem Betriebstyp sowie dem Kundensegment abhängig. Ein Ergebnis ist demnach, dass die soziokulturellen Integrationsfunktionen von 25 der ethnischen UnternehmerInnen dieser Studie im Bereich der Brückenkopffunktion (also Integration) situiert sind, wie folgend dargelegt wird, und somit auch sowohl herkunftslandspezifisches, als auch aufnahmelandspezifisches soziales Kapital generiert wird. Diese Unternehmen wurden mehrheitlich aus Gründen der Selbstverwirklichung und der Not etabliert.

Zehn weitere Betriebe konnten teilweise den Brückenkopffunktionen im Rahmen des Integrationsmodells zugeordnet werden, aber beinhalteten auch charakteristische Elemente, die dem Assimilationsmodell zugeordnet werden konnten, wie z. B. die Ausrichtung der Produkte als Versorgerfunktion oder eine deutliche Angleichung/Assimilation an die Leitkultur, die auch in herkunfts- landspezifischen Netzwerken propagiert wurde. Diese Betriebe wurden weitest- gehend aus Gründen der Not statt Selbstverwirklichung etabliert.

Zwölf Betriebe entsprachen in ihren Innen- und Außenfunktionen dem Assimilationsmodell. Mehrheitlich wurden diese aus einer Reaktion auf den Arbeitsmarkt bzw. Gründen der Not etabliert, drei in Form von Ethnic Enclave Economies, dem Segregationsmodell folgend. Vier Unternehmen, die von Frau- en geführt wurden, fielen in das Assimilationsmodell, drei konnten sowohl dem Assimilations- als auch Integrationsmodell zugeordnet werden und fünf weitere dem Integrationsmodell.

20 der Betriebe, die von Männern geführt wurden, bedienten Brückenkopf- funktionen und konnten mit ihren Innen- und Außenfunktionen dem Integrati- onsmodell zugeordnet werden. Acht Betriebe waren assimilativ agierend, sieben sowohl der Assimilation als auch der Integration zuordenbar und drei Betriebe fielen in die Kategorie Ethnic Enclaves.

Innerhalb der unterschiedlichen Altersgruppen ergab sich, dass mehrheitlich, acht von zwölf, Betriebe der 20- bis 30-jährigen EigentümerInnen assimilative Elemente enthielten, während in den anderen Altersgruppen die Brückenkopf- funktion bzw. integrationsspezifische Elemente dominierten. Der Segregations- typus kam in der 50+-Gruppe, der Gruppe der 40- bis 50-Jährigen und jener der 20- bis 30-Jährigen vor (je einmal).

In der zweiten Generation mit Migrationshintergrund übten sechs von neun Betriebe eine integrationsgenerierende Rolle aus, ein Betrieb konnte dem Typus Segregation zugeordnet werden. Sieben von 13 Unternehmen, die im ländlichen Raum angesiedelt waren, agierten integrierend.

Fünf der sieben Betriebe, die von Personen aus den EU-14-Staaten geleitet wurden, konnten dem Integrationsmodell zugeordnet werden, wohingegen vier der acht Unternehmen der InhaberInnen aus den EU-13-Staaten stammend dem Assimilationsmodell zugeordnet werden konnten, unter Beachtung, dass weitere zwei integrative und assimilierende Funktionen ausübten.

Zehn der 17 Betriebe, die von MigrantInnen aus den europäischen Dritt- staaten geleitet wurden, wirkten integrierend, zwei segregierend und drei as- similierend, wobei zwei weitere sowohl integrierende als auch assimilierende Funktionen aufwiesen. Bei den acht asiatischen Unternehmen stellten vier eben diese Mischformen dar, zwei hatten integrative Funktionen und weitere zwei assimilierende. Vier der sieben afrikanischstämmigen Unternehmen verfolgten integrative Funktionen, eines assimilative, eines segregierende und eines sowohl assimilierende als auch integrative Funktionen.

7.4.1 Soziokulturelle Integration – Integrationsfunktion nach außen

Auf Ebene der soziokulturellen Integration kommen die beidseitigen Interaktionen nach innen – den Co-Ethnics gegenüber – und nach außen – der Mehrheitsgesellschaft gegenüber –, also herkunfts- und aufnahmelandspezifische Netzwerke und Bildung von sozialem Kapital zum Tragen. Viele der Betriebe wiesen starke Co-Ethnic-Beziehungen und -Netzwerke in ihrer Innenfunktion auf, also verstärkten das soziale Gruppenkapital, fühlten sich aber über Brückenkopffunktionen und Interaktion mit KundInnen aus der Mehrheitsgesellschaft nach außen nicht nur selbst besser integriert, sondern nahmen auch eine Integrationsrolle innerhalb der Gesellschaft ein. Das subjektive Empfinden bzw. auch der Wunsch des absoluten Absorbierens oder Verschmelzens mit der Leitkultur im Rahmen von Assimilation (vgl. Punkt 7.4.1.2) bezeichnete eine idealtypische Assimilation nach Park (1928, 1950), Park et al. (1921/1969), Eisenstadt (1952, 1953, 1954a/b, 1954/1975), Gordon (1961, 1964, 1978) und Esser (1980, 2001, 2002, 2006, 2010/1986). Die Außenfunktionen dieser UnternehmerInnen waren durch eine Versorger- oder Ergänzungsfunktion in der Mehrheitsgesellschaft charakterisiert. Nahmen die ethnischen UnternehmerInnen eine Art Kundschafterrolle im Rahmen der Enklavenwirtschaften zwischen der Mehrheitsgesellschaft und den eigenen Communitys ein, befanden sich die Betriebe im Rahmen des Segregationsmodells.

Brückenkopffunktion

Viele der interviewten ethnischen UnternehmerInnen übten im Integrationsbereich *Brückenkopffunktionen* aus, wobei deren Funktion in Bezug auf die eigene Gruppe bedeutete, dass die Gruppenidentität, also die Funktion nach innen, kulturelle Elemente, wie z. B. die eigene Sprache, aufrechterhalten blieb, während nach außen eine Öffnung stattfand und daher Interaktion mit der eigenen, aber auch mit anderen MigrantInnengruppen und der autochthonen Bevölkerung betrieben wurde (vgl. Tabelle 13–15, Kapitel 5). Herkunfts- und aufnahmelandspezifisches soziales Kapital wurde generiert. In diesem Sinne fungierten die ethnischen UnternehmerInnen als Drehscheiben, als Brückenköpfe zwischen Minderheiten und Mehrheiten.

DEU 15, eine türkische Dolmetscherin argumentierte, dass sie vor allem in ihrer Dolmetscherfunktion als Brückenkopf und Vermittlerin zwischen Mehr- und Minderheitsgesellschaft fungiere.

„Grundsätzlich ja, wenn es darum geht, die Dokumente übersetzen zu lassen, die für die Staatsbürgerschaft notwendig sind, helfe ich der Integration. Ich stelle zum Beispiel als gebürtige Türkin nützliche Kontakte zwischen Österreich und der Türkei her. Wir bieten auch kulturelle, religiöse und andere wesentliche Informationen an, die bei beruflichen oder privaten Aufenthalten in der Türkei eventuelle Missverständnisse meiden helfen." (DEU 15, Türkei, f)

Assimilation

Nach innen sind ethnische Unternehmen, die dem Assimilationsmodell zugeordnet werden können, Agenten der Mehrheitsgesellschaft, nach außen aber erfüllen sie Ergänzungs- oder/und Versorgerfunktionen. Diesbezüglich gibt es eine beträchtliche Anzahl an UnternehmerInnen, die die Ansicht vertraten, dass ihre Betriebe keine spezifische Rolle in der Integrationsdynamik spielten. Häufig war dieses subjektive Empfinden gepaart mit der Branchen- oder Produktorientierung, nämlich einer Ausrichtung auf die Funktion einer Versorgung. Zum Beispiel war dieses Empfinden vor allem in den Ergänzungsökonomien Pflege und Betreuung vertreten. Außerdem glaubten die unterschiedlichen BetriebseigentümerInnen, dass Sprache der Erfolg zur Eigenintegration in Österreich sei – in diesem Sinne eine nach innen gerichtete Agentenfunktion im Rahmen assimilierenden Verhaltens. Der Spracherwerb spielt, wie auch von Park (1928, 1950), Park et al. (1921/1969), Eisenstadt (1952, 1953, 1954a/b, 1954/1975), Gordon (1961, 1964, 1978), Esser (1980, 2001, 2002, 2006, 2010/1986), Heckmann (1998, 2005, 2010) oder auch Hoffmann-Nowotny (1970a/b,1973, 2000) beschrieben, eine bedeutende Rolle in den Integrationsdynamiken. Diese genannten Theoretiker argumentieren, dass der Spracherwerb ein bedeutender Teilbestand erfolgreicher Integration im Rahmen von Assimilation sei. Manche der TeilnehmerInnen wollten sich in diesem Bereich tatsächlich möglichst der Mehrheitsgesellschaft bzw. der Leitkultur anpassen und empfanden den Fremdspracherwerb als hilfreich, um im Alltag zu bestehen – eine Form der Überlebensstrategie, um Profite zu maximieren, besonders wenn das Kundensegment aus der Mehrheitsgesellschaft stammt.

DEU 1, ein kosovarischer Bauunternehmer, argumentierte dahingehend folgendermaßen:

„Und da sind meine Vorteile ein bisschen größer, weil normal, ab und zu fragen sie mich, ob die Leute sprechen […] Deutsch, sage ich, ja, fast perfekt. Also so wie ich. Das ist ja überhaupt kein Problem. Und dann habe ich es leichter. Ist das für mich leichter. Sprache ist die Wichtigste. Ich bin selber Ausländer. Für eine was wirklich ist ganz schwierig, weil bis wann ich mal alles gelernt habe, habe ich auch Schwierigkeiten gehabt. Weil es nicht leicht [ist]." (DEU 1, Kosovo, m)

Einige UnternehmerInnen, wie zum Beispiel die Eigentümerin des Russia-Shops (DAS 7), teilten mit, dass sie durch die Interaktion mit österreichischen KundInnen die Sprache besser erlernen und auch die deutsche Sprache öfter nutzen müssen, was ihnen wiederum selbst bei der Integration oder beim subjektiven Empfinden des Integriertseins geholfen habe:

> „Für mich persönlich wirkt Geschäft integrierend, weil ich jetzt mehr Kontakt mit den ÖsterreicherInnen habe und durch Kommunikation mein Deutsch verbessere. Früher habe ich kaum Kontakt mit den Einheimischen gehabt, obwohl ich schon seit 12 Jahren hier bin. Ich habe immer als Reinigungskraft gearbeitet und hatte nicht so viel Kontakt mit den anderen. Jetzt hoffe ich, dass mein Deutsch besser wird." (DAS 7, Armenien/ Georgien, f)

Der Respekt, der den Selbstständigen von der Mehrheitsgesellschaft entgegengebracht wird, war ein wichtiges Thema für viele TeilnehmerInnen dieser Studie. Manche der Befragten fanden, dass dies auch die gegenseitige Integration aufgrund von erbrachter Wertschätzung fördere. So merkt auch Heckmann (1998, 2005, 2010) an, dass eine erfolgreiche Integration beiderseitig stattfinden müsse.

DSAM 1, eine Mexikanerin mit Reinigungsbetrieb, hielt in diesem Zusammenhang fest:

> „Ja, aber mit meinen Kunden, also sie haben großen Respekt vor mir, obwohl ich nur die Putzfrau bin, weil ich studiere, und dann ich habe manchen erzählt, dass ja, ich bin nicht die Einzige, es gibt andere Ausländer oder Migranten, die gleichzeitig arbeiten und studieren und so. Und dann sie schauen so, dass sie was überlegen [...]." (DSAM 1, Mexiko, f)

Segregationsfunktion

Die Pufferfunktion (Marginalisierung) oder Kundschafterfunktion (Segregation/Separation), wie in den Tabellen 13–15 (vgl. Kapitel 5) dargelegt, war unter den interviewten ethnischen Unternehmen nicht mehrheitlich vertreten. Drei Betriebe fielen in die Segregationsfunktionen und somit in die Rolle der Kundschafter. Aufgrund der Produktausrichtung und der Kundentypologie agierten in diesen Fällen die ethnischen UnternehmerInnen isoliert und abgeschottet von der Mehrheitsgesellschaft. Es entstanden Subkulturen, segregierte Subkulturen, in denen die eigene Community versorgt wird, aufnahmelandspezifische Netzwerke kaum bis gar nicht existieren und diesbezüglich Enklavenökonomien entstanden.

117

Auch DEU 8 argumentiert sehr eindeutig, dass eine Segregationsfunktion, sogenannte Sub-Communitys innerhalb der MigrantInnenpopulation, existiere, und beschreibt die Funktionsfähigkeit und wirtschaftliche Unabhängigkeit der Sub-Communitys wie folgt.

> „Und ja genau, natürlich gibt es gewisse Sub-/[…] Communitys, die eigentlich wirtschaftlich unabhängig sind, weil besonders wenn man sich besonders [die] bosnische Community ansieht also, sind wir eigentlich unabhängig fast. Also wir könnten eigentlich eine Subwirtschaft haben. Das heißt, wir haben unsere Informatiker, unsere Ärzte, also unsere Zahnärzte, wir haben unsere Mechatroniker, wir haben unsere Lehrer, wir haben unsere Linguisten, wir haben unsere Unternehmer, wir haben unsere Baufirmen. Also im Prinzip könnten wir unabhängig von der türkischen, österreichischen Community leben. So auch vielleicht die türkischen. Vielleicht nicht in dem Maße, wie wir es vielleicht geschafft haben, aber es gibt schon Communitys, die haben sich abgespalten fast.“ (DEU 8, Bosnien, m)

7.4.2 Integrationsfunktion nach innen

Zu den Elementen der Integrationsfunktionen nach innen zählen die Bildung von kulturellem Gruppenkapital (Integration), die Agentenrolle gegenüber der Mehrheitsgesellschaft (Assimilation), die Bildung von Kohäsion und kulturellem Gruppenkapital (Separation) sowie Abschottung (Marginalisierung). Innenfunktionen der befragten ethnischen UnternehmerInnen waren teilweise, wie auch die Außenfunktionen, branchen- und produktabhängig.

Hier zeigte sich, dass Nischenprodukterzeugung vor allem von Co-Ethnics oder anderen Personen mit Migrationshintergrund übernommen wurde, daher bildeten sich soziale Netzwerke, soziales Kapital, heraus. Besonders im Bereich der Gastronomie und der Handelsplätze von Lebensmittelläden dienten die jeweiligen Unternehmen als Treffpunkte, um Gruppenkohäsion und Netzwerke zu stärken. Auch die Tatsache, dass viele der Angestellten aus der eigenen Familie oder aus migrantischen Gruppen stammen oder zumindest Migrationshintergrund mit sich bringen, bedeutete, dass Netzwerke nicht nur etabliert wurden, sondern auch kohäsive Dynamiken entstanden sind, welche das soziale und kulturelle Gruppenkapital nach innen stärken. Diese Erkenntnis folgt auch den theoretischen Argumentationen von Abrahamson (1996), Portes (2010), Bonacich (1973), Gold (2006), Light (1987), Light/Gold (2000) sowie Wahlbeck (2007), aber auch den Netzwerktheoretikern, wie Granovetter (1973, 1985, 2005). Diese weisen auf die Wichtigkeit der Wirkung und Funktion ethnischer Ressourcen und ethnischen Kapitals im allgemeinen Integrationsprozess der UnternehmerInnen hin. Dieselben Faktoren der Gruppenkohäsivität und der Netzwerke der Co-Ethnics resultieren auch in sozialer und sozioökonomischer

Mobilität (Upward Mobility; vgl. Portes 2010; Bonacich 1973; Gold 2006; Light 1987; Light/Gold 2000), wobei hier einschränkend argumentiert werden sollte, dass einseitiges soziales Kapital sich ebenso restriktiv auf die MigrantInnencommunitys auswirken kann (Haug/Pointner 2007).

Diese Gruppendynamik nach innen kann auch als ein Indikator für die allgemeine Integrationsfunktion verstanden werden. Es ist davon auszugehen, dass eine Aufrechterhaltung der Kontakte und Netzwerke mit der eigenen Community und die Beibehaltung von kulturellen Charakteristiken für die soziokulturelle Integration als erfolgreich gewertet werden kann, solange auch aufnahmelandspezifisches soziales Kapital und Netzwerke existieren. Das Integrations-/Inklusionsmodell nach Berry (1980) und Berry/Sam (2004/1997) stellt dies dar.

Im Rahmen dieser Funktionen der ethnischen UnternehmerInnen nach innen agieren die Co-Ethnic-Netzwerke auch als Auffangnetze vor drohender Arbeitslosigkeit oder begründen den Nachzug weiterer Familienmitglieder, wie im Fall von DAS 4, dem Chinalokalgründer aus Hongkong, welcher in der Folge beide Brüder nach Österreich holte und bei sich anstellte. Seine Brüder wurden später ebenfalls erfolgreiche Unternehmer. Im Kontext des Zusammenhaltes der asiatischen Community bzw. BetreiberInnen von Chinalokalen in Oberösterreich bestätigte DAS 4 seine Netzwerkaktivitäten mit Co-Ethnics:

> „[…] also ich versuche eben, ja, Kontakt aufzunehmen, mit den anderen auch Meinung auszutauschen, auch Erfahrung auszutauschen." (DAS 4, Hongkong, m)

DEU 1, ein kosovarischer Bauunternehmer, argumentierte, dass seine Angestellten, die er aus dem Kosovo saisonal nach Österreich holt, um im Betrieb (Baugewerbe) zu arbeiten, auch zu seinen Freunden wurden, und reger Kontakt herrsche bzw. sich ein großes Netzwerk der Kosovaren aufgebaut habe.

> „Die Freundschaften dann verkehren mit den Familien auch, auf einen Kaffee oder eben privat. Weil normal durch mich haben sie die anderen kennengelernt und jetzt verkehren sie auch miteinander. Das hilft denen schon. […]" (DEU 1, Kosovo, m)

Auch virtuelle Treffpunkte wurden als gruppenfördernde Initiativen angegeben. EU-NEU 3, eine in der Pflege tätige Rumänin, argumentierte folgendermaßen in Bezug auf Gruppenkohäsion, Beziehung zur eigenen Community und Zusammenhalt:

> „Das ist so, es war eine gute Frage, das ist jetzt im Internet, in Facebook, tun wir reden. Mit meinen Kollegen kann man immer reden und fragen und was. Ja. Dann kann man reden zusammen und fragen, wenn etwas passt nicht oder wenn es nicht tut oder sagen wir, haben Treffen. Ja. Haben wir Arbeit und dann kann man nicht so treffen, aber virtuell kann man schon viel sprechen. Kontakte. Ja. Kommunizieren. Reden über

Arbeit, über Leute, was muss man tun oder eine Medikament oder so etwas fragen. Ja. Information." (EU-NEU 3, Rumänien, f)

7.4.3 Sozioökonomische Integration

Im Bereich der sozioökonomischen Integrationsfunktionen wurde von einigen UnternehmerInnen gefolgert, dass das Ansehen und der Respekt den migrantischen Personen (und ihrer Community) gegenüber durch deren Arbeitstätigkeit und Unabhängigkeit vom Sozialsystem vonseiten der autochthonen Bevölkerung gesteigert werde. Besonders betont wurde, dass Arbeit wichtig sei, da durch sie Beiträge zur österreichischen Wirtschaft geleistet werden, beispielsweise durch Steuerzahlungen. Außerdem werde durch die Schaffung von Arbeitsplätzen ebenso ein sozioökonomischer Beitrag geleistet. Die MigrantInnen waren weiterhin der Ansicht, dass es einen Wert für ÖsterreicherInnen habe, wenn MigrantInnen einen Beruf ausüben. Auch Floeting et al. (2004) argumentieren – in Bezug auf Deutschland –, dass dies einem üblichen Integrationsmuster entspricht.

DAS 3, eine Armenierin, mit einem Iraner verheiratet, die immer wieder unterschiedliche Betriebe gründete und leitete, argumentierte in Bezug auf Wertschätzung folgendermaßen:

> „Weil die Leute oft gelobt haben und gesagt haben: Ja, ihr seid so fleißig und ihr arbeitet und ja. Und das fand ich schon nett. […]
> Genau, ja, die haben gesehen, dass wir fleißig sind und was erreichen [wollen]. Und da haben sie auch oft geäußert ihre Meinung und gelobt, ja. Die haben mehr geschätzt, dass wir, ja, was unternehmen und nicht so einfach sitzen und warten.
> Ja, […] die haben auch immer gelobt, dass, ja, wir so viel geschafft haben und dass wir immer fleißig dabei sind." (DAS 3, Armenien, f)

Manch andere TeilnehmerInnen der Studie waren der Ansicht, dass die Betriebe den jeweiligen MigrantInnen nicht helfen würden, sich besser auf sozioökonomischer oder soziokultureller Ebene zu integrieren, aber dass – im Gegensatz dazu – die Tätigkeit der MigrantInnen den ÖsterreicherInnen sehr helfe, u. a. auf sozioökonomischer Ebene, da es oft Tätigkeiten seien, die die autochthonen Bevölkerungsmitglieder nicht übernehmen wollen. Dies deutet u. a. auf die ergänzungsökonomische Funktion, die Versorgerfunktion im Integrationstyp der Assimilation hin (vgl. Tabelle 14 und 15 Kapitel 5).

DEU 11, ein aus Bosnien stammender Transportunternehmer, äußerte im Interview:

> „Das hilft sehr Österreich. Aus dem Grund, weil Österreicher macht das nicht und aus dem Grund sind die Migranten. Sonst es gibt kein einzige österreichische Unternehmen,

die [...] so was macht. Egal, ob bei oberösterreichische Nachricht oder bei der Krone Zeitung. Da gibt keine[n] Österreich[er], der das macht. Das heißt, also die Leute, also können die sich als bessere Menschen, also besser integriert in diesem Österreich als zuvor, also als, wenn sie nicht arbeiten? Ja, auf jeden Fall, ja. Wenn sie Arbeit haben, fühlen sie viel besser, als wenn sie keine Arbeit haben." (DEU 11, Bosnien, m)

7.5 Finanzieller und sozialer Status – sozioökonomische und soziale Mobilität

Die Möglichkeit des sozialen und sozioökonomischen Aufstiegs von MigrantInnen als Resultat bzw. verknüpft mit unternehmerischen Tätigkeiten wird von den Interviewten als zweischneidiges Schwert dargestellt. Viele der interviewten ethnischen UnternehmerInnen gaben einerseits an, dass ethnische Ökonomien sozialen und sozioökonomischen Aufstieg ermöglichen, aber ebenso viele bedauerten, dass möglicherweise die Erwartungen an die selbstständige Erwerbstätigkeit als Möglichkeit des sozialen oder/und sozioökonomischen Aufstiegs zu hoch angesiedelt sind. Sie gaben an, dass hohe Erwartungen bestanden, aber Enttäuschungen folgten. Insgesamt erkennt man ein buntes Bild an Zufriedenheit, Unzufriedenheit, Überlebensstrategien und sozialem wie auch sozioökonomischem Aufstieg.

21 UnternehmerInnen argumentierten, dass ihre Selbstständigkeit zu keiner Einkommensverbesserung beigetragen habe, davon waren drei Frauen (von 12). Neun weitere Frauen allerdings befanden, dass sich ihr sozioökonomischer Status durch die Selbstständigkeit verbessert habe, u. a. gab allerdings auch eine Mehrzahl der Frauen an, aus Gründen der Einkommensverbesserung überhaupt Betriebe gegründet zu haben. In der EU-ALT-UnternehmerInnengruppe wurde mehrheitlich (sechs von sieben Personen) dokumentiert, dass keine finanzielle Besserstellung erzielt werden konnte, sich die Lebenssituation sogar verschlechtert habe. Dagegen wurde in der EU-NEU-Gruppe, welche die finanzielle Besserstellung mehrheitlich als Gründermotiv artikuliert hatte, subjektiv die unternehmerische Tätigkeit auch tatsächlich als finanzielle und soziale Besserstellung empfunden. Mehrheitlich empfanden afrikanische UnternehmerInnen, dass sich ihre finanzielle Situation durch die unternehmerische Tätigkeit teilweise sogar verschlechtert, jedenfalls nicht verbessert hatte. Die UnternehmerInnen aus den europäischen Drittstaaten gaben mehrheitlich (13) an, sich in durch selbstständige Tätigkeit verbesserter Lebenslage zu befinden.

Vor allem bei den Betrieben, die über das Reaktionsmodell, also aus einer Ökonomie der Not heraus gegründet wurden oder hauptsächlich nach Profit streben, wie bei De Mises (1949/1998) oder Casson (1985, 1990) beschrieben, wurde empfunden, dass sich der sozioökonomische und soziale Status nicht verbessert hatte.

DEU 7, ein Bosnier, der sich aus finanziellen Gründen verselbstständigt hatte, gab an:

> „Und in meinem Fall war es ja ein negatives Erlebnis. Also es hat mir nichts gebracht. [..] Aber langfristig hat es eben nicht funktioniert und die Sorgen sind dann auch immer mehr geworden." (DEU 7, Bosnien, m)

Andererseits äußerten einige der TeilnehmerInnen, welche beides – Gründungsmotive der Not, aber auch der Selbstverwirklichung – artikulierten, dass sich subjektiv empfunden besonders der finanzielle wie auch der soziale Status verbessert haben, dass jedoch die Lebensbedingungen unter den Arbeitsbedingungen der Selbstständigkeit litten.

DAS 3, ein armenisch-iranischer Gastronomiebetrieb, argumentierte im Interview:

> „Ob wir mit diesem Betrieb zufrieden waren? Ja, wir waren schon zufrieden, aber ja, die Bedingungen waren nicht so optimal, weil in der Diskothek war Nachtschicht und Lärm und gesundheitsschädigend und deshalb. Auf Dauer wäre das dann nicht so möglich. […] Aber sonst, ja, hat Vor- und Nachteile." (DAS 3, Armenien, m/Iran, f)

Viele der ethnischen UnternehmerInnen (21) argumentierten entsprechend dem Reaktionsmodell (Ökonomie der Not), dass die Betriebsgründung eine Überlebensstrategie darstellte und keinesfalls den sozialen oder wirtschaftlichen Status der involvierten Personen langfristig anhob. Die Notwendigkeit, sich selbst zu finanzieren, um zu „überleben", war bei vielen der Interviewten der treibende Faktor für die Betriebsgründung und Aufrechterhaltung des Betriebs.

Und EU-ALT 2, ein Künstler aus Deutschland, äußerte im Interview, dass seine Situation eigentlich besser sein könne, vor allem in finanzieller Hinsicht.

> „Meine finanzielle Situation könnte noch besser werden. Ich muss mich schon im Sommer []um […] die Weihnachtsgeschäfte, Aufträge für Firmenveranstaltungen, Weihnachtsfeiern und so weiter [kümmern], dass ich rechtzeitig die Aufträge bekomme." (EU-ALT 2, Deutschland, m)

Ein neueres Phänomen, beschrieben von Bögenhold/Klinglmair (in Bögenhold 2016: 127 ff.), beschäftigt sich mit *hybrider Selbstständigkeit*, d. h. abhängiger Arbeit im Bereich der Blue und White Collar Workers einerseits und unabhängiger Arbeit im Bereich der Selbstständigkeit andererseits. Dieses findet sich nur in wenigen Fällen unter den TeilnehmerInnen dieser Studie, da Bögenhold/Klinglmaier argumentieren, dass die meisten dieser hybriden EntrepreneurInnen hauptsächlich angestellt seien, aber nebenbei eine Art Nebenunternehmen leiteten, ein *Micro Enterprise.*

DEU 16, ein türkischer Gastronom, betreibt als Nebenjob einen Imbiss, um sich finanziell besser zu situieren.

> „Ja, wegen von Imbiss dann ich habe Nebenjob jetzt. Ich kann jetzt Leben, weil wenn […] mein Geschäft jetzt nicht so passt, dann ich haben Nebenjob. Ist überhaupt kein Problem, weil ich arbeiten 40 Stund[en] in andere Firma, ich habe eine Lohn, kann ich leben, wenn Geschäft ist passt oder so dann ist es kein sparen für anderen Sachen."
> (DEU 16, Türkei, m)

Sofern also Unternehmen aus einer Ökonomie der Not heraus gegründet wurden, lässt sich nur eine geringe soziale oder sozioökonomische *Upward Mobility* erkennen, auch die Argumentation, die Portes und Bonacich anwenden, dass Co-Ethnic-Netzwerke Mobilität beeinflussen würden, kann diesbezüglich nicht festgestellt werden. Umgekehrt kam es in dieser Studie häufig vor, dass bei einer Unternehmensgründung aus der Ökonomie der Selbstverwirklichung oder des Wohlstandes heraus (vgl. Bögenhold/Staber 1990) eher nur befriedigende Situationen sowohl im Bereich der Lebensqualität als auch des ökonomischen Status erreicht wurden.

DSAM 1, eine Mexikanerin mit Reinigungsgewerbe, äußerte ihre Überlegung darüber, ob sie das Unternehmertum ad acta legen solle. Dies korreliert mit den Aussagen von Juhász (in Bührmann et al. 2010: 111 ff.; vgl. Kapitel 3), welche besagt, dass besonders Frauen Unternehmen gründen, diese aber häufig wieder aufgeben, wenn sich die damit verbundenen Hoffnungen nicht bereits kurzfristig erfüllen.

> „Ja, genau. Ja, ja. Also dann das letzte Jahr habe ich weniger Häuser gemacht, in der Woche vielleicht drei oder vier. Und dann kann ich merken, dass manchmal es lässt sich nicht. Und eigentlich ich habe schon überlegt, das einfach zu lassen, weil dieses, letzten Quadtrimester habe ich mehr bezahlt, als ich bekommen habe. […]." (DSAM 1, Mexiko, f)

7.6 Die zweite Generation – Betriebserweiterungen

Im Folgenden soll im Mittelpunkt stehen, einerseits wie die TeilnehmerInnen der Studie die Zukunft der gegründeten Betriebe antizipieren und andererseits welche Rolle die zweite Generation für die Zukunft der Ethnic Entrepreneurships einnehmen

Betriebserweiterung

Mit Bezug zu der Möglichkeit, gegründete Betriebe zu vergrößern, strebten die meisten der interviewten UnternehmerInnen keine Betriebsvergrößerung an, sondern waren mit der Betriebsgröße zufrieden. Dieses Argument trat häufig in Verbindung mit der Ökonomie der Not auf. Manche TeilnehmerInnen fanden Gefallen an der Idee der Betriebserweiterung oder hatten diese schon vollzogen, andere waren hier eher zurückhaltend. Der Wunsch, einen Kleinbetrieb zu einem mittelgroßen Betrieb zu vergrößern, entsprach wenigen TeilnehmerInnen (acht). Keiner der EU-UnternehmerInnen strebte eine Erweiterung an, wohingegen drei afrikanische und vier aus europäischen Drittstaaten stammende UnternehmerInnen eine Erweiterung anstrebten. Nur eine Frau konnte sich eine Betriebserweiterung vorstellen. Sieben von diesen Betrieben waren im städtischen Bereich angesiedelt. Die Betriebe, bei denen ein Erweiterungswunsch bestanden hatte, waren in unterschiedlichen Wirtschaftssparten angesiedelt: von Gastronomie über Gewerbe zu Transport. Die meisten der Betriebe, die sich eine Erweiterung vorstellen konnten, hatten aus einer Pull-Reaktion heraus gegründet, also aus Innovationsgründen und nicht aus Not. So argumentierte DAF 5, ein Ägypter mit Computerfirma, für eine Betriebserweiterung folgendermaßen:

> „Yes, we are thinking what is our next step in our company. So we want to enlarge it and to have our own real products. So we want to be more focused in doing our own products than doing services for others." (DAF 5, Ägypten, m)

Viele der TeilnehmerInnen waren mit der Betriebsgröße zufrieden und wollten die bestehenden Strukturen so belassen.

EU-ALT 1, ein Taxiunternehmer, gab im Interview an, dass eine Betriebserweiterung auch Risiken berge, die er nicht eingehen möchte:

> „Ja, natürlich wäre es besser, wenn man vergrößert und einen Partner hat. Also selbst jemanden anstellt, aber es ist auch ein Risiko, weil wenn Sie jemanden erwischen, der nicht zuverlässig ist und dann womöglich Ihren guten Ruf schädigt. Also es ist ein großes Risiko. Ich müsste vor allem jemanden einstellen, der einen zweiten Wagen fährt, den ich wirklich gut kenne und der dementsprechend zuverlässig auch ist, und derzeit wüsste ich hier niemanden, wo ich wirklich das Gefühl habe, das wäre was. Also ja, vielleicht kommt das einmal. Muss ich schauen." (EU-ALT 1, Deutschland, m)

Zweite Generation und Betriebserweiterung

41 der interviewten Personen dieser Studie wiesen einen Erste-Generation-Migrationshintergrund auf, neun stammten aus der zweiten Generation (vgl. Kapitel 6). Nicht nur eine Mehrzahl der StudienteilnehmerInnen entstammte der

ersten Generation, mehrheitlich war erkennbar, dass die erste Generation wenig Sinn darin sah, dass die Kindergeneration die teils etablierten Betriebe in der Zukunft übernehmen sollten. Im Gegenteil, die erste Generation wünschte für ihre Kinder, dass diese studieren und in der Folge in Angestelltenverhältnissen arbeiten. In einem solchen Lebensplan sahen die MigrantInnen erster Generation bessere Lebensbedingungen für die zweite Generation. Dies entspricht dem klassischen Modell von Gold et al. (2006; vgl. Kapitel 3), in dem beschrieben wird, dass viele der zweiten Generation, also die Kinder der Selbstständigen der ersten Generation, Universitätsabschlüsse erwerben würden, sprachlich assimiliert seien und sich besser an die Mehrheitsgesellschaft anpassen würden, aber zugleich auch aufgrund dieser Assimilation an die Mehrheitsgesellschaft Netzwerke mit Co-Ethnics sowie in der Folge ethnisches und soziales Kapital verlieren würden – ein wichtiger Faktor des Erfolgs von EE (vgl. Gold et al. 2006), aber auch ein zweischneidiges Schwert, wie von Haug/Pointner (2007) dargelegt.

Eine Mehrzahl der Betriebe, die als Ökonomie aus der Not heraus gegründet wurden, wollten für ihre Kinder andere Laufbahnen als die eigenen, am liebsten ein Studium oder Anstellungsverhältnis, wie es auch Gold et al. (2006) in ihrem klassischen Modell beschreiben. Wenige (sechs Betriebe) wiederum beschäftigten ihre Kinder oft in einer zweiten Erwerbstätigkeit als hybride UnternehmerInnen (vgl. Bögenhold/Klinglmaier 2016) im elterlichen Betrieb, mit der Hoffnung, dass die Kindergeneration den Betrieb übernehmen würde, oder die Kinder waren bereits dabei, den Betrieb zu übernehmen. Auffällig war, dass manche UnternehmerInnen wünschten, dass ihre Kinder den Betrieb später übernehmen würden bzw. dass diese bereits in Angestelltenverhältnissen im elterlichen Betrieb tätig waren: Vier der sechs Betriebe mit diesem Wunsch wurden von Frauen gegründet und geleitet. Alle Betriebe waren im städtischen Bereich angesiedelt.

DAS 5, ein südkoreanischer Gastronom, glaubt, dass seine Kinder lieber studieren sollten:

„Ja, ich muss genau schauen natürlich, mein Kind, zwei Kinder, eine ist schon, ich gut studieren, dann gute Job bekommen, unbedingt nichts mein Sohn. Na, das ist […] keine Frage, weil diese letzte Frage ist, das ist, kommt darauf an, wenn Kinder gute Job bekommen, so wie eine Arzt oder irgendwas, ja, Gutes zu bekommen, dann diese Unternehmen nicht übernehmen." (DAS 5, Südkorea, m)

Auch DEU 16, ein türkischer Unternehmer im Baugewerbe, sieht dies ähnlich und möchte, dass die Kinder über Bildung bessere Chancen erzielen:

„Nein, besser nein, besser ist Schule." (DEU 16, Türkei, m)

DEU 15, ein kurdisch-türkischer Bauunternehmer, ist auch der Ansicht, dass seine Kinder einen anderen Beruf ergreifen sollten:

> „Kinder? Nein. Zukunft. Heutige Kinder wollen nicht so schwere Arbeit machen. Zum Beispiel meine Kinder studieren schon Soziologie und andere Architektur. Nein. [...] Ja, sowieso! Viel, viel besser. Sie haben wirklich ganz bessere Möglichkeiten, ja." (DEU 15, Türkei, m)

Eine Aversion gegenüber der Übernahme des Betriebes durch die Kinder wurde im Interview mit DAS 8, einem georgischen Transportunternehmer, ebenso ersichtlich:

> „[...] Ach so, das weiß ich nicht, was macht meine Kinder. [...] Nein, das will ich nicht[, dass sie meinen Betrieb übernehmen]. Nein." (DAS 8, Georgien, m)

EU-ALT 3, ein britischer Unternehmer, erklärte, dass seine Kinder ganz andere Tätigkeiten ausüben:

> „Nein, das kann ich nicht, weil die [Kinder] machen ganz andere Sachen." (EU-ALT 3, UK, m)

EU-NEU 3, eine rumänische Pflegekraft, argumentierte ebenfalls, dass die Tochter bereits eine andere Laufbahn eingeschlagen habe:

> „Wirtschaftswissenschaften hat sie studiert im Heimatland. [...] Hat studiert im Heimatland und jetzt möchte sie da arbeiten. Aber Wirtschaftswissenschaft und nicht in Betreuung." (EU-NEU 3, Rumänien, f)

Natürlich gab es auch unter der ersten Generation einige, aber wenige Betriebe, die von den Kindern übernommen wurden. Oft war dies allerdings in Kombination mit Angestelltentätigkeiten der eigenen Kinder im elterlichen Betrieb einhergehend – der Betrieb stellte dann also ein zweites wirtschaftliches Standbein dar. DEU 10, eine Bosnierin, die eine Sprachfirma leitet:

> „Meine Tochter arbeitet auch da. Sie ist extra aus Wien nach Linz gezogen [...]. Sie hat früher in St. Pölten gearbeitet, weil an diesem Standort sie war dort Filialleiterin. Und wir haben dann doch so überlegt, dass wenn sie nach Linz kommt, dann kann sie hier später die Firma ganz übernehmen." (DEU 10, Bosnien, f)

DEU 2, ein Bosnier mit Gastronomiebetrieb, der selbst bereits in der zweiten Generation den Betrieb seiner Eltern als zweites Standbein leitet und somit auch in die Kategorie der hybriden UnternehmerInnen (vgl. Bögenhold/Klinglmaier 2016) bzw. in das *Transnational Second Generation Model* (Gold et al. 2006) fällt, sieht die Zukunft folgendermaßen.

> „Das Ganze seit 1995 und seit 1999 haben wir diese zwei Filialen oben noch eröffnet. Und wir wollen da auch ein bisschen da jetzt expandieren. Wir wollen aber mit dem

Betrieb, sagen wir mal so, übersiedeln. Den werden wir wahrscheinlich schließen beziehungsweise abgeben, falls sich wer seriöser finden sollte, aber ansonsten haben wir vor, dass wir dann drüben, ja was weiß ich, drüben weiterarbeiten." (DEU 2, Bosnien, m)

7.7 Wertschätzung/Diskriminierung

Im Bereich der Diskriminierung oder Wertschätzung, welche auch als Indikatoren für Integrationsmechanismen dienen können (vgl. Floeting et al. 2004), gab es einerseits sehr viele der StudienteilnehmerInnen, die überhaupt keine Erfahrung mit Diskriminierung gemacht haben, andererseits wenige TeilnehmerInnen, die im Rahmen ihrer Tätigkeit bereits auf Diskriminierung gestoßen sind.

Im Bereich der Wertschätzung argumentierte beispielsweise DAF 4, ein Kongolese mit Kunstgewerbe, dass er durch die unternehmerische Tätigkeit durchaus Wertschätzung erfahren habe und dadurch auch Netzwerke mit der Mehrheitsgesellschaft entstanden seien:

„Ja, ich habe so viele Österreichfreunde und dann die mögen, was ich mache. Also, manchmal wir produzieren Lieder von [...] Englisch oder so was, aber die versuchen, bisschen zu verstehen, aber Studioqualität oder Video gefällt die Leute und egal, wenn wir, also Events organisiert, wir spielen alle Musik und das gefällt auch die Leute. [...]" (DAF 4, Kongo, m)

Keine Wertschätzung

Aber es gab auch einige StudienteilnehmerInnen, die keine Wertschätzung ihrer Person oder Tätigkeit durch die autochthone Bevölkerung feststellen konnten bzw. es so empfanden. Dies war häufiger in Betrieben, die aus der Ökonomie der Not heraus gegründet wurden.

EU-NEU 4, ein kroatischer Unternehmer, ist generell im Interview der Ansicht gewesen, dass Unternehmertum wenig geschätzt werde, dies aber nicht mit MigrantInnen zu tun habe.

„In unserer Gesellschaft zählt der Unternehmer wenig. Er wird als Feindbild produziert und angesehen und projiziert. Ob ich mich deswegen weniger geschätzt fühle? Mir ist es wichtig, dass mich meine Mitarbeiter schätzen, dass ich meine Mitarbeiter schätze. Was der Rest der Welt mit uns macht oder denkt, ist mir ziemlich egal." (EU-NEU 4, Kroatien, m)

Diskriminierung

Eine Mehrzahl der Befragten gab an, keine Diskriminierungen erlebt zu haben. Manche (zehn) haben bereits Diskriminierung erfahren, wobei zwei davon aus den EU-Staaten stammten, drei von 17 aus europäischen Drittstaaten, zwei von acht aus Asien und drei von sieben aus Afrika. Diese Erfahrungen scheinen auch branchenabhängig zu sein, denn die meisten der zehn UnternehmerInnen waren entweder im Transport oder in der Gastronomie tätig. Zwei der Betriebe befanden sich im ländlichen Raum. Vier (von zwölf) Personen waren Frauen. Ein Drittel der Unternehmerinnen fühlte sich diskriminiert, wohingegen weit weniger, nur ein Sechstel der Unternehmer, Diskriminierung verspürten.

DEU 16, ein türkischer Gastronom, argumentierte, dass es wenig Respekt gegenüber MigrantInnen gebe:

> „Viele Leute gibt es [...] Respekt vor Ausländern. Viele ist keine Respekt. Manchmal gibt es solche schlimme Leute, es auch gibt es. Weil du bist Ausländer, das Problem des Kunden auch gibt es. Sonst ist alles [...] okay. Aber manchmal gibt es, das gibt es auch.
> Haben viele Jugendliche keine Respekt. Trotzdem nicht, keine Respekt." (DEU 16, Türkei, m)

7.8 Transnationale Entrepreneurship und Refugee Entrepreneurship

Refugee Entrepreneurship bzw. Unternehmensgründungen durch (ehemalige) Flüchtlinge wurden bereits in 7.1.1 erfasst. Andererseits gibt es transnationale Tendenzen und Verbindungen durchaus in manchen der an der Studie teilnehmenden Unternehmen. Auch Gold et al. (2006) argumentieren, wenn in der zweiten Generation Unternehmen weitergeführt werden, diese häufig auf transnationaler Ebene erweitert würden. Hier entwickele die zweite Generation durch Innovationsgeist transnationale Modelle der Selbstständigkeit und vergrößere das Unternehmen zwischen dem Herkunftsland und dem Aufnahmeland der Eltern (vgl. ibid.). Levitt und Waters (2002) wie auch Levitt et al. (2003) bestätigen die erhöhte Aktivität der zweiten Generation der MigrantInnen in transnationalen Entrepreneurships.

DAF 5 berichtete über die transnationalen Verbindungen seines Betriebs:

> „Actually, now we have a company here in Austria and it's three people; me and my partner and someone who is helping us for doing sales and we have another company in Egypt which is doing the development itself. So we have here a company in Austria which is doing some development and more or less it's getting the projects from the Austrian market and to support the clients. And we are doing the actual development I our branch in Egypt." (DAF 5, Ägypten, m)

Auch der Bereich des transnationalen Baugewerbes wird vielfach in der Literatur erwähnt. Landolt (1999; 2000; 2001) und Landolt/Autler/Baires (1999: 296 in

Portes/Haller/Guarnizo 2002: 279) argumentieren, dass das Baugewerbe transnational geworden sei, weil es auf globaler Ebene von ImmigrantInnen abhänge. Baufirmen werben, wie auch im Fall des Kosovaren DEU 1, vor allem MigrantInnen an. Die MitarbeiterInnen von DEU 1, die hauptsächlich saisonal gebraucht werden, werden aus dem Kosovo für die Saison geholt.

> „Bis September, Oktober, dann ist doppelt und dreifach zu arbeiten. Die Leute, [die angestellt sind] … die kommen auch vom Kosovo herauf." (DEU 1, Kosovo, m)

8. Conclusio

2017 hatten 15,3 % der in Österreich Ansässigen keine österreichische Staatsbürgerschaft, Personen mit Migrationshintergrund wiesen hingegen einen Anteil von 22,1 % im Jahr 2016 auf. Diese Dimension des Migrationsanteils an der Bevölkerung Österreichs bewirkt(e) Veränderungen, besonders auch am österreichischen Arbeitsmarkt, sowohl im selbstständigen als auch unselbstständigen erwerbstätigen Bereich. Vor diesem Hintergrund setzte sich diese Studie zum Ziel, Ethnic Entrepreneurship und dessen Facetten in Österreich und besonders Oberösterreich aus unterschiedlichen Blickwinkeln umfassend zu betrachten. Ziel war also, erstens ein Mapping vorzustellen, welches das Erstellen einer statistischen Landkarte der Ethnic Entrepreneurship in Österreich und Oberösterreich umfasste, und zweitens die sozioökonomischen und soziokulturellen Dimensionen wie auch Wirkungsweisen der ethnischen UnternehmerInnen anhand einer qualitativen Studie mit 50 TeilnehmerInnen aus Oberösterreich zu identifizieren.

Die Erfassung der statistischen Daten (auf Forschungsebene 1) wurde durch eine Auswertung der Volkszählungsdaten 2011, der Mikrozensusdaten seit 1995, Eurostat-Daten seit 1995 sowie der Erhebungen durch die Wirtschaftskammer Oberösterreichs (WKOÖ) 2003 und 2016 auf sozioökonomischer Basis sowie mit Blick auf die Erwerbstätigkeit der MigrantInnen und auch im Vergleich zur Mehrheitsgesellschaft (sortiert nach Bildungsgrad und Position auf dem Arbeitsmarkt, Geschlecht, Alter und Herkunft) erstellt. Die Forschungsebene 2 implementierte eine qualitative Datenerhebung, beruhend auf leitfadengestützten Interviews mit ethnischen UnternehmerInnen. Dabei wurden 50 selbstständige UnternehmerInnen mit Migrationshintergrund von Klein- und Mittelbetrieben im Raum Oberösterreich interviewt und jeder der TeilnehmerInnen füllte zusätzlich einen Fragebogen aus, der soziodemografische Daten und Hintergründe zur Betriebsstruktur erhob. Die 50 TeilnehmerInnen wiesen eine unterschiedliche Herkunft auf, z. B. stammten sie aus den EU-14- und EU-13-Staaten, aus Drittstaaten Europas oder waren afrikanischer, asiatischer wie auch lateinamerikanischer Herkunft. Die interviewten UnternehmerInnen waren in unterschiedlichen Wirtschaftssparten tätig und wurden über Convenience Sampling, Opportunity Sampling und Snowball Sampling sowie unter Einsatz von Gatekeepern ausgewählt. Die Daten wurden anschließend auf Basis der qualitativen Inhaltsanalyse nach Mayring (1990/2016; Kuckartz 2016) unter Teilquantifizierung nach Padgett (1998) mithilfe der computergestützten qualitativen Software NVivo ausgewertet (vgl. Kapitel 6).

Im Rahmen des Mappings zu Ethnic Entrepreneurship zeigte sich, dass Österreich 2016 im EU-Vergleich ähnlich viele Selbstständige hatte wie andere EU-Mitgliedsstaaten auch. So lag in Österreich die Selbstständigenquote inklusive des Bereichs der Land- und Forstwirtschaft bei 11,4 % (vgl. Eurostat 2016, WKO 2017), in den EU-28-Staaten bei 14,9 %, ohne Landwirtschaft sogar bei 13,1 % (vgl. ibid.). Insgesamt waren 13,7 % der ausländischen Erwerbstätigen selbstständig tätig, während es nur 11,5 % bei den Autochthonen waren (vgl. Biffl 2016). Die meisten in Österreich ansässigen Selbstständigen ohne österreichische Staatsbürgerschaft stammten 2003 aus den EU-14-Staaten (45 %), 23 % kam aus den EU-13- bzw. Neu-EU-Staaten, 21 % aus Drittstaaten Europas, wie Bosnien und Herzegowina oder aus der Türkei, 5 % aus Asien und lediglich 2 % aus Afrika (WKO 2016a; Aigner 2017b). Im Jahr 2016 verschob sich dieses Verhältnis dahingehend, dass die größte selbstständige Gruppe ohne österreichische Staatsbürgerschaft von MigrantInnen der EU-13-Staaten gestellt wurde (WKO2017). Diese machten 39 % aus, gefolgt von den EU-15-Staaten mit 31 % und einem etwa gleichgebliebenen Anteil aus den europäischen Drittstaaten. Der Anstieg um 16 Prozentpunkte bei den Selbstständigen aus den EU-13-Staaten kann u. a. auf die verstärkten Migrationsströme aus den EU-13-Staaten nach Österreich als Resultat der EU-Osterweiterung und den Regelungen zur Arbeitnehmerfreizügigkeit zurückgeführt werden, auch Fälle der Scheinselbstständigkeit (vgl. Kapitel 2) müssen hier berücksichtigt werden. In Oberösterreich lag die Verteilung der Selbstständigen 2003 und 2016 ähnlich wie in Gesamtösterreich.

Die Auswertung der Daten im Bereich der selbstständigen Erwerbstätigen zeigt – im Kontext von Faktoren wie Bildung, Alter und Geschlecht –, dass im Jahr 2017 ethnische UnternehmerInnen (34 %) in Österreich häufiger einen Universitäts- oder Fachhochschulabschluss besaßen als autochthone Selbstständige (23 %) und daher einen hohen Bildungsgrad offenbarten (vgl. Statistik Austria 2018). Betrachtet man diese Tatsache unter Einbeziehung des Reaktionsmodells, scheint es, dass Unternehmensgründungen von MigrantInnen zu einem Großteil aus einem Fluchtverhalten vor Dequalifizierungen am Arbeitsmarkt, damit drohender Arbeitslosigkeit oder einem drohenden Abrutschen ins Niedriglohnsegment (trotz hohem Bildungsgrad) resultieren sowie Dequalifizierungsdynamiken Unternehmensgründungen beeinflussen (ibid.).

Im Bereich der Altersstruktur war auffällig, dass 2017 vor allem die 25- bis 34-Jährigen und auch die 35- bis 44-Jährigen mit Migrationshintergrund eine höhere Selbstständigenrate (19 % und 31 %) als die Autochthonen jener

Altersgruppen (11 % und 23 %) aufwiesen (vgl. Statistik Austria 2018). Auch hier können unter Umständen Dynamiken am Arbeitsmarkt (auf Basis des Reaktionsmodells) erläutern, dass jüngere Personen mit Migrationshintergrund am Arbeitsmarkt Benachteiligungen ausgesetzt sind, worauf mit einer Flucht in die Selbstständigkeit geantwortet wird. Biffl (2010) argumentiert diesbezüglich, dass junge ZuwanderInnen häufiger als ÖsterreicherInnen ohne Migrationshintergrund am Arbeitsmarkt in die Arbeitslosigkeit, oft aufgrund mangelnder Ausbildung, abrutschen würden.

Das Genderverhältnis im Jahr 2017 bei selbstständig Erwerbstätigen mit Migrationshintergrund in Österreich war unausgeglichen im Vergleich zu unselbstständigen Erwerbstätigen: 62 % der Selbstständigen waren Männer, 38 % Frauen; bei den Unselbstständigen waren es 52 % Männer und 48 % Frauen. Das Genderverhältnis von selbstständigen Erwerbstätigen ohne Migrationshintergrund war ähnlich: 65 % männlich und 35 % weiblich. Im unselbstständigen Bereich umfassten in der autochthonen Bevölkerung dies wiederum 51 % Männer und 49 % Frauen; bei Personen mit Migrationshintergrund 52 % Männer sowie 48 % Frauen (vgl. Statistik Austria 2018). Geht man allerdings von Staatsbürgerschaftszugehörigkeit und nicht vom Migrationshintergrund aus, gilt für 2017 anzumerken, dass die Genderverhältnisse der Selbstständigen zwischen EU-Staaten und Drittstaaten sehr unterschiedlich waren. Unter den aus den EU-14- als auch den EU-13-Staaten Stammenden lag der Anteil an männlichen UnternehmerInnen bei 56 % und der der Frauen bei 44 % (ibid.). Bei den aus den Drittstaaten Stammenden insgesamt war der Anteil 66 % männlich versus 34 % weiblich (vgl. Statistik Austria 2018), wobei vor allem bei den TürkInnen 73 % Männer und 27 % Frauen selbstständig waren (ibid.). Kohlbacher/Fassmann (2011) argumentieren, dass in Drittstaatengruppen, vor allem mit islamischem Hintergrund, eine Karriere als UnternehmerIn traditionell mit Männern, aber nicht mit Frauen assoziiert werde. Auch Biffl (2010) hält fest, dass türkische Frauen in Österreich eine Erwerbsquote von 39 %, Österreicherinnen ohne Migrationshintergrund hingegen eine Quote von 66 % vorweisen. Allerdings argumentiert Biffl (2010) im Gegensatz zu Fassmann, dass Religion wenig Einfluss auf die Entscheidung der Frauen, zu Hause bleiben zu wollen, habe. Vordergründig seien aber Traditionen, Lebensmuster und Rollenbilder Einflussfaktoren für solche Entscheidungen (ibid.). Während türkische Frauen wegen der starken familiären Bindung und Absicherung seltener erwerbstätig seien, integrierten sich beispielsweise die muslimischen Bosnierinnen wegen der kommunistischen Geschichte stark am Arbeitsmarkt (ibid.).

Auf Ebene der Branchenverteilung waren die meisten der Selbstständigen mit Migrationshintergrund 2015 in Österreich in der Sparte Gewerbe und Handwerk (40 %) tätig (vgl. WKO 2016a; Aigner 2017b). Danach folgten Handel (23 %), Information/Consulting (15 %), Tourismus/Freizeitwirtschaft (13 %) und zuletzt Transport und Verkehr (9 %) (ibid.). In Oberösterreich sah die Branchenverteilung ähnlich aus, wobei im Vergleich zur nationalen Verteilung nicht-österreichische Selbstständige im Bereich Transport und Verkehr zu 12 % und im Gewerbe zu 37 % tätig waren. Im Handel dagegen waren 5 % mehr beschäftigt (28 %), im Bereich Information/Consulting 6 % (ibid.).

Ebenso war festzustellen, dass sich in den ethnischen Ökonomien mehrheitlich die Bevölkerungsstruktur der Personen ohne österreichische Staatsangehörigkeit widerspiegelte. Ausnahmen bildeten ÄgypterInnen, InderInnen und Pakistanis, die in Relation zu ihren geringen Bevölkerungsanteilen besonders hohe Selbstständigenquoten hatten oder, wie im Fall der TürkInnen, einen überaus starken Zuwachs an Unternehmensgründungen aufwiesen (Aigner 2017b). Umgekehrt gab es im Vergleich zur Bevölkerungsstruktur aber auch überraschend wenige Unternehmensaktivitäten von SomalierInnen, Personen aus der Dominikanischen Republik oder aus Serbien (ibid.). In diesen Fällen könnten die Gründungsaktivitäten von ethnischen Ökonomien unter anderem als Reaktion auf die Arbeitslosigkeit bzw. als Fluchtverhalten vor drohender Arbeitslosigkeit verstanden werden (ibid.). Zum Beispiel war die Arbeitslosenquote bei TürkInnen 2016 überdurchschnittlich hoch, was möglicherweise zu einer gesteigerten Gründungsaktivität führte (ibid.). Haberfellner et al. (2000: 105) leiten die relativ hohe Selbstständigenquote bei den TürkInnen vor allem von verschärften Konkurrenzbedingungen ab. Dyer/Ross (2007 in Kohlbacher/Fassmann 2011) befinden mit Bezug zu türkischen UnternehmerInnen, dass diese sich insbesondere aus Gründen des sozialen Aufstiegs verselbstständigten.

Zuletzt waren die ethnischen Ökonomien in der Sparte der Personenbetreuung und Pflegetätigkeit auffällig häufig vertreten, hier vor allem von Personen aus den Neu-EU-Staaten. Ergänzungsökonomien könnten, wie im Modell des segmentierten Arbeitsmarktes (nach Piore 1979 und Sassen 1991), hier für die hohe Beteiligung ausschlaggebend sein (ibid.). Kohlbacher/Fassmanns (2011) konstatieren, dass viele der UnternehmerInnen aus den Neu-EU-Staaten stammend aus der Not heraus gegründet haben, besonders im Kontext von Ein-Mann-Betrieben, Frauen im Reinigungsgewerbe und Männer im Baugewerbe.

Auf theoretischer Ebene wurden vor allem die wirtschaftssoziologischen und migrationssoziologischen Hintergründe zu Ethnic Entrepreneurship vorgestellt.

Die Entstehung teilweise kontroversieller Definitionen zu ethnischen Ökonomien wurde diskutiert. Darüber hinaus wurden die unterschiedlichen nationalen und internationalen Ansätze der Ethnic-Entrepreneurship-Forschung historisch dargestellt, diskutiert und in einem theoretischen Rahmen situiert. Besonders das *Reaktionsmodell* (Bögenhold/Staber 1994; Bögenhold 1999; Floeting et al. 2004, Waldinger et al. 2006/1990; vgl. Aigner 2012, 2017b), das *Nischenmodell* (Barth 1969; Blaschke/Ersöz 1987; vgl. Aigner 2012, 2017b), das *Kulturmodell* (Weber 1978; Floeting et al. 2004; Waldinger et al. 2006/1990; vgl. Aigner 2012, 2017b) und das *Interaktionsmodell* (Uzzi 1996; White 2002; Granovetter 2005; Waldinger et al. 2006/1990; Enzenhofer et al. 2007; vgl. Aigner 2012, 2017b) wurden eingehend behandelt und erwiesen sich im Kontext der in Österreich ansässigen ethnischen Ökonomien zur Interpretation von empirischen Daten als essenziell. Bestehende wissenschaftliche Studien zu Ethnic Entrepreneurship in Zusammenhang mit sozialer Mobilität und Netzwerken (Ethnic Ressources und ethnisches Kapital), die argumentieren, dass enge Co-Ethnic-Netzwerke zu Wirtschaftserfolg und einer Erfolgsstraße/Avenue of Success für soziale und sozioökonomische Mobilität führen (vgl. Portes 1987, 1995, 2010; Portes/ Manning 1986; Portes/Jensen 1989, 1992; Portes/Sensenbrenner 1993; Portes/ Zhou 1996; Bonacich 1973, 1976, 1993; Bonacich/Modell 1980; Rath 2002; Kloosterman/Rath 2003), wurden eingehend betrachtet. Ethnic Entrepreneurship und Geschlecht oder Schicht (vgl. Panayiotopoulos 2006; Bührmann et al. 2010; Light 2007; Gold 2008) bzw. Ethnic Entrepreneurship und urbane Räume (vgl. Hillman 2011a/b; Sassen 1984, 1991a/b, 1999, 2000, 2007a/b) wurden ebenso beleuchtet.

Zeitgenössisch hat sich das Profil der ethnischen UnternehmerInnen gänzlich gewandelt und neue wissenschaftliche Themen der Ethnic-Entrepreneurship-Forschung rücken somit in den Vordergrund. Heute stammen ethnische UnternehmerInnen oft aus einem höheren Bildungssegment und sind nicht mehr auf die niedrigen Marktsegmente beschränkt (vgl. Kloostermann/Rath 2001). Sie erhalten daher Zugang zu attraktiven, expandierenden Märkten und fühlen sich von diesen Möglichkeiten angezogen. In diesem Zusammenhang können die Rolle des Silicon Valleys und die der UnternehmerInnen aus China und Indien genannt werden. Saxenian (1999, 2006) weist auf die Rolle der neuen Entrepreneure/-innen in Zusammenhang mit dem Silicon Valley und auf transnationales Entrepreneurship hin. In diesem Kontext sind auch neuere Studien zu Refugee und transnationalem Ethnic Entrepreneurship von Bedeutung, welche einen immer stärker anwachsenden Trend der sozialwissenschaftlichen Forschung darstellen. Neuere Literatur beschäftigt sich daher mit Konzepten zu transnationalen ethnischen Ökonomien (z. B. Landolt 2000, 2001; Landolt/ Autler/Baires 1999; Portes/Guarnizo/Landolt 1999; Portes/Haller/Guarnizo 2002; Drori et al. 2006; Miera 2008; Drori et al. 2009; Chen/Tan 2009; Honig et al. 2010; Bagwell 2008, 2015; Zhou/Liu 2015; Ratten 2017). Auch der Begriff *Refugee Entrepreneurship*, wie ihn beispielsweise Gold (1992), Fuller-Love (2006) oder Wauters/Lambrecht (2006, 2008) einführen, ist ein neuerer Trend der Ethnic-Entrepreneurship-Forschung. Hierauf wurde in der empirischen Analyse dieses Projektes ebenso eingegangen.

Besonderes Interesse entstand in der Wissenschaft, vor allem im angloamerikanischen Raum, an der zweiten Generation und deren Weiterführung der elterlichen Betriebe. Gold et al. (2006) argumentieren diesbezüglich, dass tendenziell die zweite Generation mit Migrationshintergrund aufgrund von besserer Bildung und bereits erfolgter Assimilation an die Aufnahmegesellschaft nur selten in die Fußstapfen ihrer Elterngeneration treten sowie oftmals sozialen Aufstieg erfahren und in Angestelltenbereichen wiederzufinden sind. Das dokumentieren auch die statistischen Daten zu Österreich. Gold et al. (2006) entwerfen in der Folge das klassische Modell der zweiten Generation (*classical Modell of Second-Generation Starters*). Die Kinder der Selbstständigen der ersten Generation erwerben demnach Universitätsabschlüsse, assimilieren sich sprachlich und passen sich auch in ihren Verhaltensmustern an die Aufnahmegesellschaft an. Dadurch bedingt verlieren sie jedoch auch Netzwerke zu Co-Ethnics und damit ethnisches Kapital, ein wichtiger Faktor des Erfolgs von ethnischen Ökonomien (vgl. ibid.). Weiter halten Gold et al. (2006) fest, dass transnationales Entrepreneurship in der zweiten migrantischen Generation häufiger auftrete als in der Elterngeneration und somit die zweite Generation ein transnationales Bindeglied zwischen Herkunft- und Aufnahmegesellschaft auch auf ökonomischer Ebene darstellen könne (vgl. Kapitel 3).

Die Einbettung von Ethnic Entrepreneurship als Bestandteil der unterschiedlichen Facetten von Unternehmertum erfolgte in dieser Studie unter Einbezug von wirtschaftssoziologischen Erkenntnissen unter der Verwendung von klassischen und zeitgenössischen Theoretikern, wie in Kapiel 4 dargelegt.

Wirtschaftssoziologische Ansätze, besonders die von Bögenhold/Staber (1990) oder Bögenhold (1985), erweitern das Reaktionsmodell, welches sich auf Gründungsaktivitäten als Reaktion auf mangelhafte Eingliederung der MigrantInnen in den lokalen Arbeitsmarkt (vgl. Floeting et al. 2004) bezieht, um die sogenannte Push- und Pull-Dynamik, womit nicht mehr ausschließlich eine Push-Reaktion, wie ursprünglich beschrieben, angesprochen, sondern auch eine Reaktion im Sinne der Selbstverwirklichung einbezogen wird.

Bögenhold/Staber (1990: 274) und Bögenhold (1985: 246) erklären, dass migrantische selbstständige Erwerbstätigkeit demnach entweder durch Pull-Faktoren (Ökonomie der Selbstverwirklichung/des Wohlstandes) oder Push-Faktoren (Ökonomie der Not/der Armut = Fluchtverhalten) entstehe (vgl. von Wins in Lang 2004: 44; Corsten 2002: 11 ff.). Auch Aubry et al. (2015) definieren, angelehnt an den Push-/Pull-Ansatz, dass entweder der sogenannte Refugee-Effekt in der Unternehmensgründung eine Rolle spiele (Fluchtverhalten/Ökonomie der Not) oder der Pull-Effekt (auch beschrieben als Schumpeter-Effekt, welcher Selbstverwirklichung und Wohlstand betont). Im Bereich der Ökonomie der Not, der Flucht vor Dequalifizierungsdynamiken am Arbeitsmarkt oder vor drohender Arbeitslosigkeit, können Gründungsmotivationen von Unternehmen vor allem mit klassischen Theoretikern assoziiert werden, die rationales Handeln und Profitmaximierung als essenzielle Bestandteile von Unternehmertum verstehen. Hierzu zählt De Mises (1949/1998), der argumentiert, dass das Interesse an Profit ein Hauptbreiber der Unternehmensgründung und der folgenden Produktinnovation sei. Auch Knights *Risktaker* (1921) hat in seinem Unternehmertum eine gewisse Achtsamkeit oder Wachsamkeit in Bezug auf die Möglichkeiten des Profits inne; er versuche, Profitmöglichkeiten zu finden – auch dieser Ansatz kann mit dem Modell assoziiert werden. Damit helfe der Unternehmer also, ein Equilibrium am Markt zu generieren, indem er diese Möglichkeiten nutzt. Oder, wie Casson (1983, 1985, 1990) konstatiert, dass der/die EntrepreneurIn das Ziel der Gewinnmaximierung als rationale Handlungsgrundlage verfolgt. Durch seine/ihre Ausgleichs- und Überbrückungsfunktion führt der/die UnternehmerIn nach Casson (1983, 1985, 1990) Gleichgewichte herbei und wird so zum wichtigen Element des Marktpreissystems. Andererseits können auch Ergänzungsökonomien bzw. Nischen im globalen segmentierten Arbeitsmarkt sowie Produktinnovation diesbezüglich assoziiert werden. Auf globale Arbeitsmärkte übertragen, kommen hier die Theorien Sassens zu Global Cities (1984, 1991a/b, 1996, 2006, 2007a/b) und auch Piores (1979) Theorien zum dualen Arbeitsmarkt bzw. zum segmentierten Arbeitsmarkt zum Tragen, laut denen im Niedriglohnsegment Arbeitskräftemangel entstehe, der durch die Orientierung der autochthonen Bevölkerung an höheren Lohngruppen verursacht und häufig von MigrantInnen gefüllt werde. Vor allem Unternehmensgründungen und Selbstständigkeit von MigrantInnen in den Wirtschaftssparten Transport, Pflege und Reinigung (vgl. Harris/Todaro 1971) fallen in diesen Bereich (vgl. Aigner 2017b). Einerseits wird in diesen Sparten eine Ökonomie aus der Not heraus gegründet, andererseits steht zwangsläufig Profitmaximierung bei diesen Gründungen durch MigrantInnen im Vordergrund.

Gleichwohl ist Produktinnovation ein ebenso bedeutendes Element des Unternehmertums, aber im Besonderen mit der Ökonomie der Selbstverwirklichung zu assoziieren. Diese wird vor allem mit den Theoretikern, die dem/ der EntrepreneurIn die grundlegende Rolle – in simplifizierter Form – des/ der Produktinnovators/-in zuschreiben, in Verbindung gebracht. Hierzu zählen Marshalls *kreativer Innovator* (1890/1989), Kirzners *Innovator* (1973, 1978, 1979, 1988/1979, 2008), Hayeks *neugieriger Entdecker* (1945/1972), aber auch Schumpeters *schöpferischer Zerstörer* (1926/1911, 191939, 1950/1942, 2008, 2017).

Schumpeter (1934, Reprint 1961: 93; Schumpeter 2017: 24) erörtert drei Motivationen für die Gründung von Unternehmertum: (1) Selbstbestimmung (*private Kingdom*), (2) Produktinnovation (*the Joy of Creating*) und (3) Risikofreude (*the Will to Conquer*), welche besonders im Bereich der Ökonomie der Selbstverwirklichung zum Tragen kommen. Alte Strukturen werden durch den *schöpferischen Zerstörer*, den/die UnternehmerIn, und dessen Produktinnovationen für industrielle Dynamik und langfristiges Wirtschaftswachstum verantwortlich sein (vgl. Schumpeter 1926/1911, 1939, 1950/1942, 2008, 2017).

Auch Produktinnovation nach Marshall (1890/1989) oder Kirzner (1973, 1978, 1979, 1988/1979, 2008), die in der Ökonomie der Selbstverwirklichung ebenfalls auftritt, kann diesem Modell zugeschrieben werden. Produktinnovation und Profitmaximierung können auch als Teil des Nischenmodells verstanden werden. Einerseits geht das Modell ursprünglich, im ersten Stadium, von einer räumlichen ethnischen Enklave aus und ist diesbezüglich auch an Barths (1963) Theorien angelehnt. In einem ersten Stadium werden Bedürfnissen der eigenen Co-Ethnics durch den Vertrieb von ethnischkulturellen Produkten oder Dienstleistungen Rechnung getragen, wohingegen in einem weiteren Expansionsschritt die Produkte oder Dienstleistungen auf KundInnen der Mehrheitsgesellschaft, teilweise durch Produktinnovation, erweitert werden. (vgl. Blaschke/ Ersöz 1987: 64; Floeting et al. 2004; Heckmann 2010; auch in Aigner 2012). Andererseits existieren Bezugspunkte zwischen dem Interaktionsmodell (nach Floeting et al. 2004), den wirtschaftssoziologischen Ansätzen der Netzwerktheoretiker (z. B. Granovetter 1973, 1985, 1995, 2005 oder Uzzi 1996) und den Ethnic-Entrepreneurship-Forschungsansätzen von Portes (1987, 1995, 2010; Portes/Manning 1986, Portes/Jensen 1989, 1992; Portes/Sensenbrenner 1993; Portes/Zhou 1996; Portes et al. 2002) oder auch Bonacich (1973, 1976, 1993; Bonacich/Modell 1980), welche u. a. Co-Ethnic-Netzwerke als grundlegende Stärke, aber auch Motivation zur Unternehmensgründung von Personen mit Migrationshintergrund und deren Plattform für Wirtschaftserfolg betrachten. Diese Netzwerke finden sich sowohl in Bezug auf das Interaktionsmodell als auch auf die erste Stufe des Nischenmodells, in dem Netzwerke mit den eigenen Co-Ethnics von entscheidender Bedeutung für sozioökonomische Mobilität sind. Wirtschaftssoziologische Einblicke, verknüpft mit den Ansätzen zu Ethnic Entrepreneurship ergaben auch, dass das Kulturmodell (nach Waldinger et al. 1990) und Theorien zu wirtschaftlichem Handeln (nach Weber 1921a, 1921b, 1978/2001, 1988, 1991, 2001) verbunden sind. Weber stellt einen Zusammenhang zwischen wirtschaftlichem Handeln und kulturellen Gruppencharakteristiken fest und bezieht sich u. a. auf seine Werke zu den Weltreligionen. Webers Beitrag besteht auch darin, den/die UnternehmerIn mit seiner grundlegenden Theorie des Charismas zu verbinden und diesem/r die Eigenschaften einer charismatischen Persönlichkeit zu attribuieren (vgl. Kapitel 4).

Um die soziokulturelle Bedeutung von Ethnic Entrepreneurship zu analysieren, wurde im Projekt auf migrationssoziologische Theorien zurückgegriffen, dabei vor allem auf allgemeine Theorien der Integration unter Anwendung klassischer und zeitgenössischer Theoretiker, wie Park (1928, 1950), Park et al. (1921/1969, 1922/1971, 1969), Simmel (1908/1992), Schütz (1944, 1972), Eisenstadt (1951, 1952, 1953, 1954a/b, 1954/1975), Glazer/Moynihan (1970/1963), Gordon (1961, 1964, 1978), Esser (1980, 1990, 2001, 2002, 2006, 2010/1986), Berry (1980, 2004/1997), Heckmann (1998, 2005, 2010), Sassen (1984, 1991a/b, 1999, 2000, 2007a/b), Massey (1990), Massey et al. (1987a/b, 1993, 1998), Granovetter (1973, 1985, 1995, 2005), Haug (2000a/b, 2007, 2010), Ebner (2014), Goldring (1996, 1997) und Smith (1995, 1997).

In den klassischen Theorien (z. B. Schütz 1944/1972; Simmel 1908/1992; Park 1928, 1950; Park et al. 1921/1969, 1922/1971, 1969) wird auf migrationssoziologischer Ebene der/die HändlerIn als Fremde/r und Durchwandernde/r erstmals dokumentiert. Der/die HändlerIn, in diesem Sinne als UnternehmerIn, hatte mit neuen Produkten, oft Nischenprodukten, eine Einzelrolle. Diese/r HändlerIn konnte als marginalisierte/r Fremde verstanden werden, welche/r am Rande der Gesellschaft eine Rolle in der Interaktion mit der autochthonen Bevölkerung einnahm und in dieser Rolle, mit höherer Objektivität und Wertfreiheit ausgestattet, möglicherweise ein erhöhtes Innovationspotenzial mitbrachte – analog zu Bonacichs (1973, 1976, 1993; Bonacich/Modell 1980) Beschreibung der zeitgenössischen *Middleman Minorities*. Durch Migration und den Handel mit neuen Produkten zerstört er/sie althergebrachte Strukturen der Alteingesessenen und ist somit – u. a. im Sinne Schumpeter (1926/1911, 1939, 1950/1942, 2008, 2017) – verantwortlich für wirtschaftliche Veränderung und langfristiges Wirtschaftswachstum.

Spätere, klassische Assimilationstheorien, wie die von Parks/Burgess (1921/1969, 1922/1971, 1928, 1950, 1969) fünfstufigem Race Relation Cycle oder Eisenstadts (1951, 1952, 1953, 1954a/b, 1954/1975) Drei-Phasen-Modell wie auch Gordons (1961, 1964, 1978) Sieben-Stufen-Modell, enden idealtypisch in der reinen Form der Assimilation. Besonders von Bedeutung für die theoretische Verortung von Ethnic Entrepreneurship sind allerdings die Zwischenstufen, welche zu Assimilation führen – Parks Wettbewerbsphase beispielsweise. In dieser Phase wird verstärkt soziale Kohäsion nach innen, also zu den Co-Ethnics der eigenen MigrantInnen-Community, angestrebt. Dadurch werden für die Co-Ethnics Arbeitsplätze geschaffen und sozioökonomischer Aufstieg wird ermöglicht, vor allem im Kontext der nachfolgenden zweiten Generation – sozialer und sozioökonomischer Aufstieg werden in dieser Phase angestrebt (vgl. Portes 2010; Zhou 2004; Light 1984, 2003; Light/Gold 2007; Yoo 2014) und auch eine Interaktion mit der Mehrheitsgesellschaft findet statt. In Parks Konfliktphase hingegen kann davon ausgegangen werden, dass die Middleman Minorities (vgl. Blalock 1967; Bonacich 1973, 1993; Light 1987; Portes 1995), welche heftigen Feindseligkeiten durch die Aufnahmegesellschaft ausgesetzt sind und in einer Mittelsposition zwischen Aufnahmegesellschaft und MigrantInnen agieren, prädominant angesiedelt sind. Sie werden häufig diskriminiert und enden in einer Situation der Isolation und Marginalisierung. In der Accomodation-Phase hingegen entsteht ein Ausgleich auf ökonomischer und sozialer Ebene, bezogen auf berufliche Nischen für die MigrantInnen, Rückzug in gesonderte Gebiete der MigrantInnen oder Zufriedenheit mit dem jeweiligen sozialen Status seitens der MigrantInnen. Hier entstehen nach Park und Burgess eigene *Neighbourhoods* (Little Italy, Chinatown; Koreatown etc.) oder Nischenmärkte, wie die der Ethnic Enclave Entrepreneurs. Dies ist gleichsetzbar mit der Phase der Entstehung der sogenannten Ethnic Enclave Economies, welche vor allem räumliche Konzentrationen aufweisen, heute vergleichbar mit US-amerikanischen Ethnic Neighbourhoods, wie Little Italy und Chinatowns, und in denen auch Nischenmärkte und Nischenprodukte durch Innovation entstehen (vgl. Abrahamson 1996: 781 f.; Haberfellner et al. 2000; Portes/Jensen 1992; Garapich 2008; Portes 2010; Ma 1998; Zhou 2004; Light 1984/2003; Light/Gold 2007; Portes 2010; Yoo 2014). Die Accomodation-Phase der Chicago School entspricht an und für sich den von Glazer/Moynihan (1970/1963) beschriebenen pluralistischen Ethnic Neighbourhoods. Diese These und das Akzeptieren pluralistischer und multikultureller Sichtweisen haben auch die Ethnic-Entrepreneurship-Forschung maßgeblich beeinflusst. Die bereits benannte Entstehung von Ethnic Neighbourhoods und die Interdependenzen von Minderheiten und Mehrheiten in den USA, spezifisch in diesem Modell beschrieben, manifestieren sich vor allem im Ethnic-Enclave-Modell (vgl. Abrahamson 1996: 781 f.; Haberfellner et al. 2000; Portes/Jensen 1992; Garapich 2008; Portes 2010; Ma 1998; Zhou 2004; Light 1984/2003; Light/Gold 2007; Yoo 2014). Ethnic Enclave Economies, welche besonders räumliche Konzentrationen aufweisen, in denen soziale Schließungsprozesse stattfinden und in denen auch Nischenmärkte und Produkte entstehen, bergen allerdings u. a. die Gefahr der Segregation, da die ethnischen Ökonomien eine starke Kohäsion nach innen zu den Co-Ethnics – herkunftslandspezifisches soziales Kapital generierend – aufweisen, Interaktionen auf Angestellten- und Kunden-ebene mit Co-Ethnics geführt wird, daher Netzwerke im Sinne von Granovetter (1973, 1985, 1995, 2005), White (1992, 1993, 2002, 2008) oder Uzzi (1996) kreiert werden, aber von der Mehrheitsgesellschaft relativ abgeschottet in ihren Enklaven agieren und daher kein aufnahmelandspezifisches soziales Kapital entstehen kann (Haug/Pointner 2007; Haug 2010).

Neuere Trends der Ethnic-Entrepreneurship-Forschung fallen u. a. in den Bereich der transnationalen Migrationstheorien und der Netzwerktheorien. Transnationales Entrepreneurship wird in der einschlägigen Literatur intensiv diskutiert. Landolt (2000, 2001) und Landolt et al. (1999) etablieren vier Typen von transnationalen EntrepreneurInnen in der Forschung: (1) die zirkulären Firmen/Entrepreneure, die Güter und Remittances schleusen, (2) das Cultural Enterprise, in dem kulturelle Güter des Entsendelandes im Aufnahmeland der Community zur Verfügung gestellt werden, (3) die Ethnic Enterprises, in denen Güter, wie Nahrungsmittel oder Kleidungsstücke, für die Community im Auf-nahmeland importiert werden, und (4) die Return Migrant Micro Enterprises, in denen RückkehrmigrantInnen Kleinunternehmen im ehemaligen Heimatland, in das sie zurückkehren, wiedereröffnen (Landolt et al. 1999 in Portes/Haller/Guarnizo 2002). Auch die zweite Generation führt häufig transnationale Unter-nehmen und verbindet das Herkunftsland der Elterngeneration mit dem Auf-nahmeland, in dem die zweite Generation bereits aufgewachsen ist. Gold et al. (2006) bezeichnen dies als das transnationale Modell der zweiten Generation.

Auf transnationalen Ebenen kommt auch Netzwerken im Bereich der eth-nischen UnternehmerInnen eine wichtige Bedeutung zu (vgl. Granovetter 1973, 1985, 1995, 2005; Uzzi 1996). Transnationale Netzwerke führen nicht nur zu Migrationsentscheidungen in den Ursprungsländern, sie können auch Ent-scheidungen zu selbstständigen Erwerbstätigkeiten im Aufnahmeland oder in beiden mit beeinflussen. Internationale Forschung zu Ethnic Entrepreneurship greift zudem die Analyse der Networks of Trust/Economies of Trust, der Anstel-lungsverhältnisse, Arbeitsstrukturen und Arbeitsprozesse auf (vgl. Aigner 2012).

Gruppenkohäsion, die durch diese Netzwerke generiert wird, stärkt das soziale Kapital der jeweiligen Gruppierungen (vgl. Light 2003 in Aigner 2012) und ermöglicht sozioökonomische Mobilität (vgl. Portes 1987, 1995, 2010; Portes/Manning 1986; Portes/Jensen 1989, 1992; Portes/Sensenbrenner 1993; Portes/Zhou 1996; Portes et al. 2002; Bonacich 1973, 1976, 1993; Bonacich/Modell 1980; vgl. auch Aigner 2012).

Bezüglich der Situierung von Ethnic Entrepreneurship im Rahmen soziokultureller Funktionen im Kontext von Integrationsdynamiken können die ethnischen UnternehmerInnen in ihrer gesellschaftlichen Position im Integrationsmodell nach Berry (1980) und Berry/Sam (2004/1997) verortet werden – auch in Anlehnung an Esser (2010). Dies wurde in Kapitel 5, in den Tabellen 11–15, anhand eines weiterentwickelten Modells dargestellt. So können ethnische UnternehmerInnen erstens gesellschaftlich segregierend wirken, wobei Parallelgesellschaften gefördert werden (vgl. Aigner 2012). Hier werden Unternehmen in räumlich segregierten Enklaven gegründet, auf Co-Ethnics als Zielgruppen (in dem Kunden- und Arbeitskräftesegment) wird fokusiert, dies aber unter Abschottung von der Mehrheitsgesellschaft und gleichzeitig unter Anstellung von und Interaktion ausschließlich mit Co-Ethnics (vgl. Aigner 2012). Eine soziale Schließung nach Weber (2001) findet statt. Die ethnischen UnternehmerInnen agieren nach Buckley (1967) in geschlossenen Systemen, welche Vor- und Nachteile mit sich bringen. Dies ist in multikulturellen oder pluralistischen Systemen, wie dem der USA (vgl. Glazer/Moynihan 1963/1970; vgl. Punkt 5.6) oder in Großstädten Großbritanniens, mitunter der Fall. Die ethnischen UnternehmerInnen interagieren hier – den Modellen in der Tabelle 15 folgend – als KundschafterInnen der Minderheiten mit der Mehrheitsgesellschaft kaum, während sie die eigene kulturelle Identität nach innen aufrechterhalten. Es kommt zur Isolation der MigrantInnen, zu in sich – auch räumlich – geschlossenen Milieu, da durch den Prozess des Rückzugs kaum Kontakte mit anderen Gruppen, sei es die autochthone Gruppe oder andere Ethnic Communitys, entstehen (vgl. Aigner 2012, 2017a). In räumlich getrennten Enklavenwirtschaften entstehen diese Szenarien zwangsläufig. Die eigene Community wird versorgt und gleichzeitig durch die Anstellung und Beförderung von Co-Ethnics werden nicht nur wirtschaftliche Überlebensräume geboten, sondern auch Aufstiegschancen, sprich sozioökonomische Mobilität ermöglicht (vgl. Portes 1987, 1995, 2010; Portes/Manning 1986; Portes/Jensen 1989, 1992; Portes/Sensenbrenner 1993; Portes/Zhou 1996; Portes et al. 2002; Bonacich 1973, 1976, 1993; Bonacich/Modell 1980). In diesen geschlossenen Systemen sollen herkunftslandspezifische Netzwerke und die folgende Generierung von Sozialkapital für gesteigerte Marktchancen und

Profite sorgen. Dies entspricht auch dem Ansatz der Ethnic Enclave Economies (nach Portes 2010; Abrahamson 1996; Haberfellner et al. 2000; Portes/Jensen 1992; Garapich 2008; Ma 1998; Zhou 2004; Light 1984/2003; Light/Gold 2007; Yoo 2014), im Rahmen des Nischenmodells (nach Floeting et al. 2004; Blaschke/ Ersöz 1987), aber auch des Interaktionsansatzes (vgl. Waldinger et al. 2006/1990; Enzenhofer et al. 2007; vgl. Aigner 2012). Vor allem beim Nischenmodell sind Gründungsmotive der Selbstverwirklichung und des Überlebenwillens möglich.

Zweitens findet Marginalisierung nach Berry bzw. nach dem Modell der Tabellen 13–15 (Kapitel 5) statt, wenn sich Minderheiten sowohl von der Mehrheitsgesellschaft, also nach außen, als auch den eigenen Communitys gegenüber, also nach innen, isolieren und abschotten; Entfremdung und Identitätsverlust sind die Folgen (vgl. Aigner 2012). Dieser Fall entsteht bei den sogenannten Middleman Minorities (vgl. Bonacich 1973, 1976, 1993; Bonacich/Modell 1980), welche zwar zwischen Minder- und Mehrheitsgesellschaft auf ökonomischer Ebene eingebettet sind, aber weder nach innen (zumindest teilweise nach langfristigem Settlement) noch nach außen kohäsive oder interaktive Funktionen ausüben (vgl. Aigner 2012). Middleman Minorities befinden sich in Spannungsverhältnissen und Konfliktsituationen, da sie sowohl von der eigenen Co-Ethnic-Community als auch anderen Minderheitengruppen wie auch der Mehrheitsgesellschaft als konfliktbehaftet empfunden werden und ein Negativimage nach außen und innen generieren (ibid.). Weder eine Orientierung an der eigenen ethnischen noch an der mehrheitsgesellschaftlichen Gruppe ist hier gegeben. Die Gruppen werden in dieser Situation zusehends marginalisiert, verlieren ihren Identitätsbezug und stehen als entwurzelte Ethnic Groups zwischen Minder- und Mehrheitsgesellschaft. Durch den Verlust einer Bezugsgruppe und der gleichzeitigen Ablehnung der Mehrheitsgesellschaft tritt möglicherweise auch eine Desorientierung, ein Identitätsverlust (vgl. Eisenstadt 1952/1954) bzw. ein Verlust des „Denken-wie-üblich" (vgl. Schütz 1944, 1972) auf, was jede Form von Sozialisation und Integration erschwert. Angewandt auf die ethnischen UnternehmerInnen, werden diese von der Mehrheitsgesellschaft als ExponentInnen der Minderheit wahrgenommen und in der Folge ausgeschlossen und am Arbeitsmarkt in Niedriglohnsegmente gepusht. Aufgrund von fehlender Co-Ethnic-Stabilität und -Kohäsivität bzw. den Netzwerken nach innen ist in diesem Fall auch kein sozioökonomischer Aufstieg möglich. Diese Form der ethnischen UnternehmerInnen fällt zwar einerseits auch in das Nischenmodell, aufgrund der häufig vertriebenen Nischenprodukte, nicht aber in das Ethnic-Enclave-Modell. Auch der/die HändlerIn, im Sinne von Schütz (1944), Simmel (1908/1992) oder Park (1928), entspricht diesen Modellen, unter anderem da

Middleman Minorities als Sojourners, also temporäre MigrantInnen bzw. durchziehende HändlerInnen verstanden werden können (vgl. Bonacich 1973, 1976, 1993). Denkbar sind in diesem Zusammenhang Gründungsmotive im Bereich der Ökonomie der Not (vgl. Bögenhold/Staber 1990; Aubry 2015) aufgrund der isolierten und teils diskriminierenden Position.

Drittens findet Integration bzw. Inklusion nach Berry bzw. dem Modell in Kapitel 5 (Tabellen 13–15) statt, wenn die eigene kulturelle Identität einer Ethnic Community, ebenso aber die Beziehung zu anderen ethnischen Gruppen und zur autochthonen Bevölkerungsgruppe beibehalten wird (vgl. Aigner 2012). Integration bedeutet daher eine aufrechterhaltene kulturelle Identität nach innen, aber nach außen eine gleichzeitige Partizipation in der Mehrheitsgesellschaft, im Sinne einer wechselseitigen Annäherung der Minder- und Mehrheitsgruppen. Ethnische UnternehmerInnen können hier Brückenkopffunktionen übernehmen und ein Bindeglied zwischen MigrantInnen und Autochthonen darstellen. Besonders im Bereich der Ergänzungsökonomien, welche der zweiten Stufe des Nischenmodells entsprechen und häufig Nischenprodukte der Mehrheitsgesellschaft anbieten, finden eine anhaltende kohäsive Funktion nach innen über Netzwerke (vgl. Granovetter 1973, 1985, 1995, 2005; White 1992, 1993, 2002, 2008; Uzzi 1996) und eine verstärkte Öffnung nach außen der Mehrheitsgesellschaft gegenüber, die sich u. a. in der Kundenorientierung widerspiegelt. Damit entstehen Interaktionsdynamiken zwischen autochthonen und ethnischen Gruppen bzw. auch eine Partizipation der Minderheiten- an der Mehrheitsgesellschaft, sowohl herkunfts- als auch aufnahmelandspezifisches soziales Kapital wird gebildet (vgl. Haug/Pointner 2007). Als Ergänzungsökonomie interagieren Ethnic Entrepreneurships mit Gesellschaft und Wirtschaft des Aufnahmelandes (vgl. Barth 1969; Blaschke/Ersöz 1987 in Aigner 2012). Dies ermöglicht eine Inklusion in die Aufnahmegesellschaft, fördert Interaktion, ein Kennenlernen und den Respekt gegenüber Minderheiten seitens der autochthonen Bevölkerung, gleichzeitig werden aber nach innen gruppenkohäsives Verhalten, der Aufbau der Ökonomien über Co-Ethnics und damit eine Stärkung der eigenen Gruppe und kulturellen Identität weiter beibehalten, welche auch sozioökonomische Aufstiegsmöglichkeiten bieten (vgl. Portes 1987, 1995, 2010; Portes/Manning 1986; Portes/Jensen 1989, 1992; Portes/Sensenbrenner 1993; Portes/Zhou 1996; Portes et al. 2002; Bonacich 1973, 1976, 1993; Bonacich/Modell 1980). Hier können Mischformen der Gründermotivation beobachtet werden. Zum einen entstammen Ergänzungsökonomien den Nischenmodellen und vertreiben meist spezifische Nischenprodukte (z. B. Ethnic Cuisines), was eine gewisse Innovation, aber auch Selbstverwirklichung nach dem Reaktionsmodell demonstriert (vgl. Ökonomie der Selbstverwirklichung nach Bögenhold/Staber 1990; Bögenhold 1985; Schumpeter-Effekt nach Aubry 2015). Prädominant sind hier wiederum die wirtschaftliche Selbstverwirklichung nach Schumpeter (1926/1911, 1939, 1950/1942, 2008, 2017), und Marshall (1890/1989) sowie die Profitmaximierung nach De Mises (1949/1998), Knight (1921, 1921/1985, 1933/1967) oder Casson (1983, 1985, 1990). Wie schon erwähnt, sind die idealtypischen Unternehmen auf Alltagsebene selten als Idealtypen zu finden, zumeist existieren Mischtypen.

Viertens sind im Assimilationsschema nach Berry (1980) und Berry/Sam (1994/2004) oder Esser (2000) die ethnischen UnternehmerInnen im Rahmen von Assimilationsökonomien bereit, ihre eigene Identität abzulegen. Sie vertreiben, meist in Ergänzungsökonomien, häufig Produkte der Mehrheitsgesellschaft mit der Hauptmotivation und der rationalen Handlung, am Arbeitsmarkt der Mehrheitsgesellschaft keinen Diskriminierungen zu unterlaufen, Profit zu generieren und überleben zu können. Eine Interaktion oder ein Bezug zur eigenen Gruppe oder zu anderen ethnischen Gruppen wird beibehalten, jedoch unter Aufgabe enger Co-Ethnic-Kontakte. Lose Verbindungen werden eingegangen, ohne gezielt die eigene Gruppe zu fördern (z. B. im Rahmen von Anstellungsverhältnissen). Gleichzeitig werden Beziehungen zur Mehrheitsgesellschaft weitergepflegt, eine Annäherung oder Verschmelzung mit der Leitkultur wird angestrebt. In diesem Kontext wird nach innen die Preisgabe der eigenen kulturellen Identität erlaubt; ethnische UnternehmerInnen werden zu AgentInnen der Mehrheitsgesellschaft, aber nach außen entwickelt sich eine Verschmelzung mit bzw. durch die Mehrheitsgesellschaft, u. a. auch durch den Vertrieb von Ergänzungsprodukten der Mehrheitsgesellschaft, welche wiederum Produktinnovation ausschließt. Bewusst versuchen die ethnischen UnternehmerInnen, sich an die Mehrheitsgesellschaft anzubiedern, den KundInnen zu gefallen und so ihre ökonomische Position am Arbeitsmarkt abzusichern. Ethnische Ökonomien entstehen so u. a. als Reaktion auf den Arbeitsmarkt und die wirtschaftlichen Konditionen der Aufnahmegesellschaft (vgl. Floeting et al. 2004) und sind hiermit im wirtschaftssoziologischen Rahmen des Reaktionsmodells im Bereich der Ökonomie der Not (vgl. Bögenhold/Staber 1990; Bögenhold 1985) bzw. dem Refugee-Effekt (vgl. Aubry 2015) zu situieren. Das dahinterstehende Motiv des Profitinteresses ist rationale Kalkulation, um Gewinne zu maximieren und Arbeitslosigkeit oder Dequalifizierungen am Arbeitsmarkt zu entkommen (vgl. De Mises 1949/1998; Casson 1983, 1985, 1990). Auf erweiterter Ebene, also auf den globalen bzw. supranationalen Arbeitsmarktbereich angewandt, können diese Ergänzungsökonomien als Assimilationsökonomien agierend auch im Rahmen von Sassens (1991) These zu Global Cities und auch Piores (1979) Theorien zum dualen Arbeitsmarkt bzw. zum segmentierten Arbeitsmarkt situiert werden. Harris/Todaro (1971) assoziieren diese Form der Ergänzungsökonomien im Niedriglohnsegment in den Branchen Transport, Pflege und Reinigung (vgl. Aigner 2017b; Kapitel 5).

Die empirischen Ergebnisse der qualitativen Studie in Oberösterreich, in welcher 50 ethnische UnternehmerInnen unterschiedlicher Herkunft interviewt wurden, ergänzt mit einem Fragebogen, beleuchteten soziokulturelle und sozioökonomische Beiträge sowie Wirkungsweisen, die durch Ethnic Entrepreneurship in Oberösterreich (im Rahmen der Studie) ausgelöst wurden, und situierten nach ihren Funktionen und Wirkungsweisen im theoretischen Kontext der unterschiedlichen Integrationsmodelle. Besonders wurden die Innen- (der eigenen Gruppe gegenüber wirkend) und Außenfunktionen (der autochthonen Gruppe gegenüber wirkend) der UnternehmerInnen untersucht. Betriebsstruktur, Produkttypen, Angestelltenverhältnisse und das Kundensegment der Unternehmen wurden ebenfalls betrachtet. Soziale und sozioökonomische Aufstiegsmöglichkeiten, bedingt durch Unternehmertum der MigrantInnen, wurden beleuchtet. Mehrheitsgesellschaftliches Wertschätzungs- und Diskriminierungsverhalten gegenüber den ethnischen UnternehmerInnen wurde ebenso analysiert. Wesentlich in der Analyse waren zudem die Zusammenhänge der soziostrukturellen Faktoren der TeilnehmerInnen (wie Herkunft, Alter, Geschlecht, Stadt/Land, erste/zweite Generation, Bildung) mit Produkttypen, Gründermotiven, Kundenorientierung und Angestelltenverhältnissen.

Von den 50 interviewten Personen stammten 41 (82 %) aus der ersten Generation, neun (18 %) aus der zweiten Generation. 13 (26 %) Personen kamen aus Gründen der Flucht nach Österreich, vor allem Personen aus Bosnien aufgrund der Flüchtlingswelle Anfang der 1990er-Jahre. Zwei (4 %) der Personen kamen aus Gründen der Ausbildung bzw. eines Studiums nach Österreich, zwölf (22 %) aus familiären Gründen und 14 (30 %), um Arbeit zu finden. In der Studie in Oberösterreich kristallisierten sich drei spezifische intrinsische und extrinsische Hauptmotive heraus, die Beweggrund für die Unternehmensgründungen darstellten. Diese umfassten (1) Selbstbestimmung, Selbstverwirklichung und Produktinnovation, (2) das Interesse oder die Überlebensnotwendigkeit an finanzieller Besserstellung, aber auch (3) Dequalifizierungsdynamiken oder Diskriminierungen am Arbeitsmarkt. 76 % der TeilnehmerInnen (bei möglicher Mehrfachnennung) gaben Selbstverwirklichung, die Eigenverantwortung oder/und das Innovationsinteresse als Motive der Unternehmensgründung an und fielen somit in die bereits vorgestellten Ökonomien der Selbstverwirklichung/ Ökonomien des Wohlstandes (vgl. Bögenhold 1985: 246) bzw. in den Schumpeter-Effekt (vgl. Aubry et al. 2015). 66 % (bei möglicher Mehrfachnennung) der InterviewteilnehmerInnen nannten den finanziellen Anreiz bzw. das zumindest erhoffte bessere Einkommen als einen der Treiber für die Unternehmensgründung, dies teilweise, um einen besseren Lebensstandard zu erreichen oder aus einer Überlebensnotwendigkeit heraus – entsprechend der Ökonomie der Not. 8 % der TeilnehmerInnen gaben als eines der Gründungsmotive an, Dequalifizierungsdynamiken am Arbeitsmarkt zu unterlaufen, 34 % Arbeitslosigkeit oder drohende Arbeitslosigkeit und 24 % unterschiedliche Diskriminierungen am Arbeitsmarkt, was ebenfalls der Ökonomie der Not entspricht. Die Resultate dieser Studie korrelieren teilweise mit Gründungsmotiven, die zu ethnischen Ökonomien in Wien im Jahr 2007 mit 300 TeilnehmerInnen erfasst wurden. Enzenhofer et al. (vgl. 2007: 66) führen an, dass die Mehrheit der Befragten (66 %) das Motiv, sein eigener Chef sein zu wollen, als prädominanten Gründungsfaktor angaben. Allerdings zeigte sich, im Gegensatz zu der Studie in OÖ, dass ein höheres Einkommen nur etwa ein Drittel der Befragten als Motivationsfaktor ansahen. Motivationsgründe, die im Arbeitsmarkt begründet lagen, wie z. B. Arbeitsmarktbedingungen, wurden in der Studie in Wien als geringfügig angegeben. Internationale Studien befinden, wie beispielsweise Jung et al. (2011: 173–175; 75) bezogen auf eine quantitative Studie in Deutschland, dass Push- (z. B. Not) und Pull-Faktoren (z. B. Selbstverwirklichung) für GründerInnen mit Migrationshintergrund ähnlich bedeutungsvoll sind.

Gründungsmotive nach Geschlecht differenziert, ergaben, dass vor allem an der Studie teilnehmende Frauen aus Gründen der finanziellen Besserstellung ein Unternehmen gegründet hatten, wobei Selbstverwirklichung ein weiteres wichtiges Motiv darstellte. Männer wiederum gaben Selbstverwirklichung als wichtigsten Faktor der Unternehmensgründung an. Dieses Resultat steht im Gegensatz zu nationalen und internationalen Studien, wie von Bührmann (2010) oder Kohlbacher/Fassmann (2011), welche argumentieren, dass Männer vor allem aus finanziellen Gründen in die Selbstständigkeit (u. a. aufgrund ihrer Rolle als Familienernährer) gingen und Frauen ideelle Motive besäßen. Jung (2011) und Enzenhofer (2007) wiederum befinden, dass in einer geschlechterspezifischen Auswertung unter MigrantInnen zu Gründermotivation nur wenige Unterschiede zwischen Frauen und Männern erkennbar seien. Für das Resultat der qualitativen Studie in Oberösterreich könnte einerseits die geringe TeilnehmerInnenzahl (zwölf Frauen) verantwortlich sein, aber andererseits die allgemeine Beschäftigungssituation von Frauen am Arbeitsmarkt oder auch der Versuch, über Selbstständigkeit eine deutliche Gender Pay Gap bei MigrantInnen zu umgehen, wobei Juhasz (in Bührmann et al. 2010) und Fuller-Love (2006) argumentieren, dass die *Gender Pay Gap* genauso im selbstständigen Segment existiere.

Nach Faktoren der Altersgruppen kategorisiert, wurden Selbstbestimmung und Selbstverwirklichung bei den 40- bis 50-jährigen TeilnehmerInnen der Studie favorisiert, wohingegen auffällig war, dass die 20- bis 30-Jährigen vor allem finanzielle Besserstellung und Dequalifizierungsdynamiken am Arbeitsmarkt wie auch Diskriminierung am Arbeitsmarkt als entscheidend für ihre Betriebsgründung nannten. Die Angaben der 20- bis 30-Jährigen korrelierten mit der allgemeinen Situation jüngerer MigrantInnen am Arbeitsmarkt, nämlich insofern, dass besonders jüngere Zuwanderer/-innen von Dequalifizierungsdynamiken und Arbeitslosigkeit betroffen sind (vgl. Biffl 2010) und die Selbstständigkeit somit eine Alternative darstellt. Auch statistisch zeigt sich, dass vor allem die 25- bis 34-Jährigen mit Migrationshintergrund eine höhere Arbeitslosenrate als die der Autochthonen jener Altersgruppen aufwiesen, ein Faktum, dass ebenfalls auf Fluchtverhalten aus Diskriminierungsgründen am Arbeitsmarkt hindeuten könnte. Für die 30- bis 40-Jährigen schienen Selbstverwirklichung und finanzielle Besserstellung gleichbedeutende Motive darzustellen, für die Gruppe 50+ war Selbstverwirklichung ein entscheidender Faktor.

Eine finanzielle Besserstellung und die Selbstverwirklichung waren für die UnternehmerInnen erster Generation bedeutende Gründungsfaktoren, aber auch Dequalifizierungsdynamiken am Arbeitsmarkt spielten hier eine Rolle. Dies steht im Gegensatz zur zweiten Generation, für die Selbstverwirklichung ebenso einen wichtigen Faktor darstellte wie für die erste Generation, allerdings war für sie Arbeitslosigkeit unbedeutend. Hier wird auch deutlich, dass die erste Generation im Gegensatz zur zweiten von Dequalifizierungsdynamiken am Arbeitsmarkt stärker betroffen sind. Für die zweite Generation fallen, wie auch diese Studie hiermit zeigte, Gründermotive, wie Dequalifizierungsdynamiken am Arbeitsmarkt, weitestgehend weg, da diese Generation im Gegensatz zur ersten ihre Ausbildung bereits zum Großteil in Österreich absolviert hat und damit auch die Sprache beherrscht. Gold et al. (2006) argumentieren ohnehin, dass viele der zweiten Generation Universitätsabschlüsse erwerben, sprachlich assimiliert seien und sich besser an die Mehrheitsgesellschaft anpassen würden, jedoch häufig dadurch herkunftslandspezifische Netzwerke und Sozialkapital verlieren würden.

Die Gründungsmotive nach regionaler Verteilung ergaben wenig Unterschiede zwischen Betrieben, die auf dem Land oder in der Stadt angesiedelt waren.

Alle Herkunftsgruppen außer den Befragten aus den Alt-EU-Staaten gaben finanzielle Besserstellung als wichtige Komponente der Selbstständigkeit an. Besonders auffällig war dies bei den TeilnehmerInnen, die ursprünglich aus den Neu-EU-Staaten kamen. Höheres Einkommen als Beweggrund der Selbstständigkeit wurde als wichtigster Faktor verstanden. Dies korreliert auch mit der Aussage Kohlbacher/Fassmanns (2011), dass viele der neu-EU-staatlichen UnternehmerInnen aus der Not heraus gegründet haben, vor allem im Kontext von Ein-Mann-Betrieben, z. B. Frauen im Reinigungsgewerbe und Männer im Baugewerbe.

Ebenfalls auffällig war, dass besonders die afrikanischen UnternehmerInnen, welche an der qualitativen Studie in Oberösterreich teilnahmen, Diskriminierung am Arbeitsmarkt als Gründungsmotiv angaben. Hier wurden sowohl Diskriminierungen als auch Dequalifizierungsdynamiken als wichtige Gründungsfaktoren – vor allem im Vergleich zu den anderen TeilnehmerInnen nach Herkunft mit Ausnahme derer aus den Alt-EU-Staaten Stammenden – bewertet. Hofer et al. (2013: 32) argumentieren, dass AfrikanerInnen dem vergleichsweise stärksten Diskriminierungsausmaß am österreichischen Arbeitsmarkt ausgesetzt seien. Auch im internationalen Vergleich sind AfrikanerInnen in europäischen Arbeitsmärkten (z. B. Großbritannien) am häufigsten von Diskriminierungen betroffen (vgl. Aigner/Barou/Mbenga 2012; Aigner/Waite 2012). Hofer et al. (2013: 32) argumentieren weiter, dass die Diskriminierungen der AfrikanerInnen am österreichischen Arbeitsmarkt ähnlich hoch seien wie die in Frankreich, aber in Irland als noch höher einzustufen seien (vgl. McGinnety/ Lunn 2011). Diese Situation führe zu einer Flucht in die Selbstständigkeit.

Allerdings wurden von Personen aus den Alt-EU-Staaten ebenso Dequalifizierungsdynamiken (85,7 %) nebst Selbstverwirklichung (71,4 %) als ausschlaggebende Faktoren der Selbstständigkeit genannt. Die Angabe zu Dequalifizierungsdynamiken der Alt-EU-TeilnehmerInnen dieser Studie steht im Gegensatz zu Resultaten anderer Studien in Österreich und könnte auf die geringe TeilnehmerInnenzahl von sieben Personen zurückgeführt werden. Enzenhofer et al. (2007) mit Bezug zu Wien argumentieren[26], dass vor allem die UnternehmerInnen aus den Alt-EU-Staaten Selbstverwirklichungsfaktoren als ausgesprochen wichtigen Faktor für die Gründung eines eigenen Unternehmens angaben und nur wenige Ursachen für die Selbstständigkeit mit dem Arbeitsmarkt assoziiert wurden. Hofer et al. (2013: 3) berichten zudem, dass EU-BürgerInnen geringe

---

26 Studie in Wien mit 300 TeilnehmerInnen mit der Unterteilung nach Alt-EU-, Neu-EU-Staaten und EU-Kandidaten-Staaten sowie Kategorie Sonstige.

durchschnittliche Lohnrückstände aufweisen würden und sich keine signifikanten Hinweise auf Diskriminierung am Arbeitsmarkt finden ließen. Auch die Arbeitslosenquote innerhalb der EU-14-Migran-tInnengruppe entsprach der der autochthonen Bevölkerung (8,1 %) (Statistik Austria 2016).

Betriebe aus den europäischen Drittstaaten gaben vor allem Selbstverwirklichung und ein lukrativeres Einkommen als wichtige Faktoren der Selbstständigkeit an und sahen gleichzeitig Dequalifizierungsdynamiken am Arbeitsmarkt oder Diskriminierungen als weniger bedeutend. Kohlbacher/Fassmann (2011) bestätigen in Bezug auf die Unternehmensgründungen der MigrantInnen aus europäischen Drittstaaten, hier vor allem aus dem ehemaligen Jugoslawien, dass traditionell Selbstständigkeit als letzte Fluchtmöglichkeit vor Arbeitslosigkeit gewertet werde, wohingegen zeitgenössisch Unternehmertum als neue und willkommene Alternative zu herkömmlichen Anstellungsverhältnissen verstanden werde. Dyer/Ross (2007 in Kohlbacher /Fassmann 2011) befinden in Bezug auf UnternehmerInnen, die aus europäischen Drittstaaten stammen, dass türkische UnternehmerInnen insbesondere aus Gründen des sozialen Aufstiegs im selbstständigen Segment angesiedelt seien.

UnternehmerInnen aus Asien befanden Dequalifizierungen und Diskriminierungen am Arbeitsmarkt als weniger bedeutend, wohingegen Selbstverwirklichungs-/Selbstbestimmungsmotive und finanzielle Besserstellung die Hauptgründerfaktoren darstellten.

In der Gruppe der Personen mit Pflichtschulabschluss nannten die meisten eine finanzielle Besserstellung und Selbstbestimmungsfaktoren als Motive zur Unternehmesgründung. Unter der Gruppe der UnternehmerInnen mit Univesitätsabschlüssen sprachen deutlich mehr als in den anderen Gruppen von Dequalifzierungsdynamiken als Grund für die Unternehmensgründung, bei gleichzeitiger Nennung von Diskriminierungen und Arbeitslosigkeit als Beweggründe. Viele gaben allerdings auch Selbstverwirklichung als Gründungsmotiv an.

Ein weiterer Analyseschwerpunkt waren die Angestelltenverhältnisse und -strukturen in den teilnehmenden Unternehmen. Die Betriebe waren je nach Branche unterschiedlich groß, beispielsweise hatten Gastronomiebetriebe häufig fünf bis zehn Angestellte, wohingegen Transportunternehmen meist ein bis fünf Angestellte beschäftigten. Die meisten Betriebe der Befragten waren typische Ein-Mann-Unternehmen (38 %, 19 Personen). Die Betriebsgröße von zwei bis fünf MitarbeiterInnen war mit 30 % (15 Personen) vertreten. 14 % hatten zwischen fünf und zehn MitarbeiterInnen und 10 % zehn bis 15 Angestellte. Nur 4 % der Unternehmen waren mit mehr als 30 MitarbeiterInnen vertreten, der größte der teilnehmenden Betriebe hatte 50 MitarbeiterInnen. Innerhalb der 31 Nicht-Ein-Mann-Betriebe stellten 20 Betriebe ausschließlich Personen mit Migrationshintergrund an, elf davon nur Co-Ethnics und neun Co-Ethnics und MigrantInnen aus anderen Communitys. Zehn Betriebe stellten sowohl Autochthone als auch MigrantInnen an und in einem der Betriebe fanden nur autochthone Beschäftigung.

Unterschieden nach Geschlecht gab es einen geringeren Anteil an Ein-Mann-Betrieben bei den Männern im Verhältnis zu den weiblichen Teilnehmerinnen der Studie. Unterschieden nach Alter gab es besonders viele Ein-Mann-Betriebe unter der Altersgruppe der 20- bis 30-Jährigen, vor allem die 30- bis 40-Jährigen und die 40- bis 50-Jährigen stellten bevorzugt Personen mit Migrationshintergrund an. Die zweite Generation, zwei Drittel der Betriebe, beschäftigte MigrantInnen; es gab keine Ein-Mann-Unternehmen. Dieses Phänomen zeigt sich auch in anderen Studien. Gold et al. (2006) argumentieren zum Beispiel, dass in vielen Fällen der Selbstständigkeit der zweiten Generation eine krampfhafte Verhaftung in Co-Ethnic-Netzwerken beobachtet werden könne, welche sich auch in der Angestelltenstruktur dieser Betriebe widerspiegele. Im Gegensatz dazu gab es unter der ersten Generation mit Migrationshintergrund viele (18) Ein-Mann-Betriebe, ein Drittel der Betriebe stellte nur MigrantInnen an. Nach Herkunft gegliedert stellten besonders UnternehmerInnen aus Alt-EU-Staaten Ein-Mann-Betriebe. Andererseits griffen jene UnternehmerInnen aus den europäischen Drittstaaten und aus Afrika mehrheitlich ausschließlich auf MigrantInnen als Angestellte zurück. Hier wurden vor allem migrantische Netzwerke gefördert. Auffällig wenige Ein-Mann-Unternehmen existierten unter den StudienteilnehmerInnen der aus den europäischen Drittstaaten Stammenden. Asiatische UnternehmerInnen bevorzugten Angestelltenverhältnisse von Autochthonen und MigrantInnen, sie trugen so zu Brückenkopffunktionen auch innerhalb der Angestelltenbasis bei.

Es konnte daher festgestellt werden, dass unter den teilnehmenden Betrieben der Studie in Oberösterreich im Anstellungssegment insgesamt eine Präferenz für die Anstellung von MigrantInnen zu erkennen war – ein Faktor, der für die Analyse der Integrationsfunktionen, aber auch der sozioökonomischen Beitragsleistungen von Ethnic Entrepreneurship bedeutsam war.[27] In der Studie

---

27 Enzenhofer et al. (2007) argumentieren hier gegensätzlich und basierend auf einer Studie zu Wien, dass in den 1960er- und 1970er-Jahren die Anstellung von Co-Ethnics häufiger bevorzugt wurde als heute, wo gemischte Anstellungsverhältnisse prädominant sind. Ebenso wird erläutert, dass manche Herkunftsgruppen eine Tendenz zeigen, Co-Ethnics vermehrt anzustellen (z. B. türkischstämmige Betriebe im Handel).

in Oberösterreich wurde ebenso ersichtlich, dass die genannten Anstellungs-verhältnisse gleichzeitig besonders produkt- bzw. branchenabhängig waren. Speziell im Verkauf von Nischenprodukten und Ethnic Cuisines wurden Co-Ethnics, Mitglieder der eigenen Familie oder der eigenen Migrationsgruppe be-vorzugt. Andererseits fanden sich unter den TeilnehmerInnen der Studie auch manche – vor allem in den Ergänzungsökonomien und Versorgerfunktionen angesiedelt –, die ÖsterreicherInnen explizit nicht anstellen wollten. Insgesamt kann daher auch festgehalten werden, dass im Bereich der sozioökonomischen Beiträge zur Arbeitsplatzschaffung – bezogen auf die qualitative Studie in Ober-österreich – insbesondere Co-Ethnics oder MigrantInnen anderer Communitys über migrantische Netzwerke gefördert wurden. Die Betriebe fungierten u. a. mit Arbeitsplatzschaffung als eine Rettung vor Arbeitslosigkeit oder Dequali-fizierungen der Co-Ethnics am Arbeitsmarkt und garantierten eine Basis des sozialen und sozioökonomischen Aufstiegs und damit eine sogenannte Erfolgs-avenue (vgl. Portes 2010; Portes/Manning 1986; Portes/Jensen 1989, 1992; Portes/Sensenbrenner 1993; Portes/Zhou 1996; Bonacich 1973, 1976, 1993; Bonacich/Modell 1980; Rath 2002; Kloosterman/Rath 2003).

Die Branchenverteilung der UnternehmerInnen mit Migrationshintergrund entsprach weitestgehend den allgemeinen statistischen Daten zur Branchen-verteilung nach Herkunft in Österreich. Wie auch auf nationaler Ebene in Ös-terreich waren die TeilnehmerInnen dieser Studie mehrheitlich im Bereich Gewerbe (30 %) und im Handel (24 %) tätig. In Untergruppen waren in der Stu-die vor allem Gastronomie, Handel mit Produkten, Pflegepersonal, Reinigungs-kräfte und das Baugewerbe, aber auch Transport (Kleintransportunternehmen) vertreten. Besonders im Gastronomiebereich wurden Nischenprodukte ver-trieben, d. h. Ethnic Cuisines. Die Produkte, aufgeschlüsselt nach Nischen-produkten (z. B. Ethnic Cuisines), Ergänzungsprodukte/-dienstleistungen (Reinigung, Pflege) oder Produkten der Mehrheitsgesellschaft (z. B. Autohandel) ergab, dass 40 % (20) der Unternehmen Nischenprodukte vertrieben, 36 % (18 Betriebe) Ergänzungsprodukte/-dienstleistungen und 24 % (zwölf Betriebe) ein Produkt der Mehrheitsgesellschaft anboten. Sowohl Männer als auch Frau-en vertrieben Ergänzungs- und Nischenprodukte gleichermaßen. Die 20- bis 30-jährigen TeilnehmerInnen der Studie veräußerten vor allem Ergänzungs-produkte/-dienstleistungen, möglicherweise auch zusammenhängend mit dem von dieser Gruppe präferierten Gründungsmotiv (Ökonomie der Not). Die zweite Generation bot vor allem Nischenprodukte an, wohingegen die erste Ge-neration alle Produktarten gleichermaßen vertrieb. Die Produktausrichtung der zweiten Generation korreliert mit den Aussagen von Gold et al. (2006), die eine

Verhaftung der zweiten Generation in Co-Ethnic-Netzwerken beobachten, was u. a. den Nischenproduktvertrieb von Ethnic Goods mit sich bringe.

Nach Herkunft ergab sich folgendes Resultat: Vor allem UnternehmerInnen aus den Neu-EU-Staaten vertrieben mehrheitlich Ergänzungsprodukte. Asiatischstämmige UnternehmerInnen veräußerten bevorzugt Nischenprodukte; keiner vertrieb ein sogenanntes Produkt der Mehrheitsgesellschaft. Innerhalb der anderen Herkunftsgruppen wurden die Produkttypen relativ ausgeglichen vertrieben.

Die Produkt- und Branchenstruktur der teilnehmenden Betriebe der Studie korreliert weitestgehend mit den in Kapitel 2 erfassten Daten zur Branchenverteilung der Ethnic Entrepreneurships in Gesamtösterreich und Oberösterreich. Vor allem betrifft dies die Tätigkeit der TeilnehmerInnen aus den Neu-EU-Staaten. Diese sind auch statistisch gesehen mehrheitlich in Ergänzungsdienstleistungen und Versorgerökonomien, wie dem Reinigungs- oder Pflegegewerbe, situiert gewesen. Das Reinigungsgewerbe wurde 2015 allen voran von RumänInnen mit 27 %, gefolgt von PolInnen mit 16 %, UngarInnen und KroatInnen mit je 8 % sowie SerbInnen und BulgarInnen mit je 7 % vertreten. Im Pflegebereich waren ebenfalls besonders Personen aus den Neu-EU-Staaten vertreten – hier besonders RumänInnen und SlowakInnen (vgl. Aigner 2017b), wie auch Kohlbacher/Fassmanns (2011) bestätigen. Die Nischenproduktausrichtung der TeilnehmerInnen, aus europäischen Drittstaaten stammend, stehen ebenso zum Teil mit den statistischen Daten zu Branchenverteilungen in Österreich in Korrelation. Viele der Drittstaatenangehörigen waren im Gastronomiebereich mit Vertrieb von Ethnic Cuisines beschäftigt.

Insgesamt konnte im Rahmen der qualitativen Studie sowohl Produktinnovation (nach Marshall 1890/1989; Kirzner 1973, 1978, 1983a/b, 1988, 2008; Schumpeter 1911/1934/1961) in Bezug auf *Ethnoartikel* im Nischenbereich als auch das gesteigerte Interesse an Profitmaximierung (nach De Mises 1949/1998 oder Casson 1983, 1985, 1990) über Ergänzungsdienstleistungen oder Vertrieb von Produkten der Mehrheitsgesellschaft festgestellt werden.

Die TeilnehmerInnen der Studie bedienten mehrheitlich das österreichische Kundensegment, was sich umgekehrt zur Anstellungsstatistik verhält. Es wurden in 94 % der Betriebe KundInnen der autochthonen Bevölkerung angesprochen oder beworben. Sogar 32 % (16) der Unternehmen hatten nur österreichische autochthone KundInnen. 62 % (31) der Betriebe sprachen sowohl autochthone als auch KundInnen mit Migrationshintergrund an. Nur 6 % (drei) der Betriebe sprachen ausschließlich die Co-Ethnics oder MigrantInnen an. Dies korreliert z. B. mit der Studie zu Wien von Enzenhofer et al. (2007: 129) in dem Punkt, dass hier die Kundschaft mehrheitlich (62 %) aus Autochthonen bestand. Allerdings fanden Enzenhofer et al. eine höhere ausschließliche Kundenorientierung an Co-Ethnics (22 %) und anderen MigrantInnengruppen (17 %) heraus, als es in der Studie zu Oberösterreich der Fall war. Enzenhofer et al. (ibid.) verweisen auch darauf, dass es sich in der Wiener Studie um ein statistisches Konstrukt handele, das nicht unbedingt der Realität entspreche. Die Studie von Enzenhofer et al. war zudem nur im städtischen Bereich angesiedelt, im Gegensatz zur Studie zu Oberösterreich, wo der ländliche Raum mit einbezogen wurde und daher die sozialstrukturelle Zusammensetzung differenziert zu Wien zu betrachten ist.

Kundenorientierung nach Geschlecht differenziert ergab, dass Männer und Frauen größtenteils ein gemischtes Kundensegment bedienten. Lediglich die Altersgruppe 50+ war stärker an autochthoner Kundschaft interessiert. Auch differenziert nach erster und zweiter Generation ergab sich, dass beide Generationen mehrheitlich am gemischten Kundensegment orientiert waren, wobei die zweite Generation einen noch stärkeren Fokus darauf legte. Auffällig war, dass von AsiatInnen geleitete Betriebe ausschließlich (100 %) ein gemischtes Kundensegment ansprachen. Auch die TeilnehmerInnen aus anderen Herkunftsländern orientierten sich hauptsächlich an einem gemischten Kundensegment. Eine Ausnahme bildeten Betriebe, die von Personen aus den Neu-EU-Staaten geführt wurden, in denen hauptsächlich (75 %) autochthone Kundschaft bedient wurde. Dies kann auf eine Gesamtausrichtung dieser Unternehmen zurückzuführen sein, welche in Ergänzungsökonomien angesiedelt sind und Versorgerfunktionen einnehmen. Afrikanische UnternehmerInnen sprechen sowohl das autochthone als auch das gemischte Kundensegment an. KundInnen mit Migrationshintergrund werden von UnternehmerInnen aus den europäischen Drittstaaten und aus AfrikanerInnen angesprochen. Nach Bildungsabschluss war das Kundensegment der Pflichtschulabgänger vor allem aus Autochthonen und MigrantInnen zusammengesetzt. Die UnternehmerInnen mit Universitätsabschluss bildeten die einzige Gruppe, die sich kaum an MigrantInnen (13 %), und hauptsächlich an einem gemischten Kundensegment (56 %) orientierte.

Die spezifische Produktorientierung der TeilnehmerInnen der Studie definierte in der Folge, auch kombiniert mit Faktoren der Angestelltenstruktur und Kundenorientierung, die unterschiedlichen Integrationsfunktionen der ethnischen UnternehmerInnen in Oberösterreich im Modell der Integrationstypen (vgl. Kapitel 5 die Tabellen 13–15). Gleichzeitig zeigte sich, dass die Integrationsfunktionen der interviewten ethnischen UnternehmerInnen sehr branchen-, produkt- und kundensegmentabhängig waren. D. h. die Betriebe (25), die in Branchen tätig sind, in denen sehr viel Kundenkontakt und

Kundeninteraktion – spezifisch mit der autochthonen Gruppe – verlangt wird, bei gleichzeitiger Anstellung von Co-Ethnics und dem Vertrieb von Nischenprodukten, übten in der Folge vor allem Brückenkopffunktionen als kulturelle VertreterInnen ihrer Communitys aus, wobei zugleich die soziale Kohäsion mit der eigenen Community beibehalten wird. So wurde herkunfts- und aufnahmelandspezifisches Sozialkapital geschaffen, es kam zu keinen sozialen Abschließungsprozessen (nach Weber 2001). Diese Betriebe agierten in nach Buckley (1967, 1998) offenen soziokulturellen neg-entropischen und strukturell weiterentwicklungsfähigen Systemen und konnten so im Integrationstypus des entwickelten Modells situiert werden. Dieser Betriebstypus war häufig in Kombination mit Nischenprodukten, beispielsweise im Gastronomiebereich oder im Lebensmittelhandel, vorzufinden, wo reger Kundenkontakt herrscht bei gleichzeitiger Anstellung von Co-Ethnics. Die Förderung der Co-Ethnics im Angestelltensegment eröffnete dennoch soziale und sozioökonomische Aufstiegsmöglichkeiten (vgl. Portes 2010). Der innovative UnternehmerInnentyp häufte sich hier, zum Beispiel Marshalls *kreativer Innovator*, Kirzners *Innovator*, Hayeks *neugieriger Entdecker* oder Schumpeters *schöpferischer Zerstörer*, nicht selten gepaart mit rationalen Handlungen hinsichtlich Profitmaximierung (nach De Mises oder Casson). Die meisten der Betriebe wurden aus intrinsischen Motiven, der Ökonomie der Selbstverwirklichung bzw. des Wohlstandes, Pull-Faktoren, gegründet.

Zehn weitere Betriebe konnten teilweise den Brückenkopffunktionen im Rahmen des Integrationsmodells zugeordnet werden, aber beinhalteten auch charakteristische Elemente, die dem Assimilationsmodell zugeordnet werden konnten, wie z. B. die Ausrichtung der Produkte als Versorgerfunktion, eine Situierung als Ergänzungsökonomie oder eine deutliche Angleichung/Assimilation an die Leitkultur, die auch in herkunftslandspezifischen Netzwerken propagiert wurde. Diese Betriebe wurden weitestgehend aus Gründen der Not und mitunter Selbstverwirklichung etabliert.

Zwölf Betriebe entsprachen in ihren Innen- und Außenfunktionen dem Assimilationsmodell. Mehrheitlich wurden diese aus einer Reaktion auf Schwierigkeiten am österreichischen Arbeitsmarkt bzw. aus Gründen der Not etabliert. Die sogenannten Assimilationsökonomien in der Fallstudie zu Oberösterreich waren nach außen der Mehrheitsgesellschaft gegenüber in Ergänzungsfunktionen tätig und nach innen AgentInnen der Mehrheitsgesellschaft. Diese stellten keine Plattform für den Zusammenhalt und Aufstieg bzw. die Förderung von Co-Ethnics dar, welche nach Buckely in organischen, halb offenen neg-entropischen und weiterentwicklungsfähigen Systeme situiert waren. Dies war durch Annahme der Mehrheitssprache, eine Form von Anbiederung an die Mehrheitsgesellschaft, sowie den Verlust der eigenen Gruppenkohäsivität und der gruppeneigenen Kultur gekennzeichnet, ebenfalls konnte eine tatsächliche Verschmelzung mit der Leitkultur festgestellt werden (nach Eisenstadt 1952/1954; Gordon 1964; Park/Burgess 1969; Esser 2001). Teilweise ließ sich allerdings auch beobachten, dass die von den genannten Theoretikern etablierte gänzliche Assimilation nicht immer vollständig erzielt wurde, weil Einbettungen über Unternehmertum nur im lokalen Arbeitsmarkt stattfanden, aber teilweise Interaktionen mit der Mehrheitsgesellschaft im Alltags- oder privaten Bereich der TeilnehmerInnen unzufriedenstellend oder erschwert verliefen. Beispielsweise, da die Mehrheitsgesellschaft zwar die ökonomische Einbettung, die Produkte der Betriebe oder Ergänzungsdienstleistungen schätzte, aber auf anderer Ebene, im privaten Bereich, Kontakte und Partizipationsmöglichkeiten an Aktivitäten der Mehrheitsgesellschaft erschwerte (zum Beispiel Freundschaften und Netzwerke außerhalb des Betriebs), und damit nach Eisenstadt, Gordon, Park und Burgess und Esser die Assimilationsinteressen der MigrantInnen in diesem Bereich blockierte. Auch konnte im Bereich der Ergänzungsökonomien nach Hoffmann-Nowotny (1973) ein Unterschichtungsprozess festgestellt werden oder nach Piore wie auch Sassen eine Ansiedlungen im sekundären Bereichen des Arbeitsmarktes. Ebenso ist das Streben nach maximalem Gewinn (nach De Mises' *Profitmaker*, Knights *Risktaker* oder Cassons *Profitimaximiser*) bezeichnend für diese Betriebe gewesen.

Drei Betriebe fielen in die Kategorie der Ethnic Enclave Economies im Rahmen des Segregationsmodells, agierend großteils in geschlossenen Systemen mit einer Produkt-, Kunden- und Angestelltenausrichtung, die sich an den Co-Ethnics oder jedenfalls MigrantInnen orientierte. Eine Abschottung konnte hier festgestellt werden. Die einseitigen herkunftslandspezifischen Netzwerke sollten Co-Ethnics fördern und zu sozialem und sozioökonomischen Aufstieg verhelfen, wohingegen nach außen eine Art Kundschafterposition eingenommen wurde; eine punktuelle Interaktion mit der Mehrheitsgesellschaft existierte in kleinem Rahmen. Die Co-Ethnics bildeten sowohl in der Integrationsfunktion nach innen als auch nach außen das zentrale Bezugssystem. Daher entsprachen diese drei Betriebe auch dem Enklavenmodell (vgl. Abrahamson 1996: 781 f.; Haberfellner et al. 2000; Portes/Jensen 1992; Garapich 2008; Portes 2010; Ma 1998; Zhou 2004; Light 1984/2003; Light/Gold 2007; Yoo 2014). In dieser Studie zu Oberösterreich befand sich kein Betrieb, der dem Typus Marginalisierung entsprach. Marginalisierungsdynamiken fanden zwar vonSeiten der Mehrheitsgesellschaft im Rahmen von Ausgrenzungen der UnternehmerInnen statt, diese gestalteten sich aber erstens punktuell und zweitens einseitig, da keine/r der UnternehmerInnen sich aktiv von anderen MigrantInnen oder/und Mitgliedern der Aufnahmegesellschaft isolieren wollte, oder diese ablehnte.

Es könnte daher gefolgert werden, dass die an der Studie teilnehmenden Betriebe mehrheitlich im Integrations- und Assimilationstypus angesiedelt sind. Dies entspricht der idealtypischen Integration nach unterschiedlichen Theoretikern, vor allem Assimilationstheoretikern, wie Park, Eisenstadt, Gordon oder Esser, welche auch konstatieren, dass die beiderseitige Anpassung bzw. eine beiderseitige Öffnung von Mehr- und Minderheitsgesellschaft für idealtypische Integration gefordert sei. Nach dem systemtheoretischen Modell von Buckley (1967, 1978, 1998), in welchem ebenfalls offene Systeme im Gegensatz zu geschlossenen Systemen weiterentwicklungsfähig sind, treten in dieser Studie Betriebe als neg-entropische offene soziokulturelle und organische halb offene Systeme in den Vordergrund, welche nach Buckley Weiterentwicklungspotenzial besitzen. Das häufige Auftreten des Assimilations- und Integrationstypus im Rahmen der Studie in Oberösterreich korreliert mit den in Österreich bestehenden Rahmenbedingungen. Wie in Kapitel 2 erläutert, werden in Österreich weiterhin u. a. multikulturelle Praktiken tendenziell abgelehnt und eine sogenannte Assimilierungsintegration wird erwartet (vgl. Castles/Miller 2009; Aigner 2008; Ataç 2012; Aigner 2017a: 93 ff.). Im Gegensatz dazu stehen – zumindest bis dato – die Modelle und Migrationsregime in traditionellen Einwanderungsländern, wie den USA, Australien und Kanada, oder die Migrationsmodelle ehemaliger Kolonialmächte (wie Großbritannien), in welchen Multikulturalismus akzeptiert und avanciert wird und so räumlich getrennte Enklavenwirtschaften oder Middleman Minorities bzw. geschlossene mechanische entropische und nebeneinander koexistierende Systeme häufiger vorgefunden werden.

Nach soziodemografischen Faktoren aufgeschlüsselt ergab sich, Bezug nehmend auf das Geschlecht, dass unter den von Frauen geführten Betrieben alle Modelle gleichermaßen vertreten waren, mit Ausnahme des Segregationstypus, der nur unter männlichen TeilnehmerInnen auftrat. Innerhalb der unterschiedlichen Altersgruppen ergab sich, dass mehrheitlich die UnternehmerInnen der 20- bis 30-Jährigen assimilative Elemente enthielten, u. a. korrelierend mit der Ausübung von Versorgerfunktionen, während in den anderen Altersgruppen die Brückenkopffunktion bzw. integrationstypusspezifische Elemente dominierten. In der zweiten Generation mit Migrationshintergrund verfolgten zwei Drittel der Betriebe eine integrationsgenerierende Rolle, ein Betrieb konnte dem Typus Segregation zugeordnet werden, wie auch bereits Gold et al. (2006) zu Betrieben der zweiten Generation dokumentiert haben.

Personen aus den EU-14-Staaten und deren Betriebe fielen mehrheitlich in das Integrationsmodell, wohingegen die Hälfte der EU-13-Betriebe dem Assimilationsmodell zugeordnet werden konnten. Mehr als die Hälfte der Betriebe, die von MigrantInnen aus den europäischen Drittstaaten geleitet wurden, wirkten integrierend, zwei segregierend und wenige assimilierend oder traten in Mischformen auf. Unter den von AsiatInnen geführten Betrieben war die Hälfte der Mischform von Integration und Assimilation zuzuordnen, zwei hatten integrative Funktionen und weitere zwei übten assimilierende Funktionen aus. Unter den afrikanischen UnternehmerInnen traten mehrheitlich integrationsspezifische Charakteristika auf.

Die Möglichkeit des sozialen und sozioökonomischen Aufstiegs von MigrantInnen als Resultat bzw. verknüpft mit unternehmerischen Tätigkeiten wurde von den Interviewten als zweischneidiges Schwert dargestellt. 21 UnternehmerInnen argumentierten beispielsweise, dass ihre Selbstständigkeit zu keiner Einkommensverbesserung beigetragen habe, davon waren drei Frauen (von zwölf). Neun Frauen allerdings befanden, dass sich ihr sozioökonomischer Status durch die Selbstständigkeit verbessert hatte, u. a. gab auch eine Mehrzahl der Frauen an, aus Gründen der Einkommensverbesserung überhaupt Betriebe gegründet zu haben. In der Alt-EU-UnternehmerInnengruppe wurde mehrheitlich (sechs von sieben Personen) dokumentiert, dass keine finanzielle Besserstellung erzielt werden konnte, sich die Lebenssituation sogar verschlechtert habe, wohingegen in der Neu-EU-Gruppe, welche allerdings auch finanzielle Besserstellung mehrheitlich als Gründermotiv artikuliert hatte, subjektiv die unternehmerische Tätigkeit als finanzielle und soziale Besserstellung empfunden wurde. Mehrheitlich empfanden afrikanische UnternehmerInnen, dass sich ihre finanzielle Situation durch die unternehmerische Tätigkeit teilweise sogar verschlechtert, jedenfalls nicht verbessert hatte. Die UnternehmerInnen aus den europäischen Drittstaaten gaben mehrheitlich an, sich in durch selbstständige Tätigkeit verbesserter Lebenslage zu befinden.

Vor allem bei den Betrieben, die über das Reaktionsmodell, also aus der Not heraus gegründet wurden oder hauptsächlich nach Profit strebten – wie bei De Mises (1949/1998) oder Casson (1983, 1985, 1990) beschrieben, wurde empfunden, dass sich der sozioökonomische und soziale Status nicht verbessert habe. Sofern also Unternehmen aus der Not heraus gegründet wurden, lässt sich nur eine geringe soziale oder sozioökonomische *Upward Mobility* erkennen. Jene, die sich über Selbstständigkeit vor allem selbstverwirklichen, selbstbestimmt leben und/oder Produktinnovation betreiben wollten, konstatierten wiederum, dass sie als Selbstständige zwar häufig intensiver arbeiten müssten als in Angestelltenverhältnissen, sich solch ein Einsatz finanziell allerdings eindeutig rentiere. Daraus lässt sich schließen, dass bei Gründungen einer Ökonomie der Selbstverwirklichung oder des Wohlstandes (vgl. Bögenhold/Staber 1990) eher befriedigende Situationen erreicht werden konnten, sowohl im Bereich der Lebensqualität als auch des ökonomischen Status. Es konnte allerdings auch festgestellt werden, dass sozioökonomischer Aufstieg ebenso von der allgemeinen Situierung der Betriebe zwischen Minder- und Mehrheitsgesellschaft abhängt. In zwei der drei Betriebe, die als Ethnic Enclaves situiert waren, konnte keine finanzielle Besserstellung erreicht werden, allerdings 14 der 20 Betriebe, die Brückenkopffunktionen bedienten, gaben an, durch das Unternehmen eine finanzielle Besserstellung erlebt zu haben. Dies deutet darauf hin, dass in halb offenen – minder- und mehrheitsgesellschaftsverbindenden Ökonomien – sozioökonomischer Aufstieg erleichtert wird, wohingegen die geschlossenen Systeme – Enklavenwirtschaft –, entgegen der theoriebasierten Literatur, sozioökonomische Lebenspositionen sogar verschlechtert werden können. Dies entspricht dem Ansatz von Haug/Pointner (2007), aber auch der angewandten Theorie Buckleys (1967, 1998), dass in neg-entropischen geschlossenen Systemen ein innerer Stillstand entstehe, der Weiterentwicklung und im übertragenen Sinne sozioökonomischen oder sozialen Aufstieg erschwert und nicht fördert.

Mit Bezug auf die Möglichkeit, gegründete Betriebe zu vergrößern, strebten die meisten der UnternehmerInnen keine Betriebsvergrößerung an, sondern waren mit der Betriebsgröße zufrieden. Dieses Argument trat häufig in Verbindung mit der Ökonomie der Not auf. Keiner der EU-UnternehmerInnen strebte eine Erweiterung an, dagegen fokussierten sich drei afrikanische und vier UnternehmerInnen aus den europäischen Drittstaaten darauf. Nur eine Frau konnte sich eine Betriebserweiterung vorstellen. Sieben von den genannten Betrieben waren im städtischen Bereich angesiedelt. Die Betriebe, bei denen ein Erweiterungswunsch bestand, waren in unterschiedlichen Wirtschaftssparten angesiedelt, von Gastronomie über Gewerbe zu Transport. Die meisten der Betriebe, die sich eine Erweiterung vorstellen konnten, gründeten aus einer Pull-Reaktion heraus, also aus ideellen Motiven und nicht aus Not.

Nicht nur eine Mehrzahl der StudienteilnehmerInnen entstammte der ersten Generation, mehrheitlich wollte die erste Generation für ihre Kinder sozialen und sozioökonomischen Aufstieg nicht über eine Betriebsübernahme, sondern über Bildung erreichen. Dies korreliert mit den Statistiken zu den Arbeitsverhältnissen der zweiten Generation, aus welchen ersichtlich ist, dass 2015 weitaus mehr Personen (62 %) der zweiten Generation im Angestelltensegment tätig waren als Personen aus der ersten Generation (46 %). Dies entspricht dem bereits erläuterten klassischen Modell von Gold et al. (2006). Wenige (sechs Betriebe) wiederum beschäftigen ihre Kinder oft in einer zweiten Erwerbstätigkeit als hybride UnternehmerInnen (vgl. Bögenhold/Klinglmaier 2016), mit dem Wunsch der späteren Betriebsübernahme. Vier dieser Betriebe waren von Frauen gegründet worden. Alle Betriebe waren im städtischen Bereich angesiedelt.

Eine Mehrzahl der Befragten gab an, keine Diskriminierungen während der Tätigkeit als UnternehmerInnen erlebt zu haben, während manche (zehn) diese Erfahrung bereits gemacht hatten, was jedoch scheinbar branchenabhängig ist, denn die meisten der zehn UnternehmerInnen waren entweder im Transport oder in der Gastronomie tätig. Gleichzeitig gaben viele der UnternehmerInnen an, dass das Ansehen und der Respekt den migrantischen Personen (und ihrer Community) gegenüber durch deren Arbeitstätigkeit gesteigert werde. Die Betonung lag auf Beitragsleistungen zur österreichischen Wirtschaft, beispielsweise durch Arbeitsplatzschaffung oder Steuerbeiträgen.

Zuletzt sei erwähnt, dass transnationales Entrepreneurship – als relativ neuer Forschungsaspekt zu Ethnic Entrepreneurship – auch in dieser Studie vertreten war. Die transnationalen Entrepreneurships befanden sich in der Baubranche, der Gastronomie und im Softwareentwicklungsbereich. Eines dieser Unternehmen wurde von einem Vertreter der zweiten Generation im Bereich der Gastronomie geführt und exemplifiziert die transnationale zweite Generation der Selbstständigen nach Gold et al. (2006). Dieser dokumentiert die Erweiterung von Unternehmen durch die zweite Generation auf transnationaler Ebene, wobei Aufnahme- und Herkunftsland der Elterngeneration über wirtschaftliche Aktivitäten verbunden werden.

Literaturverzeichnis

Abrahamson, M.: *Urban Enclaves: Identity and Place in America.* Contemporary Sociology. American Sociological Association. St. Martin's press: New York 1996.

Aigner, P.: *Migration and Politics. Leadership and Legitimacy in Austria.* Peter Lang: Frankfurt a. M. et al. 2008.

Aigner, P.: „Ethnisches Unternehmertum als Chance sozio-kultureller Integration? Entwicklung eines system- und integrationstheoretischen Modells". *SWS-Rundschau Sozialwissenschaftliche Studiengesellschaft* 52(4), 2012, S. 389–411.

Aigner, P.: „Integration, Interkultur oder Diversität? Anmerkungen zu Fragen von Theorie und Praxis ethnisch-kultureller Vielfalt in Österreich". *WISO – Wirtschafts- und Sozialpolitische Zeitschrift des ISW* 36(2), 2013a, S. 27–53.

Aigner, P.: „Von der Assimilationstheorie zur Pluralismustheorie. Nathan Glazer / Daniel P. Moynihan: ,Beyond the Melting Pot: The Negroes, Puerto Ricans, Jews, Italian, and Irish of New York City'". In: Reuter, J. / Mecheril, H. (Hrsg.): *Schlüsselwerke der Migrationsforschung.* VS Verlag für Sozialwissenschaften: Wiesbaden 2015, S. 149–169.

Aigner, P.: „Ein ,Mapping' zu ethnischen Ökonomien in Österreich". *SWS-Rundschau Sozialwissenschaftliche Studiengesellschaft* 1/2017, 2017b, S. 6–31.

Aigner, P.: *Migrationssoziologie. Eine Einführung.* VS Verlag für Sozialwissenschaften: Wiesbaden 2017a.

Aigner, P. / Barou, J. / Mbenga, R.: „African Migration in its National and Global Context". In: Attias-Donfut, C. / Cook, J. / Hoffman, J. / Waite, L. (Hrsg.): *Citizenship, Belonging and Intergenerational Relations in African Migration.* (Migration, Diasporas and Citizenship 1). Palgrave Macmillan: London 2012, S. 13–39.

Aldrich, H. / Waldinger, R.: „Ethnicity and Entrepreneurship". *Annual Review of Sociology* 16, 1990, S. 111–135.

Alteneder, W. / Wagner-Pinter, M.: (2013) *Ethnische Ökonomien in Wien*, retrieved 02.02.2016, from http://images.derstandard.at/2013/08/19/WAW_Ergeb nisse%20Studie%20Ethnische%20oekonomien.pdf.

Anderson, B. / Ruhs, M. (Hrsg.): (2010) *Who Needs Migrant Workers? Labour Shortages, Immigration, and Public Policy.* Oxford University Press: Oxford 2010.

Anter, A.: *Max Weber's Theorie des Modernen Staates.* Duncker & Humboldt: Berlin 1993.

Ataç, I.: „Migrationspolitik und Inkorporation von MigrantInnen". In: Dahlvik, J. / Fassmann, H. / Sievers, W. (Hrsg.): *Migration und Integration – wissenschaftliche Perspektiven aus Österreich*. Vandenhoek & Ruprecht. S.: Göttingen 2012, S. 265–280.

Aubry, M. / Renou-Maissant, P.: „Entrepreneurship and the business cycle: the ‚Schumpeter' effect versus the ‚refugee' effect. A French appraisal based on regional data". *Annals of regional science* 54(1), 2015, S. 23–55.

Aumüller, J.: *Assimilation: Kontroversen um ein migrationspolitisches Konzept.* Transcript: Bielefeld 2009.

Bagwell, S.: „Transnational family networks and ethnic minority business development". *International Journal of Entrepreneurial Behaviour & Research* 14(6), 2008, S. 377–394.

Bagwell, S.: „Transnational Entrepreneurship Amongst Vietnamese Businesses in London". *Journal of Ethnic and Migration Studies* 41(2), 2015, S. 329–349.

Barth, F.: „Economic Spheres in Darfur". In: Firth, R. (Hrsg.): *Themes in Economic Anthropology*. 1963, S. 156–174. London, Tavistock.

Barth, F.: *Ethnic Groups and Boundaries. The Social Organization of Culture Difference.* Universitaetsforlaget: Oslo 1969.

Berry, J.: „Acculturation as Varieties of Adaptation". In: Padilla, A. 1980, S. 9–25.

Berry, J. / Sam, D.: „Acculturation and Adaption". In: Berry, J. et al. 2004/1997, S. 291–326.

Biffl, G.: „Zuwanderung und Segmentierung des österreichischen Arbeitsmarktes. Ein Beitrag zur Insider-Outsider-Diskussion". In: Husa, K. / Parnreiter, C. / Stacher, I. (Hrsg.): *Internationale Migration. Die globale Herausforderung des 21. Jahrhunderts?* Brandes and Apsel/Sudwind: Wien 2000, S. 207–227.

Biffl, G.: *Migration and Labour Integration in Austria. SOPEMI-Report on Labour Migration Austria 2008–09.* Donau-Universität: Krems 2009, retrieved 04.04.2012, from http://www.donau-uni.ac.at/imperia/md/content/departme nt/migrationglobalisierung/forschung/sopemi-2009.pdf.

Biffl, G.: „Arbeitslosigkeit unter Ausländern höher". *Die Presse* 19.10.2010, retrieved 28.07.2017, from http://diepresse.com/home/wirtschaft/economist/ 603299/Statistik_Arbeitslosigkeit-unter-Auslaendern-hoeher.

Biffl, G.: *Deckung des Arbeitskräftebedarfs durch Migration in Österreich.* Internationale Organisation für Migration: Wien 2011.

Biffl, G.: *Migration and Labour Integration in Austria. SOPEMI Report on Labour Migration Austria 2013–14.* Donau-Universität: Krems 2014Biffl, G.: *Migration and Labour Integration in Austria. SOPEMI-Report on Labour Migration Austria 2014–15.* Donau-Universität: Krems 2016.

Biffl, G. / Dimmel, N. (Hrsg.): *Grundzüge des Managements von Migration und Integration, Migrationsmanagement, Bd. 1.* Omninum Verlag: Leobersdorf/ Wien 2011.

Blalock, H.: *Toward a Theory of Minority-group.* Wiley&Sons: London 1967.

Blaschke, J. / Ersöz, A.: *Herkunft und Geschäftsaufnahme türkischer Kleingewerbetreibender in Berlin.* Express-Edition: Berlin 1987.

Blum, U. / Leibbrand, F. (Hrsg.): *Entrepreneurship und Unternehmertum: Denkstrukturen für eine neue Zeit.* Gabler: Wiesbaden 2001.

Bögenhold, D.: *Die Selbstständigen. Zur Soziologie dezentraler Produktion.* Campus Verlag: Frankfurt a. M., New York 1985.

Bögenhold, D.: *Der Gründerboom, Realität und Mythos der neuen Selbstständigkeit.* Campus Verlag: Frankfurt a. M., New York 1987.

Bögenhold, D.: „Die Berufspassage in das Unternehmertum. Theoretische und empirische Befunde zum sozialen Prozess von Firmengründungen". *Zeitschrift für Soziologie* 18(4), 1989, S. 263–281.

Bögenhold D.: *Unternehmensgründung und Dezentralität. Renaissance der beruflichen Selbständigkeit in Europa?* Westdeutscher Verlag: Opladen 1999a.

Bögenhold D. / Bonnet J.: *Contemporary Entrepreneurship: Multidisciplinary Perspectives on Innovation and Growth.* VS Springer: Frankfurt a. M. 2016.

Bögenhold D. / Schmidt, D. (Hrsg.): *Eine neue Gründerzeit. Die Wiederentdeckung kleiner Unternehmen in Theorie und Praxis.* Fakultas: Amsterdam 1999b.

Bögenhold, D. / Staber, U.: „Selbständigkeit als ein Reflex auf Arbeitslosigkeit? Makrosoziologische Befunde einer international-komparativen Studie". *Kölner Zeitschrift für Soziologie und Sozialpsychologie* 42(2), 1990, S. 265–279.

Bögenhold, D. / Staber, U.: *Vom Dämonen zum Demiurgen? – Zur (Re-) Organisation des Unternehmertums in Marktwirtschaften.* Akademie-Verlag: Berlin 1994.

Böse, M. / Haberfellner, R./Koldas, A: *Unternehmesgründungen in Wien durch ImmigrantInnen.* ZSI: Wien 2005, retrieved 04.05.2012, from https://www.zsi.at/attach/OeNB_P9207.pdf, 4.5.2012.

Bonacich, E.: „A Theory of Middleman Minorities". *American Sociological Review* 38, 1973, S. 583–594.

Bonacich, E.: „Advanced Capitalsm and Black/White Relations: A Split Labour Market Interpretation". *American Sociological Review* 41, 1976, S. 34–51.

Bonacich, E.: „The Other Side of Ethnic Entrepreneurship: A Dialogue with Waldinger, Aldrich, Ward and Associates". *International Migration Review* 3, 1993, S. 685–692.

Bonacich, E. / Modell, J.: *The Economic Bases of Ethnic Solidarity: Small Business in the Japanese American Community*. University of California Press: Los Angeles 1980.

Braun et al.: *Wirtschaftssoziologie 1, Grundzüge*. De Gruyter Oldenburg Verlag 2012.

Brettell, C. B.: „Immigrant women in small business: biographies of becoming entrepreneurs". In: Dana, L.-P. (Hrsg.): *Handbook of research on ethnic minority entrepreneurship: a co-evolutionary view on resource management*. Edward Elgar Publishing: Cheltenham 2007, S. 83–98.

Breuer, S.: *Bürokratie und Charisma*. Wiss. Buchgesellschaft: Darmstadt 1994.

Brush et al.: „Auf dem Weg zu genderspezifischen Modellen in der Gründungsforschung". In: Bührmann, A. / Fischer, U. / Jasper, G. (Hrsg.): *Migrantinnen gründen Unternehmen: Empirische Analysen und innovative Beratungskonzepte*. Rainer Hampp Verlag: München 2010, S. 37–49.

Buckley, W.: *Sociology and Modern System Theory*. Prentice Hall: London. 1967.

Buckley, W.: „Gesellschaft als komplexes adaptives System". In: Türk, K. (Hrsg.): *Handlungssysteme*. Westdeutscher Verlag: Opladen 1978, S. 273–288.

Buckley, W.: „Society as a complex adaptive system". In: Buckley, W. (Hrsg.): *Society – A Complex Adaptive System. Essays in Social Theory*. Gordon & Breach Publishers: Amsterdam 1998, S. 9–32.

Bührmann, A. / Fischer, U. / Jasper, G. (Hrsg.): *Migrantinnen gründen Unternehmen: Empirische Analysen und innovative Beratungskonzepte*. Rainer Hampp Verlag: München 2010.

Cantillon, R.: *Abhandlung über die Natur des Handels im Allgemeinen*. (dt. Übertragung von Hella Hayek, Sammlung sozialwissenschaftlicher Meister). Fischer: Jena 1931 [1775].

Casson, M.: *The Entrepreneur: An Economic Theory*. Martin Robertson: Oxford 1983.

Casson, M.: „Entrepreneurship". In: Cooper, A. / Cooper, J. (Hrsg.): *The Social Science Enzyclopedia*. Henley, Routledge / Kegan, Paul: London, Boston 1985, S. 256–257.

Casson, M. (Hrsg.): *Entrepreneurship*. Elgar, Aldershot: Hants/England, Brooksfield/Vermont 1990.

Castles, S. / Miller, M.: *The Age of Migration, International Population Movements in the Modern World*. Palgrave: London et al. 2009 [1993].

Cook, K. / Hardin, R.: „Norms of Cooperativeness and Networks of Trust". In: Hechter, M. / Opp, K. (Hrsg.): *Social Norms*. SAGE: New York/NY 2001, S. 327–347.

Corsten, H.: *Dimensionen der Unternehmungsgründung: Erfolgsaspekte der Selbständigkeit.* Erich Schmidt Verlag: Berlin 2002.

Dannecker, P. / Cakir, A.: „Female Migrant Entrepreneurs in Vienna: Mobility and its Embeddedness". *Österreichische Zeitschrift für Soziologie* 41(1), 2016, S. 97–113.

Denscombe, M.: Communities of Practice: „A Research Paradigm for the Mixed Methods Approach". *Journal of Mixed Methods Research* 2(3), 2008, S. 270–283.

Denscombe M.: *The Good Research Guide.* Open University Press: Buckingham 1998/2010.

Drori, I. / Honig, B. / Ginsberg, A.: *Transnational entrepreneurship: Toward a unifying theoretical framework.* Academy of Management, Best Papers Proceedings 2006.

Drori, I. / Honig, B. / Wright, M.: „Transnational Entrepreneurship: An Emergent Field of Study in Entrepreneurship". *Theory and Practice* 33(5), 2009, S. 1001–1022.

Dyer, L.M. / Ross, C.A.: „Ethnic business owners and their advisors: the effects of common ethnicity". In: Kohlbacher, J. / Fassmann, H.: *Ethnic entrepreneurship – Case study.* Wien 2011,

Ebner, A / Wösten, B.: „Transnationales Unternehmertum. Theoretische Zugänge und empirische Befunde aus der Metropolregion Frankfurt / Rhein-Main". In: Löw, M. (Hrsg.): *Vielfalt und Zusammenhalt. Verhandlungen des 36. Kongresses der Deutschen Gesellschaft für Soziologie in Bochum und Dortmund 2012.* 2014 Campus Verl.: Frankfurt a. M. 2014, S. 755–767, retrieved 17.07.2017, from http://www.fb03.uni-frankfurt.de/51785394/Ebner_2014_Woesten-aus-AA_Band2_20140811-9.pdf.

Eisenstadt, S. N.: „The place of elites and primary groups in the absorption of new immigrants in Israel". *AJS* 57(2), 1951, S. 222–231.

Eisenstadt, S. N.: „The process of absorption of new immigrants in Israel". *Human Relations* 5, 1952, S. 223–246. SAGE.

Eisenstadt, S. N.: „Analysis of patterns of immigration and absorption of immigrants". *Population Studies: A Journal of Demography* 7(2), 1953, S. 167–180.

Eisenstadt, S. N.: *The absorption of immigrants.* Routledge: London 1954a.

Eisenstadt, S. N.: „The Place of Elites and Primary Groups in the Absorption of New Immigrants in Israel". *American Journal of Sociology* 57(3), 1954b, S. 222–231.

Eisenstadt, S. N.: *The absorption of immigrants: a comparative study based mainly on the Jewish community in Palestine and the state of Israel.* Greenwood Press: Westport/Connecticut 1975 [1954].

Elias, B. et al.: *Wissen. Wirtschaft. Wachstum. Eine wirtschaftspolitische Reform-agenda für Oberösterreich.* Academia Superior: Linz 2012, retrieved 24.10.2017, from http://www.academia-superior.at/uploads/tx_news/W3_Wissen.Wirtsc haft.Wachstum.pdf.

Enzenhofer, E. / Kessler, I. / Lechner, I. et al.: *Ethnische Unternehmen – Bestand und Chancen für Wien.* Wien 2007, retrieved 31.08.2012, from http://www. lrsocialresearch.at/files/Endbericht_L&R_Sozialforschung_Ethnische_Oe konomien.pdf.

Enzenhofer, E. / Riesenfelder, A. / Wetzel, P.: *Neue Selbstständige in Wien. Beschäftigungsentwicklung, Erwerbsdaten und Unterstützungsbedarf.* L&R Sozialforschung: Wien 2006.

Esser, H.: *Aspekte der Wanderungssoziologie.* Luchterhand: Darmstadt 1980.

Esser, H.: „Prozesse der Eingliederung von Arbeitsmigranten". In: Höhn, C./Rein, D. 1990, S. 33–53.

Esser, H.: *Integration und ethnische Schichtung.* Zentrum für Europäische Sozialforschung: Mannheim 2001, retrieved 17.09.2012, from http://www.mzes.uni-mannheim.de/publications/wp/wp-40.pdf.

Esser H.: *Soziologie. Spezielle Grundlagen, Bd. 2: Die Konstruktion der Gesellschaft.* Campus: Frankfurt a. M. / New York 2002.

Esser, H.: *Sprache und Integration. Die sozialen Bedingungen und Folgen des Spracherwerbs von Migranten.* Campus: Frankfurt a. M. 2006.

Esser, H.: „Akkulturation". In: Kopp, J. / Schäfers, B. (Hrsg.): *Grundbegriffe der Soziologie.* Springer: Wiesbaden 2010 [1986], S. 9–12.

Eurostat: (2017) „EU-Bevölkerung zum 1. Januar 2017 auf knapp 512 Millionen gestiegen". Pressemitteilung 110/2017 10.07.2017, retrieved 15.10.2017, from http://ec.europa.eu/eurostat/documents/2995521/8102200/3-10072017-AP-DE.pdf/392b38dc-6e5e-47dd-bd7a-e09acaab0ac1

Fallgatter, M.: *Theorie des Entrepreneurships.* Deutscher Universitätsverlag: Wiesbaden. 2002.

Farley, R. / Alba, R.: „The New Second Generation in the United States". *International Migration Review* 36 (3), 2002, S. 669–701.

Fairwick, A.: *Segregation und Eingliederung.* VS Verlag: Wiesbaden 2009.

Fassmann, H.: „Transnationale Mobilität. Konzeption und Fallbeispiel". *SWS-Rundschau, Sozialwissenschaftliche Studiengesellschaft* 43(4), 2003, S. 429–449.

Fassmann, H. / Münz, R.: „European East-West-Migration, 1945–1992". *European Migration Review* 3, 1994, S. 520–538.

Fassmann, H. / Münz, R. (Hrsg.): *Migration in Europa. Historische Entwicklung, aktuelle Trends und politische Reaktionen.* Campus: Frankfurt a. M. 1996.

Fink, M. / Riesenfelder, A. / Talos, E. / Wetzel, P.: *Forschungsbericht Neue Selbst-ständige in Österreich*. L&R Sozialforschung: Wien 2005.

Fischer-Krapohl, I. / Waltz, V.: „Migration als Chance der Städte – ,Ethnische Ökonomie' neu gesehen". In: Hochstadt, S. (Hrsg.): *Stadtentwicklung mit Stadtmanagement?* Springer: Wiesbaden 2005, S. 93–122.

Flick, U.: *Qualitative Sozialforschung*. Rowohlt: Reinbek 2011.

Floeting, H. et al.: *Ethnische Ökonomie. Integrationsfaktor und Integrationsmaß-stab*. (Expertise) Deutsches Institut für Urbanistik: Berlin 2004, retrieved 12.3.2012, from http://middleeastmessenger.christina-schlegl.de/wp-content/uploads/ethnischeokonomie.pdf

Fueglistaler, U. / Müller, C. / Müller, S. / Volery, T. (Hrsg.): *Entrepreneurship: Modelle, Umsetzung, Perspektiven*. Springer Gabler: Wiesbaden 2012.

Fuller-Love, N. / Lim, L. / Akehurst, G.: „Female and ethnic minority entrepreneurship". *The International Entrepreneurship and Management Journal* 2(4), 2006, S. 429–439.

Garapich, P. M.: „The Migration Industry and Civil Society: Polish Immigrants in the United Kingdom Before and After EU Enlargement". *Journal of Ethnic Immigration and Migration Studies* 34(5), 2008, S. 735–752.

Gans, H.: „Second Generation Decline: Scenarios for the Economic and Ethnic Futures of the Post-1965 American Immigrants". *Ethnic and Racial Studies* 15 (2), 1992, S. 173–192.

Gather et al.: *Die Vielfalt der Selbstständigkeit*. Verlag Hochschule für Wirtschaft und Recht: Berlin 2014.

Glaser, B. G. / Strauss, A. L.: *The Discovery of grounded theory. Strategies for Qualitative Research*. Aldine: Chigaco 1967.

Glaser, B.: *The Grounded Theory Perspective: Conceptualisation contrasted with Description*. Sociology Press: Mill Valley/CA 2001.

Glazer, N. / Moynihan, D. P.: *Beyond the Melting Pot: The Negroes, Puerto Ricans, Jews, Italians, and Irish of New York City*. MIT Press: Cambridge/Massachusetts 1970 [1963].

Gokce, I.: *Türkische Selbständige in der ethnischen Ökonomie*. Diplomica GmbH: Hamburg 2013.

Gold, S. J.: *The Employment Potential of Refugee Entrepreneurship: Soviet Jews and Vietnamese in California*. Review of Policy Research. Blackwell Publishers: New Jersey 1992.

Gold, S. / Light, I. / Johnston, F.: *The Second Generation and Self-Employment* 2006, rerieved 15.7.2017, from http://www.migrationpolicy.org/article/second-generation-and-self-employment

Goldberg, A.: „Unternehmensgründungen von Ausländern in der Bundesrepublik Deutschland". In: Sen, Faruk/ Goldberg, Andreas (Hrsg.): *Türken als Unternehmer*. Leske und Budrich: Opladen 1996, S. 47–80.

Goldring, L.: „Blurring the Border: Transnational Community and Social Transformation in Mexico-U.S. Migration". *Research in Community Sociology* VI, 1996, S. 69–104.

Goldring, L.: „Power and Status in Transnational Social Spaces". In: Pries, L. 1997, S. 179–196.

Gordon, M. M.: „Assimilation in America: Theory and Reality". *Daedalus* 90(2), 1961, S. 263–285.

Gordon, M. M.: *Assimilation in American Life – The Role of Race, Religion, and National Origin*. Oxford University Press: Oxford 1964.

Gordon, M. M.: *Human Nature, Class and Ethnicity*. Oxford University Press: Oxford 1978.

Granovetter, M.: „The Strength of Weak Ties". *American Journal of Sociology* 78(6), 1973, S. 1360–1380.

Granovetter, M: „Economic Action and Social Structure. The Problem of Embeddedness". *American Journal of Sociology* 91, 1985, S. 481–510.

Granovetter, M.: „The Economic Sociology of Firms and Entrepreneurs". In: Portes, A. 1995, S. 128–165.

Granovetter, M.: „The Impact of Social Structure on Economic Outcomes". *Journal of Economic Perspectives* 19(1), 2005, S. 33–50.

Haberfellner, R.: „Ethnische Ökonomien als Forschungsgegenstand der Sozialwissenschaften". *SWS-Rundschau* 13(1), 2000, S. 43–61.

Haberfellner, R.: „Entrepreneurship von MigrantInnen". *AMS-Info* 191/ 192, Wien 2011, retrieved 31.08.2012, from http://www.forschungsnetzwerk.at/downloadpub/AMSinfo191_192.pdf.

Haberfellner, R. / Betz, F. / Böse, M. / Riegler, J.: „*Ethnic Business"-Integration vs. Segregation*. ZSI: Wien 2000, retrieved 25.04.2012, from http://www.zsi.at/attach/Ethnic-Business_2000.pdf.

Hametner, K.: „Struktur und Entwicklung der Beschäftigung in Wien 1996–2006. Eine quantitative Analyse". In: Magistrat der Stadt Wien, MA 5 – Finanzwirtschaft, Haushaltswesen und Statistik (Hrsg.): *Die neue Vielfalt in der Arbeitswelt: Neue und klassische Erwerbsformen im Vergleich. Wien in Zahlen 2007: Beschäftigung*. Magistrat der Stadt Wien 2007, S. 5–20.

Han, P.: *Theorien zur internationalen Migration*. Lucius & Lucius: Stuttgart 2006.

Han, P.: *Soziologie der Migration. Erklärungsmodelle, Fakten, politische Konsequenzen, Perspektiven*. UTB: Stuttgart 2010 [2005].

Harris, J. R. / Todaro, M. P.: „Migration, unemployment and development: a two sector analysis". *American Economic Review* 60, 1970, S. 126–142.

Haug, S.: „Klassische und neuere Theorien der Migration". *Arbeitspapiere – Mannheimer Zentrum für Europäische Sozialforschung* 30, 2000a. Retrieved: 5.7.2015 http://www.forschungsnetzwerk.at/downloadpub/Theorien_der_Migration_haug_2000.pdf

Haug, S.: *Soziales Kapital und Kettenmigration. Italienische Migranten in Deutschland*. Leske + Budrich: Opladen 2000b.

Haug, S.: „Soziale Netzwerke und soziales Kapital – Faktoren für die strukturelle Integration von Migranten in Deutschland". In: Gamper, M. / Reschke, L. (Hrsg.): *Knoten und Kanten: Soziale Netzwerkanalyse in Wirtschafts- und Migrationsforschung*. Transcript Verlag: Bielefeld 2010, S. 247–274.

Haug, S. / Pointner, S.: „Sozialkapital und Migration". *Kölner Zeitschrift für Soziologie und Sozialpsychologie*, Sonderheft 47 (Sozialkapital. Grundlagen und Anwendungen). VS-Verlag: Wiesbaden 2007, S. 367–396.

Hayek, F.: „The Use of Knowledge in Society". In: *Individualism and Economic Order*. Henry Regnery Company: Chicago 1972 [1945], S. 77–91.

Heckmann, F.: „Ethnische Kolonien: Schonraum für Integration oder Verstärker der Ausgrenzung?" In: Forschungsinstitut der Friedrich-Ebert-Stiftung (Hrsg.): *Ghettos oder ethnische Kolonie? Entwicklungschancen von Stadtteilen mit hohem Zuwandereranteil*. Friedrich-Ebert-Stiftung: Bonn 1998, S. 29–41.

Heckmann, F.: *Bedingungen erfolgreicher Integration. Bayerisches Integrationsforum „Integration im Dialog – Migranten in Bayern"*. Europäisches Forum für Migrationsstudien: Bamberg 2005.

Heckmann, F. / Lutz, A.: *Die Bevölkerung mit Migrationshintergrund in Bayern. Stand der Integration und integrationspolitische Maßnahmen*. Europäisches Forum für Migrationsstudien: Bamberg 2010.

Hillman, F. (Hrsg.): *Marginale Urbanität: Migrantisches Unternehmertum und Stadtentwicklung (Urban Studies)*. Transcript: Bielefeld 2011a.

Hillman, F.: „Marginale Urbanität – Eine Einführung". In: Hillmann, F. 2011b, S. 9–21.

Hofer et al.: *Diskriminierung von MigrantInnen am österreichischen Arbeitsmarkt*. (Projektbericht) Institut für Höhere Studien: Wien 2013, retrieved 22.10.2017, from https://www.ihs.ac.at/publications/lib/IHSPR6311119.pdf.

Hoffmann-Nowotny, H.-J.: *Migration. Ein Beitrag zu einer soziologischen Erklärung*. Enke: Stuttgart 1970a.

Hoffmann-Nowotny, H.-J.: *Migration. University of Michigan*. Enke: Stuttgart 1970b.

Hoffmann-Nowotny, H.-J.: *Soziologie des Fremdarbeiterproblems*. Enke: Stuttgart 1973.

Hoffmann-Nowotny, H.-J.: „Migration, gesellschaftliche Differenzierung und Bildung". In: Gogolin, I./Nauck, B. 2000, S. 157–178.

Honig, B. / Drori, I. / Carmichael, B. (Hrsg.): *Transnational and Immigrant Entrepreneurship in a Globalized World*. University of Toronto press: Toronto 2010.

Huber, P.: „Die Arbeitsmarktintegration von Migrantinnen in Österreich". In: Biffl, G. / Dimmel, N. 2011, S. 99–116.

HypoVereinsbank: *Deutschlands neue Unternehmerinnen: Gründerinnen-Studie 2013*. HypoVereinsbank: München 2013, retrieved 22.10.2017, from https://about.hypovereinsbank.de/export/shared/de/assets/functional/ueber-uns/downloads/hvb-frauenbeirat/Studie_Gruenderinnen-2013.pdf

International Labour Organisation – ILO (Hrsg.): *Labour Migration*, retrieved 30.03.2017, from http://www.ilo.org/global/topics/labour-migration/langen/index.htm.

Kallan, B.: *Swiss Ethnic Business, Barrieren und Besonderheiten bei Unternehmensgründungen durch Migranten*. Disserta Verlag: Hamburg 2016.

Keynes, J.: *The General Theory of Employment, Interest and Money*. Macmillan & Co.: London 1960 [1936].

Kirzner, I.: *Competition and Entrepreneurship*. University of Chicago Press: Chicago 1973.

Kirzner, I.: *Wettbewerb und Unternehmertum*. J.C.B. Mohr, Paul Siebeck: Tübingen 1978.

Kirzner, I.: *Perception, Opportunity, and Profit: Studies in the Theory of Entrepreneurship*. University of Chicago Press: Chicago 1979.

Kirzner, I.: *Unternehmer und Marktdynamik*. Philosophia Verlag: München/Wien 1988 [1979].

Kirzner, I.: *The Alert and Creative Entrepreneur: A clarification*. Research Institut of Industrial Economics: Stockholm 2008.

Kloosterman, R.: „Ethnic Entrepreneurship". In: Hutchison, R.: *Encyclopedia of Urban Studies*. SAGE: o. O. 2010, S. 257–259.

Kloostermann, R. / Rath, J.: „Immigrant entrepreneurship in advanced economies: Mixed embeddedness further explored". *Journal of Ethnic and Migration Study* 27, 2001, S. 189–201.

Kloosterman, R. / Van der Leun, J. / Rath, J.: „Across the border: Immigrants' economic opportunities, social capital, and informal business activities". *Journal of Ethnic and Migration Studies* 24(2), 1998, S. 249–268.

Kloosterman, R. / Rath, J. (Hrsg.): *Immigrant entrepreneurs venturing abroad in the age of globalization*. Berg: Oxford 2003.

Knight, F.: *Risk, Uncertainty and Profit*. Houghton, Mifflin Co.: New York 1921.

Knight, F.: *Risk, Uncertainty and Profit*. Chicago University Press: Chicago 1985 [1921].

Knight, F.: *The economic organisation*. Augustus M Kelley.: New York 1967 [1933].

Kohlbacher, J. / Fassmann, H.: *Ethnic entrepreneurship – Case study*. Wien 2011, retrieved 7.7.2017, from https://www.eurofound.europa.eu/publications/case-study/2011/austria/social-policies-business/ethnic-entrepreneurship-case-study-vienna-austria.

Kuckartz, U. et al.: *Computergestützte Analyse qualitativer Daten*. (Tagungsband winMAX/MAXqda Anwenderkonferenz). Philipps-Universität Marburg 2005a, retrieved 13.07.2017, from http://www.ssoar.info/ssoar/bitstream/handle/document/947/ssoar-2005-kuckartz_et_al-computergestutzte_ana lyse_qualitativer_daten_-.pdf?sequence=1#page=10.

Kuckartz, U.: *Einführung in die computergestützte Analyse qualitativer Daten*. VS Verlag: Wiesbaden 2005.

Kuckartz, U.: *Qualitative Inhaltsanalyse. Methoden, Praxis, Computerunterstützung*. Beltz Juventa: Weinheim / Basel 2016.

Kuckartz, U.: „Datenanalyse in Mixed-Methods Forschung". *Kölner Zeitschrift für Soziologie und Sozialpsychologie. Sonderheft: Mixed Methods* (Suppl 2) 69(Suppl 2), 2017, S. 157–183.

Lamnek, S. / Krell, C.: *Qualitative Sozialforschung: Mit Online-Materialien*. (Kindle-Version). Beltz: Basel / Weinheim 2016.

Landolt, P.: *The Causes and Consequences of Transnational Migration: Salvadorans in Los Angeles and Washington D.C.* (Dissertation) Department of Sociology John Hopkins University 2000.

Landolt, P.: „Salvadorian Economic Transnationalism: Embedded Strategies for Household Maintenance, Immigrant Incorporation, and Entrepreneurial Expansion". *Global Networks* 1, 2001, S. 217–242.

Landolt, P. / Autler, L. / Baires, S.: „From Hermano Lejano to Hermano Mayor: The Dialectics of Salvadoran Transnationalism". *Ethnic and Racial Studies* 22(2), 1999, S. 290–315.

Lang von Wins, T.: *Der Unternehmer*. Springer: Wiesbaden 2004.

Levitt, P. / DeWind, J. / Vertovec, S.: „International perspectives on transnational migration: An introduction". *International Migration Review* 37(3), 2003, S. 565–575.

Levitt, P. / Waters, M. (Hrsg.): *The Changing Face of Home: The Transnational Lives of the Second Generation*. Russell Sage Foundation: New York 2002.

Light, I.: „Immigrant and Ethnic Enterprise in North America". *Ethnic and Racial Studies* 7(2), 1984, S. 195–216.

Light, I.: „Unternehmer und Unternehmertum ethnischer Gruppen". *KZfSS, Sonderheft „Soziologie wirtschaftlichen Handelns"* 1987, S. 193–215.

Light, I.: „The Ethnic Ownership Economy". In: Stiles, C. / Galbraith, C. 2003, S. 3–44.

Light, I.: „Global entrepreneurship and transnationalism". In: Dana, L. P. (Hrsg.): *Handbook of research on ethnic minority entrepreneurship*. Edward Elgar: Cheltenham, U.K. 2007, S. 3–15.

Light, I. / Bonacich, E.: *Immigrant Entrepreneurs, Koreans in Los Angeles*. University of California Press: Los Angeles 1988.

Light, I. / Gold, S.: *Ethnic Economies*. Academic: San Diego 2000/2008.

Lo Iacono, V. / Symonds, P. / Brown, D. H. K.: „Skype as a Tool for Qualitative Research Interviews". *Sociological Research Online* 21(2)12, 2016, retrieved 13.10.2017, from http://www.socresonline.org.uk/21/2/12.html.

Ma Mung, E.: *The ethnic entrepreneurship in France. General background*. (Draft paper presented at the first conference of the thematic network „Working on the Fringes: Immigrant Businesses, Economic Integration and Informal Practices"). Amsterdam 1999.

Marshall, A.: *Principles of economics*. Verl. Wirtschaft u. Finanzen: Düsseldorf 1989/1890.

Marshall, A. / Marshall, M.: *The economics of industry*. Thoemmis Press: Bristol 1994 [1879].

Massey, D. S.: „Social Structure, Household Strategies, and the Cumulative Causation of Migration". *Population Index* 56(1), 1990, S. 3–26.

Massey, D. S. / Alarcón, R. / Durand, J. / González, H.: *Return to Aztlan. The Social Process of International Migration from Western Mexico*. University of California Press: Berkeley 1987a.

Massey, D. S. / España, F. G.: „The Social Process of International Migration". *Science* 237, 1987b, S. 733–738.

Massey, D. S. et al.: „Theories of International Migration: A Review and Appraisal". *Population and Development Review* 19(3), 1993, S. 431–466, retrieved 22.06.2011, from http://www.jstor.org/stable/2938462.

Massey, D. S. et al.: *Worlds in motion: understanding international migration at the end of the millennium*. Clarendon Press: Oxford 1998.

May, T.: *Social Research*. Open University Press: Philadelphia 1997.

Mayring, P.: *Qualitative Inhaltsanalyse*. Beltz: Weinheim/Basel 1990/2015.

Mayring, P.: „Qualitative Inhaltsanalyse". *Forum Qualitative Sozialforschung / Forum: Qualitative Social Research* 1(2), 2000, retrieved 8.10.2017, from http://www.qualitative-research.net/index.php/fqs/rt/printerFriendly/1089/2383

Mayring, P.: *Einführung in die qualitative Sozialforschung*. Weinheim: Basel. 2002/2016.

Mayring, P. / Fenzl, T.: *Qualitative Content Analysis Program QCAmap – an open access text analysis software*. (15th Biennal EARLI Conference for Research on Learning and Instruction). München 2013, retrieved 26.08.2015, from http://www.qualitative-content-analysis.aau.at/de/materialien/.

McCallion, M.: „In-Groups and Out-Groups". In: Ritzer, George (Hg.): *Blackwell Encyclopedia of Sociology*. Malden/Mass 2007, retrieved 10.09.2012, from http://www.sociologyencyclopaedia.com.

McGinnity, F. / Lunn, P. D.: „Measuring discrimination facing ethnic minority job applicants: an Irish experiment". *Work, Employment and Society* 25(4), 2011, S. 693–708.

Meier, C.: *Ethnic Business – Grundlagen, Hintergründe und Perspektiven*. Stadt Zürich – Integrationsförderung: Zürich 2008.

Mill, J.: *Principals of Political Economy*. Robson J.M.: Toronto 1965 [1848].

Mises, L.: Human Action Ludwig von mises institute . Aubrun: Alabama. (1949/1998).

Mommsen, W. J.: *The Age of Bureaucracy: Perspectives on the Political Sociology of Max Weber*. Basil Blackwell: Oxford 1974.

Mommsen, W. J.: *The political and Social Theory of Max Weber: Collected Essays*. Polity Press: Cambridge 1989.

Oc, T. / Tiesdell, S.: „Supporting Ethnic Minority Business: A Review of Business Support for Ethnic Minorities in City Challenge Areas". *Urban Studies* 36(10), 1999, S. 1723–1746.

Padgett, D.: *Qualitative methods in social work research: Challenges and Rewards*. Sage: London 1998.

Panayiotopoulos, P.: *Immigrant Enterprise in Europe and the USA*. Rutledge: London/New York 2006.

Park, R. E.: „Human Migration and the Marginal Man". *American Journal of Sociology* 33(6), 1928, S. 881–893, retrieved 15.07.2014, from http://www.jstor.org/stable/2765982.

Park, R. E.: „Our Racial Frontier on the Pacific". In: Hughes, E. C. et al. 1950 S. 138–151.

Park, R. E. / Burgess, E. W.: *Introduction to the Science of Sociology*. The University of Chicago Press: Chicago/London 1969.

Patton, M.: *Qualitative Research & Evaluation Methods: Integrating Theory and Practice*. SAGE: o. O. 2015.

Perchinig, B.: „Migration und Integration in Österreich – Herausforderung und Chance", 2013 retrieved 21.4.2018, from http://www.plattform-migration.at/fileadmin/data/pdf/Migration_und_Integration_in_OEsterreich_-_Praesentation_Kaernten_230513_01.pdf.

Pichler, E.: *Migration, Community-Formierung und ethnische Ökonomie. Die italienischen Gewerbetreibenden in Berlin*. Ed. Parabolis: Berlin 1992.

Pichler, E. „Ethnic economics: the Italian enterpreneurs in Germany". In: Chiapparino, F. (Hrsg.): *The Alien Entrepreneur*. Franco Angeli: Milano 2011, S. 54–82.

Piore, M. J.: *Birds of Passage. Migrant Labor in Industrial Socities*. Cambridge University Press: Cambridge 1979.

Piore, M. J.: „Zugvögel. Nachfrageorientierte temporäre Arbeitsmigration aus den Entwicklungsländern in die urbanen Industriegesellschaften". In: Han, P. 2006, S. 178–194.

Polanyi K. / Arensberg, C. / Pearson, H. (Hrsg.): *Trade and Markets in the Early Empires*. The Free Press: Glenco 1957.

Portes, A.: „The social origins of the Cuban enclave economy of Miami". *Sociological Perspectives* 30, 1987, S. 340–372.

Portes, A.: *The Economic Sociology of Immigration. Essays on Networks, Ethnicity, and Entrepreneurship*. Russell Sage Foundation: New York 1995.

Portes, A.: (2010) Economic Sociology. Princeton University Press. Princeton.

Portes A. / Manning, R.: „The immigrant enclave: Theory and empirical examples". In: Nagel, J. / Olzak (Hrsg.): *Competitive ethnic relations*. Academic Press: Orlando/FL 1986, S. 47–68.

Portes, A. / Guarnizo L./ Landolt, P.: „The study of transnationalism: pitfalls and promise of an emergent research field". *Journal Ethnic and racial studies* 22(2), 1999, S. 217–237.

Portes, A. / Haller, W. / Guarnizo, L.: „Transnational Entrepreneurs: An Alternative Form of Immigrant Economic Adaptation". *American Sociological Review* 67, 2002, S. 278–298.

Portes, A. / Jensen, L.: „The Enclave and the Entrants: Patterns of Ethnic Enterprise in Miami before and after Mariel". *American Sociological Review* 54 (6), 1989, S. 929–949.

Portes, A. / Jensen, L.: „Disproving the Enclave Hypothesis". *American Sociological Review 57(3)*, S. 218–420 1992.

Portes, A. / Sensenbrenner, J.: „Embeddedness and Immigration. Notes on the Social Determinants of Economic Action". *American Journal of Sociology* 98, 1993, S. 1320–1350.

Portes, A. / Zhou, M.: „Self-employment and the earnings of immigrants". *American Sociological Review* 61, 1996, S. 219–230.

Price, C.: „The Study of Assimilation". In: Jackson, J. A. 1969, S. 181–237.

Prutsch, U.: „Brasilien als Einwanderungsland für österreichische MigrantInnen (1875–1942)". In: Prutsch, U.: *Brasilien 1889–1985. Von der Ersten Republik bis zum Ende der Militärdiktatur.* Institut für Geschichte der Universität Wien 2012, retrieved 08.07.2017, from http://www.lateinamerika-studien.at/content/geschichtepolitik/brasilien/brasilien-21.html.

Ram, M. / Jones, T.: *Ethnic Minorities in Business.* SERTeam: Walton Hall 2008a.

Ram, M. / Jones, T.: „ Ethnic Minority Businesses in the UK: An Overview". *Migrações Journal* 3 (Special Issue on Immigrant Entrepreneurship), 2008b, S. 61–71.

Ram, M. / Trehan, K. / Rouse, J. / Woldesenbet / K., Jones / T.: „Ethnic Minority Business Support in the West Midlands: Challenges and Developments, Government and Policy In: Environment and Planning , 30 (5), 2012, S. 493–512.

Rath, J. / Kloosterman, R.: „Acritical review of research on immigrant entrepreneurship". *International Migration Review* 34(3), 2000, S. 657–681.

Ratten, V.: *Future Research Directions for Transnational Entrepreneurship- Iranian Entrepreneurship.* Springer: Wiesbaden 2017.

Reuter, J. / Mecheril, H. (Hrsg.): *Schlüsselwerke der Migrationsforschung.* VS Verlag: Wiesbaden 2014.

Ricardo, D.: *The Principles of Political Economy.* J.M. Dent: London 1912 [1821].

Riesenfelder, A. / Wetzel, P.: *Neue Arbeitsformen im Grenzbereich Selbständigkeit/ Unselbständigkeit. Analyse der Situation in der Bauwirtschaft. Endbericht.* L&R Sozialforschung: Wien 2013.

Sahay, S. / Sharma, V.: *Entrepreneurship and new venture creation.* Ecxel books: New Delhi 2008.

Sardadvar, K. et al.: Arbeitnehmer bist du irgendwie trotzdem … Grenzbereiche von Selbstständigkeit, Unselbstständigkeit und Scheinselbstständigkeit in der österreichischen Bauwirtschaft. Kammer für Arbeiter und Angestellte für Wien: Wien 2013.

Sassen, S.: „Notes on the Incorporation of Third World Women into Wage-Labor Through Immigrationand Off-Shore Production". *International Migration Review* 18(4), 1984, S. 1144–1167.

Sassen, S.: *The global city*. Princeton University Press: New York/London/Tokyo/ Princeton 1991a.

Sassen, S.: „The Informal Economy". In: Mollenkepf, J. / Castells, M. (Hrsg.): *Dual City: Restructuring New York*. Russell Sage Foundation: New York 1991b, S. 79–101.

Sassen, S.: *Guests and Aliens*. The New Press: New York 1999.

Sassen, S.: „The Global City: Strategic Site/New Frontier". *American Studies* 41(2/3), 2000, S. 79–95.

Sassen, S.: „A sociology of globalization". In: Alexander, J. C. 2007a, S. 129–163.

Sassen, S.: „The making of international migrants". In: Alexander, J. C. 2007b, S. 69–76.

Saxenian, A.: *Silicon Valley's new immigrant entrepreneurs*. Public Policy Institute of California: San Francisco 1999.

Saxenian, A.: *The new argonauts*. MIT Press: Cambridge/MA. 2006.

Say, J.: *A Treatise of Political Economy or the Production, Distribution and Consumption of Wealth*. Augustus M Kelley. New York 1971.

Scase, R. / Goffee, R.: *The Real World of the Small Business Owner*. Croom Helm: London 1980.

Schaller, A.: *Grundlagen einer ökonomischen Unternehmertheorie*. (Vorlesungsskript zum Zyklus Entrepreneurship in Politik und Gesellschaft und Wirtschaft) Universität Dresden 1998.

Schaller, A. in Blum, U. / Leibbrand, F. (Hrsg.): *Entrepreneurship und Unternehmertum: Denkstrukturen für eine neue Zeit*. Gabler: Wiesbaden 2001. 3–56.

Schmatz, S. / Wetzel, P.: *Migrantische Ökonomien in Wien*. Kammer für Arbeiter und Angestellte für Wien: Wien 2014, retrieved 10.10.2017, from https://eme dien.arbeiterkammer.at/viewer/image/AC11761627/3/#topDocAnchor.

Schmid, K. / Mandl, I. / Dorr, A. / Staudenmayer, B. / Haberfellner, R.: *Entrepreneurship von Personen mit Migrationshintergrund*. ZSI: Wien 2006, retrieved 05.05.2012, from http://www.ibw.at/html/ex_berichte/entrepreneurship_mi grationshintergrund_eb.pdf.

Schütz, A.: „The Stranger: An Essay in Social Psychology". *American Journal of Sociology* 49(6), 1944, S. 499–507, retrieved 17.07.2014, from http://www.jstor. org/stable/2771547.

Schütz, A.: „Der Fremde". In: Brodersen, A. / Martinus, N.: *Gesammelte* Aufsätze. Zwei Studien zur soziologischen Theorie. Nijhoff: Den Haag 1972, S. 53–69.

Schuleri-Hartje, U.-K. / Floeting, H. / Reimann, B.: *Ethnische Ökonomie: Integrationsfaktor und Integrationsmaßstab*. Schader-Stiftung, Institut für Urbanistik: Berlin, Darmstadt 2005.

Schumpeter, J.: *Theorie der wirtschaftlichen Entwicklung*. Duncker & Humblot: München/Leipzig 1926 [1911].

Schumpeter, J.: *Business Cycle: A Theoretical, Historical and Statistical Analysis of the Capitalist Process*. McGraw-Hill: New York 1939.

Schumpeter, J.: *Capitalism, Socialism and Democracy*. Harper: New York 1976 [1950].

Schumpeter, J.: *Kapitalismus, Sozialismus und Demokratie*. Leo Lehnen Verlag: München 1950 [1942].

Schumpeter, J.: *Theory of Economic Development*. (Social Science Classics Series, Kindle-Version). Taylor and Francis: o. O. 2017.

Schumpeter, A.: *Konjunkturzyklen: Eine theoretische, historische und statische Analyse des kapitalistischen Prozesses*. Vandenhoeck & Ruprecht: Göttingen 2008.

Simmel, G.: „Exkurs über den Fremden". In: Rammstedt, O. 1908/1992, S. 764–771.

Smelser, N. / Swedberg, R.: *Handbook of Economic Sociology*. Princeton University Press and Russell Sage Foundation: Princeton/New York 1994/2005.

Smith, A.: *An Inquiry into the Nature and Causes of the Wealth of Nations*. Liberty Fund. Indianapolis, Indiana, USA 1981 [1776].

Smith, A.: *Über den Wohlstand der Nationen: Eine Untersuchung über seine Natur und seine Ursachen*. Beck Verlag: München 1974 [1776].

Stadler, B. / Wiedenhofer-Galik, B.: Dequalifizierung von Migranten und MigrantInnen am österreichischen Arbeitsmarkt. *Statistische Nachrichten*, 5, 2011, S. 383–399, retrieved 23.02.2018, http://medienservicestelle.at/migration_bewegt/wp-content/uploads/2011/10/IBIB_DequalifizierungvonMigrantInnen_StatistikAustria.pdf.

Statistik Austria (Hrsg.): www.statistik.at

- Bevölkerung zu Jahresbeginn seit 2002 nach zusammengefasster Staatsangehörigkeit – Österreich, retrieved 3.1.2016 und 06.07.2017 und 22.02.2018.

- Erwerbspersonen 2001 nach Stellung im Beruf bzw. sozioökonomischer Zugehörigkeit, Staatsangehörigkeit und Geschlecht, retrieved 3.1.2016 und 29.09.2017 und 22.02.2018.

Statcube (Durchgehende Berechnungen 2016–2018)

Statistisches Amt der Europäischen Union – EUROSTAT: www.ec.europa.eu/eurostat/de.

Statistiken zu internationalen Wanderungen, Wanderungsströmen und zur Migrantenbevölkerung, retrieved 10.07.2017.

– Arbeitslosenquote: (2016) https://data.europa.eu/euodp/de/data/dataset/xy6eyZjmxmULF20q9T9GkQ

Statistiken zu Wanderungen und Migrantenbevölkerung, retrieved 19.9.2017, http://ec.europa.eu/eurostat/statistics-explained/index.php/Migration_and_migrant_population_statistics/de

Statistisches Bundesamt (Hrsg.): Bevölkerung mit Migrationshintergrund. Ergebnisse des Mikrozensus 2017. DESTATIS: Wiesbaden, retrieved 20.06.2017, https://www.destatis.de/DE/Publikationen/Thematisch/Bevoelkerung/MigrationIntegration/Migrationshintergrund2010220117004.pdf?__blob=publicationFile.

Steinke, I.: *Kriterien qualitativer Forschung. Ansätze zur Bewertung qualitativ-empirischer Sozialforschung.* Juventa: Weinheim/München 1999.

Steinmayr, A.: *Immigrant Business.* (Bakkalaureatsarbeit) Universität Wien 2006.

Sternberg R./ Krause G.: *Handbook of research on entrepreneurship and creativity.* Edward Elgar: Cheshire 2014.

Stock, M.: *Der Geschmack der Gentrifizierung. Arabische Imbisse in Berlin.* Transcript: Bielefeld 2013.

Strauss, A. / Corbin, J.: *Grundlagen qualitativer Sozialforschung.* Beltz: Weinheim 1996.

Strauss, A. / Corbin, J.: *Basics of Qualitative Research.* Sage: London, 1998.

Stuchtey, B.: *Geschichte Irlands.* C. H. Beck: München 2012.

Swedberg, R.: *Schumpeter Biography.* Princeton University Press: Princeton 1991.

Swedberg, R.: *Max Weber and the Idea of Economic Sociology.* Princeton University Press: Princeton 1998.

Swedberg, R.: Entrepreneurship, The Social Science View, Oxford: Oxford University Press, 2009a.

Swedberg, R.: *Grundlagen der Wirtschaftssoziologie.* VS Verlag Springer: Wiesbaden 2009b.

Swoboda, P.: „Schumpeter's Entrepreneur in Modern Economic Theory, Lectures on Schumpeterian Economics". Springer-Verlag: New York 1983, S. 17–25.

Todaro, M. P.: *Internal Migration in Developing Countries: A Survey.* International Labor Office: Geneva 1976.

UNECE: *Recommendation of the 2020 Censuses of the Population and Housing. Conference of European Statisticians.* UN: New York/Geneva 2015, retrieved 15.10.2017, from https://www.unece.org/fileadmin/DAM/stats/publicati ons/2015/ECECES41_EN.pdf.

United Nations (Hrsg.) (online): www.un.org

- Population facts, December 2017, retrieved 27.01.2018.
- Trends in International Migrant Stock: The 2015 revision,retrieved 27.03.2017.

Uzzi, B.: „The sources and consequences of embeddedness for the ecomomic performance of organisations: the network effect". *American sociological review* 64, 1996, S. 481–505.

Valdez, Z.: „The Effect of Social Capital on White, Korean, Mexican, and Black Business Owners Earnings in the US". *Journal of Ethnic and Migration Studies* 34(6), 2008, S. 955–973.

Vogl, S.: „Quantifizierung: Datentransformation von qualitativen Daten in quantitative Daten in Mixed-Methods-Studien". *Kölner Zeitschrift für Soziologie und Sozialpsychologie. Sonderheft: Mixed Methods.* 69(Suppl 2), 2017, S. 287–312.

Wahlbeck, Ö.: „Work in the Kebab Economy: A Study of the Ethnic Economy of Turkish Immigrants in Finland". *Ethnicities* 7(3), 2007, S. 543–563.

Wahlbeck, Ö.: „Mixed Embeddedness and the Dynamics of Self-Employment among Turkish Immigrants in Finland". *Polish Sociological Review* 4 (184), 2013, S. 487–503.

Volery, T.: „Ethnic Entrepreneurship: a theoretical framework". In: Dana, L.-P. 2007, S. 30–39.

Waldinger, R. / Aldrich, H. / Ward, R.: *Ethnic Entrepreneurs.* Sage: London 1980.

Waldinger, R. / Aldrich, H. /Ward, R.: *Ethnic entrepreneurs in industrial society.* Sage: Newbury Park, CA 1999.

Waldinger, R. / Aldrich, H. / Ward, R.: *Ethnic Entrepreneurs. Immigrant Business in Industrial Societies.* London et al.: SAGE 2006 [1990].

Wandruszka, A / Urbanitsch, P. (Hrsg.): *Die Habsburgermonarchie 1848–1918, Band III, Wien 1980.* Verlag der Österreichischen Akademie der Wissenschaften: Wien.

Ward, R. / Jenkins, R. (Hrsg): *Ethnic Communities in Business: Strategies for Economic Survival.* Cambridge University Press: Cambridge 2009 [1984].

Wauters, B. / Lambrecht, J.: „Refugee entrepreneurship in Belgium: Potential and practice Entrepreneurship and Management Journal". *The International Entrepreneurship and Management Journal* 2(4), 2006, S. 509–525.

Wauters, B. / Lambrecht, J.: „Barriers to Refugee Entrepreneurship in Belgium: Towards an explanatory model". *Journal of Ethnic and Migrations Studies* 34(6), 2008, S. 895–915.

Weber, M.: *Ancient Judaism*. Free Press: New York 1921a.

Weber, M.: *The Religion of India*. Free Press: New York 1921b.

Weber. M.: *Economy and Society: An Outline of Interpretive Sociology*. (Ed. Günther Roth und Claus Wittich. Two Volumes). University of California Press: Berkeley 1978/2001.

Weber, M.: *The Protestant Ethic and the Spirit of Capitalism*. Trans. Talcott Parsons. Peter Smith: Gloucester/MA 1988.

Weber, M.: *Max Weber Gesamtausgabe*. Studienausgabe / Schriften und Reden / Die Wirtschaftsethik der Weltreligionen. Konfuzianismus und Taoismus: 1915–1920 in Helwig Schmidt-Glintzer (Hrsg). Mohr Siebeck 1991.

Weber, M.: *Max Weber im Kontext*. Gesammelte Schriften, Aufsätze und Vorträge auf CD-Rom [Max Weber, Gesammelte Werke, Deutsch]. Karsten Worm: Berlin 2001.

White, H.: *Identity and Control. A Structural theory of Social Action*. Princeton University Press: Princeton 1992.

White, H.: *Careers and Creativity: Social Forces in the Arts*. Westview Press: Boulder/CO 1993.

White, H.: *Markets from Networks: Socioeconomic Models of Production*. Princeton University Press: Princeton 2002.

WKO: *Önace*. 2016b, retrieved 02.02.2016, from http://wko.at/statistik/jahr buch/am-selbstaendige.pdf.

WKO: *Datensätze zu Selbstständigen mit ausländischer Staatsbürgerschaft 2016*. 2017.

WKO: *Einzelunternehmen*. 2016c, retrieved 10.2.2017, form https://www.wko.at/ service/wirtschaftsrecht-gewerberecht/Einzelunternehmen.html

WKO: *Datensätze zu Selbstständigen mit ausländischer Staatsbürgerschaft 2003 und 2015*. 2016a.

Wright, M./ Liu, X. / Buck, T. / Filatotchev, I.: „Returnee entrepreneur characteristics, science park location choice and performance: An analysis of high technology SMEs in China". *Entrepreneurship Theory and Practice* 32, 2008, S. 131–156.

Yeung, H. W.: „International Entrepreneurship and Chinese business research". In: Dana, L.-P. 2007, S. 73–94.

Yoo, J. K. (2014) Korean Immigrant Entrepreneurs: Networks and Ethnic Resources, London: Routledge.

Young, S. / Dimitratos, P. / Dana, L.-P.: „International entrepreneurship research: What scope for international business theories?". Journal of International Entrepreneurship, 1(1), 2003, S. 31–42.

Zhou, M.: „The Role of the Enclave Economy in Immigrant Adaptation and Community Building: The Case of New York's Chinatown". In: Butler, John / Kozmetsky, George (Hrsg.): *Immigrant and Minority Entrepreneurship: Building American Communities*. Westport/CT 2004, S. 37–60.

Zhou, M. / Lui, H.: „Transnational Entrepreneurship and Immigrant Integration: New Chinese Immigrants in Singapore and the United States". In: Vallejo, J. (Hrsg.): *Immigration and Work*. (Research in the Sociology of Work, Volume 27) Emerald Group Publishing Limited: Bingley. 2015, S.169–201.

Ziegler, R. / Hinz, T.: „Interesse und Bereitschaft zu beruflicher Selbständigkeit in Ost- und Westdeutschland". In: Mohler, P. / Bandilla, W. (Hrsg.): *Blickpunkt Gesellschaft 2. Einstellungen und Verhalten der Bundesbürger in Ost und West*. Springer: Wiesbaden 1992, S. 83–104.Zimmermann, W.: *Unternehmer sind Verrückte. Wie Unternehmer Grenzen überwinden und was Manager von ihnen lernen können*. Springer Gabler: Wiesbaden 2013.